OS MAUS HÁBITOS *das* BOAS EMPRESAS

S554m Sheth, Jagdish N.
Os maus hábitos das boas empresas – e como fugir deles / Jagdish N. Sheth ; tradução Michelle Tse. – Porto Alegre : Bookman, 2008.
260p. ; 16x23 cm.

ISBN 978-85-7780-186-2

1. Administração de empresas. I. Título.

CDU 658

Catalogação na Publicação Juliana Lagôas Coelho – CRB 10/1798.

JAGDISH N. SHETH

OS MAUS HÁBITOS *das* BOAS EMPRESAS

e como fugir deles

Bookman

2008

Obra originalmente publicada sob o título
The Self-Destructive Habits of Good Companies... And How to Break Them, 1st Edition
ISBN 978-0-13-179113-8

Tradução do original em língua inglesa publicado por Pearson Education, Inc. sob o selo Wharton School Publishing.

Capa: *Paola Manica*

Tradução: *Michelle Tse*

Leitura final: *Theo Amon*

Supervisão editorial: *Arysinha Jacques Affonso*

Editoração eletrônica: *Techbooks*

ARTMED® EDITORA S.A.
(BOOKMAN® COMPANHIA EDITORA é uma divisão da ARTMED® EDITORA S.A.)
Av. Jerônimo de Ornelas, 670 – Santana
90040-340 – Porto Alegre RS
Fone: (51) 3027-7000 Fax: (51) 3027-7070

SÃO PAULO
Av. Angélica, 1.091 – Higienópolis
01227-100 – São Paulo – SP
Fone: (11) 3665-1100 Fax: (11) 3667-1333

SAC 0800 703-3444

IMPRESSO NO BRASIL
PRINTED IN BRAZIL

O AUTOR

Jagdish (Jag) N. Sheth é professor de marketing da Faculdade de Administração Goizueta da Emory University. Lecionou por sete anos na Universidade of South California; por 15 anos na University of Illinois; na Columbia University por cinco anos e no Massachusetts Institute of Technology por dois anos. Dr. Sheth é reconhecido por suas contribuições acadêmicas nas áreas de comportamento do consumidor, marketing de relacionamento, estratégia competitiva e análise geopolítica.

Freqüentemente requisitado para ser orador de muitos fóruns industriais, acadêmicos e públicos, ele trabalhou para várias indústrias e empresas nos Estados Unidos, na Europa e na Ásia como orientador e palestrante em seminários. Seus clientes incluem a AT&T, BellSouth, Cox Communications, Delta, Ernst & Young, Ford, GE, Lucent Technologies, Motorola, Nortel, Pillsbury, Sprint, Square D, 3M, Whirlpool, Wipro, Alcatel, Ericsson, Siemens, General Foods, Unilever, Philips, Thysson-Krupp, ABG, Tata Group, Marico, General Mills e muitos outros. Ele realizou milhares de apresentações em pelo menos vinte países. O Dr. Sheth é freqüentemente citado e entrevistado pelo *Wall Street Journal*, *New York Times*, *Fortune*, *Financial Times*, *Economic Times*, programas de rádio e canais de televisão, tais como CNN, CNBC (Índia) e BBC. Ele também integra parte da Diretoria de diversas empresas públicas, incluindo a Cryo International (NASDAQ), a Wipro Limited (NYSE) e a Shasun Chemicals.

Em 1989, recebeu o prêmio de Excelência na Educação de Marketing pela Academia de Ciência do Marketing. Em 1991, e novamente em 1999, recebeu o Prêmio de Excelência em Educação pelos Executivos Internacionais de Marketing e de Vendas (SMEI). Ao Dr. Sheth também foi conferido o Prêmio P.D. Converse por suas contribuições extraordinárias à Teoria do Marketing, em 1992, pela Associação de Marketing Americana. Em 1996, Dr. Sheth foi selecionado como Membro Ilustre da Academia de Ciência do Marketing. Em 1997, recebeu o prêmio de Membro Ilustre da Associação Internacional de Engenharia. Dr. Sheth também é Membro da Associação Americana de Psicologia (APA). 2004 foi um ano excelente para o Dr. Sheth, pois ele recebeu os prêmios Richard D. Irwing e Charles Coolidge Parlin, os maiores prêmios conferidos pela Associação Americana de Marketing. Em 2005, ele foi reconhecido como Professor Distinto Elvesier 2005 pela Sociedade dos Avanços de Marketing, e em 2006 ele recebeu o prêmio Internacional RHR por excelência em consulta pela Associação Americana de Psicologia. Dr. Sheth foi nomeado professor palestrante pela Universidade de Emory em 2007, a primeira vez em que tal honra foi conferida a um professor na área de administração.

Em 2000 Dr. Sheth e Andrew Sobel publicaram o *best-seller Clients for Life* (Simon & Schuster). Seu livro, *The Rule of Three* (Free Press), co-escrito pelo Dr. Rajendra Sisodia, alterou as noções atuais sobre a competição na administração. Ele foi publicado em 2002 e traduzido para o alemão, italiano, polonês, japonês e chinês. Foi tema de um seriado com sete capítulos da CNBC (Índia) e foi o finalista para o Prêmio de Melhor Livro de Marketing pela Associação Americana de Marketing. Seu livro mais recente, *Os Segredos das Empresas Mais Queridas* será publicado em 2008 pela Bookman Editora no Brasil.

Quero agradecer a Duane Ackerman, CEO da BellSouth, que anos atrás perguntou-me: por que boas empresas fracassam? Essa pergunta provocadora levou ao trabalho de investigação que culminou com este livro.

AGRADECIMENTOS

A meticulosidade e a fácil leitura deste livro não teriam sido possíveis sem a ajuda de John Yow. Esta é a segunda obra que ele me auxiliou a concluir e, novamente, a sua profunda pesquisa e habilidade incomum de transformar idéias e conceitos em uma leitura altamente agradável e interessante foram elementos importantes no manuscrito final. John é o perfeito cavalheiro sulista. Trabalhar com ele foi um prazer tanto profissional quanto pessoal. Eu espero poder colaborar novamente com ele em livros futuros.

Mark Hutcheson também proporcionou assistência chave na produção deste livro. Ele forneceu pesquisas adicionais sobre empresas, ofereceu comentários editoriais e sugestões e contribuiu com diversas passagens. Além disso, trabalhou persistentemente na elaboração do manuscrito e na coordenação dos esforços com a editora.

Eu também gostaria de agradecer à minha assistente de longa data, Beth Robinson, por sua devoção e auxílio durante os períodos agitados de elaboração desta obra. Ela não apenas administra um constante fluxo de *e-mails*, telefonemas, compromissos e programações de viagens de negócios com profissionalismo e calma, mas também é uma grande avaliadora de opiniões e idéias.

Este livro não poderia ter sido escrito, ou ao menos não teria sido escrito tão rapidamente, sem o entusiasmo de Yoram (Jerry) Wind, co-editor da Wharton School Publishing. Assim que expliquei a ele como esses hábitos autodestrutivos acabam com as grandes empresas, ele insistiu que eu escrevesse o manuscrito e que trouxesse o projeto à Wharton School Publishing. O seu entusiasmo e a sua animação foram contagiantes e uma das principais razões pelas quais você está lendo este livro. Recebi apoio semelhante do editor executivo da Wharton, Tim Moore.

Finalmente, gostaria de expressar a minha gratidão a todos da Wharton School Publishing que se envolveram na revisão e na produção desse livro. Esse agradecimento vai especialmente a Paula Sinnott, com quem foi um prazer trabalhar e que manteve o processo da publicação nos eixos, e a Russ Hall, que proporcionou valioso acabamento editorial ao manuscrito final.

PREFÁCIO

Fiquei surpreso e lisonjeado quando meu grande amigo e distinto colega decidiu dedicar seu novo livro à minha pessoa. Fico especialmente feliz que a minha pergunta ao Dr. Jagdish Sheth, anos atrás, tenha sido a provocação inicial para *Os Maus Hábitos das Boas Empresas – e como fugir deles* – um dos melhores livros de negócios dos últimos tempos.

Minha amizade com Jag (como é conhecido por todos) é de muitos anos, assim como a minha dívida com seus sábios conselhos. Jag foi meu confidente e da BellSouth durante anos de considerável tumulto na indústria de telecomunicações, e nos ajudou a desafiar as crenças do *status quo* que acompanharam a nossa empresa à medida que abandonávamos a condição de monopólio. Jag ajudou-nos a desafiar o pensamento da alta liderança, bem como da gerência média, e esse trabalho influenciou a cultura que surgiu na competitiva BellSouth.

É claro, a BellSouth é apenas uma das muitas empresas às quais Jag ofereceu a sua valiosa sabedoria. A lista de empresas distintas que pediram sua ajuda é longa e estende-se por três continentes – América do Norte, Europa e Ásia. Eu fico constantemente impressionado com a sua programação de consultorias e palestras, embora ele ainda encontre tempo para lecionar em alguns dos cursos mais populares da Faculdade de Administração de Goizueta da Emory University, onde mantém o posto do professor Charles H. Kellstadt. A universidade e a comunidade estavam com sorte quando Jag resolveu fazer de Atlanta a sua casa.

Seu novo livro (o mais recente de vários, aliás) rapidamente revela a extensão da experiência de Jag e a profundidade de suas percepções. Por motivos óbvios, eu fiquei particularmente interessado no capítulo intitulado "Complacência: o sucesso gera o fracasso", principalmente sobre a complacência resultante de "um sucesso construído sobre um monopólio regulado". Lendo novamente sobre o desmembramento da AT&T em 1984, recordei-me das lições dolorosas que muitas empresas de diferentes indústrias foram forçadas a aprender com a desregulamentação – lições completamente esclarecidas por Jag. Tive que rir quando o relato de Jag me fez lembrar que, logo após o desmembramento, a AT&T queria modificar seu nome para American Bell International, até que o juiz Harold Greene interveio. Jag escreve que ainda guarda a gravata com o logotipo da ABI que ganhou de Randall Tobias. "Guarde isso", Tobias disse a Jag. "Um dia será uma recordação."

Eu também gostei do capítulo "O impulso territorial: conflitos culturais e guerras territoriais". Todos sabem que o trabalho em equipe sempre foi um lema meu, e a metáfora de Jag sobre a empresa estruturada como "um complexo de torres de escritórios com 50 andares, conectados apenas por áreas em comum na base e no topo" descreve muito bem a maneira como as empresas são administradas atualmente.

Eis que, capítulo após capítulo, Jag analisa empresas como a Digital Equipment, GM e a Zenith. As dezenas de ilustrações fornecidas por Jag são sempre incisivas, mas o livro estaria incompleto sem apresentar, no final de cada capítulo, os "sinais" de cada hábito autodestrutivo e, o mais útil de todos, a sua abordagem passo a passo para quebrar cada hábito antes que o mesmo cause algum dano.

Os Maus Hábitos das Boas Empresas é divertido, instrutivo e extremamente útil. Este livro é altamente recomendável.

– F. Duane Ackerman, presidente emérito da BellSouth Corporation

INTRODUÇÃO

Eu atribuo as origens deste livro a uma das perguntas mais desafiadoras que já me foram colocadas por um executivo: *por que boas empresas se dão mal?* O CEO que me propôs essa charada era um grande fã do *best-seller* de negócios dos anos 80 *In Search of Excellence,* de Tom Peters e Robert Waterman. No entanto, com o passar do tempo, ele percebeu que muitas das empresas citadas como exemplos de corporações globais enfrentavam dificuldades ou haviam deixado de existir. Isso incluía ícones americanos como a Sears, Dana Corporation, AT&T, Xerox, IBM e a Kodak.

Quanto mais eu refletia sobre a pergunta, mais curioso eu ficava sobre o motivo pelo qual as empresas que tinham bom desempenho e estavam no topo de sua indústria conseguiam despencar, da noite para o dia, ao ponto de sobrevivência. As empresas de que estou falando não são monopólios protegidos pelo governo que foram, repentinamente, largadas no mar da competição. Estou referindo-me às empresas globais que parecem ter uma alta administração, uma provada reputação de sucesso, produtos criativos e uma posição competitiva supostamente invulnerável. Por que *essas* empresas se dão mal?

Minha jornada em busca dessa resposta começou com pesquisas em arquivos para identificar as empresas que foram grandes em suas épocas e que, posteriormente, desapareceram. Durante esse processo, procurei compreender as razões de suas ruínas. A mensagem que veio ao final da pesquisa foi simples: as boas empresas falham quando não são capazes ou, mais curiosamente, não estão dispostas a mudar quando o ambiente externo muda significativamente.

Subjacente a essa inabilidade ou indisposição de mudar, eu descobri que os maus hábitos das empresas bem-sucedidas são adquiridos na sua trajetória para o reconhecimento. Durante o progresso de minha pesquisa, realizei apresentações a gerentes profissionais e estudantes de MBA sobre minhas descobertas, e comecei a discutir sobre hábitos autodestrutivos como a negação, a complacência e a ineficiência de custo. Freqüentemente, eu brincava que deveria escrever um livro chamado *Os Maus Hábitos das Boas Empresas*. Em vez de brincar, as pessoas cada vez mais sugeriam que eu realmente escrevesse o livro.

Eu relatei cerca de sete hábitos autodestrutivos neste livro. Embora eu pudesse incluir um oitavo ou nono hábito, meu propósito não é apresentar uma lista exaustiva de hábitos autodestrutivos, mas identificar os mais importantes e que devem ser evitados. E se forçado a restringir ainda mais a lista, eu diria que a negação da nova realidade (Capítulo 2) e o impulso territorial ou as guerras territoriais (Capítulo 8) são os dois hábitos mais perigosos.

Existem três teorias conflituosas sobre o que leva as empresas à morte. Uma é a ecologia da população ou a teoria da "sobrevivência do mais apto": as empresas morrem porque empresas maiores e melhores surgirão e levarão seus negócios. Em outras palavras, você morre ao ser sistematicamente removido pela competição.

A segunda é a inevitabilidade ou a teoria do "nascimento e morte". Assim como no ciclo de vida humano, essa teoria sugere que o ciclo de nascimento e morte é inevitável para todas as empresas. Não há nada que você possa fazer – é apenas uma questão de tempo antes que o destino siga o seu rumo.

A minha visão, no entanto, é que a maioria das empresas pode viver para sempre, se reconhecer e tomar as medidas necessárias contra os hábitos autodestrutivos ou estabelecer processos para impedir que eles surjam em determinado tempo. Acredito que isso seja possível, porque hábitos são comportamentos aprendidos, e não inevitabilidades. Portanto, é importante mostrar como identificar os hábitos autodestrutivos e também sugerir medidas prescritivas para curá-los, e foi isso que fiz em cada capítulo. E embora a cura de hábitos autodestrutivos seja algo admirável, uma abordagem ainda mais lógica é criar programas preventivos para evitá-los, antes de qualquer coisa (Capítulo 9).

Um tema subjacente desse livro é que a grande liderança é crucial para ajudar a empresa a evitar ou quebrar hábitos autodestrutivos. Bons líderes proporcionam visão para a empresa. No entanto, grandes líderes, além de visionários, devem estar conectados à realidade das vulnerabilidades atuais e potenciais impostas por um ambiente externo hostil e em constante mudança. Grandes líderes estão constantemente atentos a hábitos autodestrutivos que possam atrapalhar a sua empolgante visão.

Eu espero poder gerar diálogos com os leitores deste livro. Gostaria que você dividisse histórias que conheça sobre qualquer um dos hábitos autodestrutivos. O *site* www.destructivehabits.com foi construído para que você coloque exemplos de empresas afetadas por hábitos autodestrutivos, bem como de empresas que fizeram um bom trabalho para corrigi-los ou evitá-los. Eu também planejo criar um *blog* que proporcionará atualizações e comentários sobre as empresas mencionadas neste livro e as empresas sugeridas pelos leitores. Com a sua ajuda, poderei oferecer uma versão revisada deste livro num futuro próximo.

SUMÁRIO RESUMIDO

SUMÁRIO

CAPÍTULO

1

POR QUE BOAS EMPRESAS SE DÃO MAL?

Por que boas empresas se dão mal? Honestamente, eu nunca pensei muito a respeito disso. Até que um CEO, amigo meu, levantou a questão das 62 "excelentes" empresas elogiadas por Tom Peters e Robert Waterman em seu *best-seller* do início da década de 80, *In Search of Excellence*. Muitas delas – incluindo empresas sólidas como a Sears, Xerox, IBM e Kodak – enfrentaram sérias dificuldades desde então. Algumas recuperaram-se. Outras, neste exato momento, lutam corajosamente para tanto. Algumas estão mortas ou, ao que tudo indica, logo estarão.

Então, por que boas empresas se dão mal? Essa pergunta sincera e instigante levou-me a uma viagem de descobertas. Comecei fazendo pesquisas em arquivos sobre empresas que haviam falido durante as últimas décadas, entrevistei pessoas de algumas dessas empresas, e finalmente cheguei às conclusões aqui apresentadas.

Embora se acredite que as instituições sejam (ao menos potencialmente) imortais e os humanos, mortais, descobri que a média de vida das corporações está em declínio, ao passo que a dos humanos encontra-se em ascensão. Outros chegaram a conclusões semelhantes. Na obra mais conhecida nesta área, *The Living Company*, Arie de Geus descobriu que um terço das empresas listadas na *Fortune 500** de 1970 haviam desaparecido até 1983, seja por meio de aquisição, fusão ou desmembramento. De Geus citou uma pesquisa holandesa que indicava ser de 12,5 anos a expectativa de vida média de uma empresa no Japão e na Europa. Outro estudo revelou um declínio na expectativa de vida corporativa entre as maiores economias européias: de 45 para 18 anos na Alemanha, de 13 para nove anos na França, e de 10 para quatro anos na Grã-Bretanha.

---

* N. de T.: *Fortune 500* é uma lista organizada pela revista *Fortune* com as 500 maiores corporações americanas, classificadas por seu faturamento.

Muito desse declínio na expectativa de vida corporativa é resultado do elevado nível de fusões e aquisições nas últimas décadas. No entanto, essa atividade é motivada mais pela venda por necessidade do que pela compra estratégica, pois muitas empresas encontram-se em dificuldades.

Deixe-me dizer de imediato que não pretendo desconsiderar a necessidade de se conhecer as causas subjacentes do sucesso – os "bons hábitos" das boas empresas. Tampouco criticarei de Geus ou Peters e Waterman, ou outros, como Jim Collins. Por excelentes razões, eles escolheram certas empresas como modelos de sucesso – empresas que, por motivos muito diferentes, têm passado por momentos difíceis desde então. Meu propósito não é reexaminar por que essas empresas foram consideradas "excelentes" ou "visionárias" em um determinado momento. Estou interessado no que aconteceu com elas depois – por que caíram, por que fracassaram, por que perderam a sua magia. O que aconteceu?

A meu ver, quando as empresas atingem a excelência, elas freqüentemente, sem se dar conta, desenvolvem hábitos autodestrutivos que a longo prazo comprometem o seu sucesso. Assim como acontece com as pessoas, esses hábitos são aprendidos, não inatos, e podemos observar quando as empresas adotam padrões de comportamento autodestrutivos. Às vezes, esses hábitos pioram com o tempo e tornam-se vícios. No entanto, hábitos autodestrutivos também podem ser eliminados e superados, e empresas podem voltar a ser saudáveis.

Normalmente, a reviravolta é antecipada por uma crise. Nossos hábitos autodestrutivos se instalam pouco a pouco. Comemos demais, não nos exercitamos, talvez até fumemos, mas ainda assim acreditamos que estamos bem – até que sofremos aquele pequeno ataque cardíaco, aquele grande aviso de nossa mortalidade. De repente, nossos hábitos autodestrutivos desaparecem e estamos nos alimentando de saladas e caminhando oito quilômetros por dia. No caso das empresas, a crise pode assumir a forma de um competidor emergente, uma súbita perda de participação de mercado ou um avanço tecnológico que ameace deixar a empresa para trás. Esses acontecimentos podem significar a ruína ou sacudir a empresa, levando-a a livrar-se de seus padrões de comportamento destrutivos.

Veremos muitos exemplos de empresas que estão ativamente trabalhando para controlar seus hábitos autodestrutivos e modificar seus comportamentos, bem como de empresas que já o fizeram e que se encontram em fase de "recuperação". Nossa mensagem é positiva: se você está sinceramente disposto a fazer uma autoavaliação para descobrir suas fraquezas, poderá, então, transformar-se.

Afinal, o que são esses hábitos autodestrutivos? Vamos enumerá-los um a um nos próximos capítulos (e eles estão resumidos na Figura 1-1). Primeiramente, vamos vê-los em ação por meio da análise de três empresas no setor da tecnologia.

Figura 1-1 Os hábitos autodestrutivos das boas empresas.

Digital

É uma das grandes histórias de sucesso do meio empresarial norte-americano. Em 1975, Kenneth Olsen, um engenheiro de 31 anos que trabalhava no Lincoln Laboratory, do MIT, solicitou US$ 70 mil da American Research & Development para começar uma empresa que pretendia chamar de Digital Computer Corp. Ele recebeu o dinheiro, mas os investidores o forçaram a modificar o nome. Eles chamaram atenção para o fato de que muitas grandes empresas, como a RCA e a General Electric, estavam perdendo dinheiro no ramo de computadores.

Então, a Digital Equipment Corp. instalou-se em uma antiga tecelagem em Maynard, Massachusetts, e Ken Olsen começou a busca pelo seu sonho: revolucionar a indústria do computador com a introdução do "minicomputador" – um aparelho menor, mais simples, mais útil e muito mais barato do que os *mainframes* que constituíam os padrões da indústria.

Durante o primeiro ano, a Digital faturou US$ 94 mil. Cinco anos depois, esse número chegou a US$ 6,5 milhões. Em 1977, a empresa atingiu o marco de US$

1 bilhão. A Digital estava à frente de um súbito crescimento industrial, que se alastrou a partir de Boston, criando vários cargos com alta remuneração, e ficou conhecido como o "Milagre de Massachusetts". Ao mesmo tempo, a reputação de seu fundador crescia. Ele era brilhante, excêntrico e protegia seus inovadores engenheiros. Ele instituiu uma política de não-demissão. A Digital era conhecida como "um lugar divertido para trabalhar".

Não é de se estranhar que quando Tom Peters e Bob Waterman foram "em busca da excelência" para o que se tornaria seu *best-seller* de 1982, a Digital não apenas fazia parte da lista das empresas excelentes, como foi considerada uma das 15 "exemplares" que, basicamente, faziam tudo certo. Era uma das empresas que representavam "perfeitamente tanto um desempenho sólido quanto os oito traços [de excelência]" identificados pelos autores. Tais elogios confirmaram-se quando a revista *Fortune*, em 1986, classificou Olsen como, "indiscutivelmente, o empresário mais bem-sucedido na história dos Estados Unidos".

Pulemos para o fim da década. Em janeiro de 1989, a Digital anunciou que introduziria uma linha de computadores pessoais (PCs), juntamente com as poderosas *workstations**. A pergunta era: será que Olsen havia esperado demais? Uma coisa era certa: suas ações eram negociadas a US$ 98, bem abaixo dos US$ 199 de um ano e meio antes. Outra certeza era que o minicomputador, a inovação radical na qual Olsen havia apostado, estava rapidamente se tornando um dinossauro da alta tecnologia. Hoje, isso é evidente. No entanto, Olsen equivocou-se: "O computador pessoal não vai vingar." Agora, sua empresa parecia admitir a sua falta de visão. [1]

Embora procurasse reverter a situação na última hora, a Digital continuou enfrentando dificuldades em 1991. Altos executivos fugiam e a empresa que se negava a demitir estava cortando 10 mil empregados da folha de pagamento. Olsen estava no comando há 34 anos e não pensava em aposentadoria. Ao contrário, ele havia utilizado a reunião dos acionistas daquele ano para apresentar a nova geração do *chip* de computador "Alpha" da empresa, que alegava ser quatro vezes mais veloz que o *chip top* de linha da Intel. No entanto, os acionistas não estavam muito animados, pois as ações da Digital agora valiam US$ 59.

Na primavera de 1992, a empresa deixou Wall Street perplexa com a notícia da perda de US$ 294 milhões no trimestre recém-acabado. Foi a segunda vez na história que a Digital relatou prejuízos. Olsen respondeu com uma sólida reestruturação da alta administração. Isso não ajudou em nada. No final de abril, as ações haviam caído para US$ 46, o valor mais baixo desde 1986, e boatos sobre uma aquisição se espalhavam.

Naquela mesma primavera, o *Wall Street Journal* parecia fazer o primeiro rascunho do obituário de Olsen. O *Journal* mencionou que uma reunião secreta entre

---

* N. de T.: Estações de trabalho. É o nome genérico dado aos computadores situados entre o PC e o computador de grande porte em termos de potência de cálculo.

Olsen e John Sculley, da Apple – uma reunião que poderia ter produzido uma aliança muito boa para a Digital – resultou em nada. Em vez disso, a Apple chocou a indústria ao assinar um amplo acordo de compartilhamento de tecnologia com sua arquiinimiga, a IBM.

O *Journal* descreveu isso como outra oportunidade, aparentemente, perdida para a Digital e Olsen. Sua resistência ao PC – "que ele costumava chamar de 'brinquedo'" – havia enfraquecido o segundo maior fabricante de computador da nação quando o mercado focou os PCs. O *Journal* também mencionou que a resistência de Olsen a outra grande tendência da década – os chamados sistemas "abertos" que utilizam sistemas operacionais padrões – havia, igualmente, atrapalhado o desempenho da empresa.

A Digital enfrentava, agora, o perigo de ser deixada para trás pela indústria que ela mesma havia criado. À medida que lutava contra enormes prejuízos devido ao declínio das vendas, repetidas reestruturações e o êxodo de executivos-chave que questionaram as decisões de Olsen, a empresa presenciou a sua queda de valor, com ações sendo comercializadas por um quarto de sua cotação máxima de 1987.

Ao mesmo tempo, o estilo autocrático de Olsen estava atraindo críticas de todos os lados. John Rose, que há um mês havia pedido demissão como gerente da unidade de PCs da Digital, disse ao *Journal* que a empresa "tem tudo o que precisa para dar a volta por cima – boas pessoas, bons produtos e ótimos serviços – mas nada disso acontecerá enquanto ele estiver no comando". E um dos antigos designers da Digital descreveu Olsen como o Fidel Castro da indústria do computador, dizendo ainda que "ele é incomunicável, qualquer um que discordar dele é exilado".

Um que caiu em desgraça em meio a esse tumulto foi o engenheiro-chefe da Digital, William Streckner, que se opôs a um projeto de *mainframe* defendido por Olsen, apesar de o projeto ser um fracasso anunciado e dispendioso. A dispersão do grupo de Streckner foi vista como um sinal forte de desorganização do grupo executivo. Um antigo gerente da Digital disse ao *Journal* que era uma "ação criminosa", pois Streckner era o único membro do círculo interno capaz de produzir uma estratégia de produto coerente.

O *Journal* sugeriu que o apoio de Olsen ao condenado *mainframe* VAX 9000, que custou US$ 1 bilhão para ser introduzido no mercado e, no entanto, atraiu poucos compradores, foi parcialmente responsável pelo fracasso da negociação de Olsen com a Apple. Roger Heinen, um dos vice-presidentes seniores da Apple que estava a par dessa reunião, pôs a culpa do impasse no desinteresse e na falta de compreensão de Olsen quanto à importância da indústria do PC. O *Journal* conclui que a visão de Olsen sobre a indústria do computador era equivocada e que suas escolhas estavam deixando a companhia em desvantagem dentro de um mercado em rápida transformação. [2]

Apenas dois meses depois, em julho de 1992, a Digital anunciou que Olsen se aposentaria como presidente e CEO a partir de 1º de outubro. Imediatamente, Olsen fez seu próprio anúncio de que desocuparia sua cadeira no conselho naquela mesma data e, assim, cortaria todos os laços formais com a empresa que dirigiu desde a sua concepção. Sua renúncia também daria plenos poderes ao seu sucessor, Robert Palmer, que enfrentava a tarefa indesejável de salvar a empresa que havia relatado um prejuízo de US$ 2,79 bilhões no ano fiscal de 1992.

Conseguiria um veterano com sete anos na Digital estar à altura do desafio? Ele certamente parecia estar dando o melhor de si. Após seis meses no cargo, Palmer havia reorganizado a empresa, cortado custos e empregos, recrutado uma nova equipe gerencial externa, modificado a cor do logotipo da Digital e, o mais radical de tudo, vendido a antiga tecelagem, a primeira e única sede da empresa. Palmer também anunciou uma mudança fundamental na filosofia: um corte de 19% no gasto com o desenvolvimento de produtos e engenharia. A Digital não colocaria mais times concorrentes para trabalhar nos mesmos problemas ou em similares (uma prática altamente valorizada em *In Search of Excellence*). "Precisamos racionalizar nossos gastos, ter menos redundâncias em design de *hardware* e *software*", disse Palmer à mídia especializada em negócios. [3]

Os resultados iniciais foram promissores. Em julho de 1993, a empresa anunciou um lucro trimestral de US$ 113 milhões. O valor das ações estava subindo novamente para cerca de US$ 45. Segundo o *Washington Post*, mais importante ainda para a opinião de muitos analistas era que, "sob o comando de Palmer, a empresa não estava mais em fase de negação." [4]

Mas já era tarde. Palmer não conseguiu resolver a situação. Em janeiro de 1998, o gigante enfraquecido foi adquirido pela Compaq – ironicamente, a maior fabricante mundial de PCs – por US$ 9,15 bilhões. A grande Digital estava morta.

Todas as discussões e os debates após o acontecimento concordaram que, em última análise, a visão do visionário havia fracassado: a empresa havia perdido a evolução do PC; havia perdido a chance de abrir, em vez de patentes, sistemas; e, em um clássico estado de negação, continuou, durante o início dos anos 90, a investir grandes quantias no desenvolvimento de um novo *mainframe*.

Conforme disse C. Gordon Bell, um dos engenheiros-chefes dos primórdios da Digital, ao *Boston Globe*, o sucesso da empresa gerou o seu fracasso. "O VAX [minicomputador] tomou conta da empresa e gerou uma paralisia no pensamento. Ninguém mais precisava pensar de 1981 a 1987 ou 88 porque o VAX dominava tudo." [5]

IBM

A Digital não era a única gigante de computadores a enfrentar dificuldades no início da década de 90. A *Big Blue*, a própria IBM, também passava por uma situação muito difícil. O que aconteceu na empresa estabelece um contraste interessante; mas, primeiro, vamos voltar no tempo.

As raízes da IBM remontam a 1911, quando duas pequenas empresas especializadas em balanças para medição, relógios de ponto e calculadoras para funcionários de escritórios e contadores fundiram-se para formar a Computing, Tabulating, and Recording Company. A nova empresa tropeçou durante três anos, e o conselho chegou a pensar em fechá-la. Em vez disso, contrataram Tom Watson Sr., da National Cash Register, em 1914. Sob a liderança de Watson, foi gradualmente melhorando, e, por volta de 1930, havia se tornado a líder no mercado de calculadoras. A visão de longo alcance de Watson tornou-se evidente em 1925, quando ele decidiu mudar o nome da mesma para International Business Machines.

O sucesso de Watson Sr. e da IBM freqüentemente é atribuído à sua adesão ao que chamava de suas "três grandes convicções": valorize o colaborador individual, invista bastante tempo na satisfação de seus clientes e faça todo o possível para ser correto e ser o melhor em todos nossos empreendimentos. Watson Sr., conscientemente, também criou uma cultura para incorporar e divulgar essas convicções – "uma cultura de fanáticos dedicados", como chamaram Jim Collins e Jerry Porras em *Built to Last*. O processo de institucionalização e de doutrinação da IBM incluía a aparência (ternos escuros), comportamento (nada de bebidas alcoólicas) e atitudes (superior e poderosa). Nas palavras de Watson Sr.: "Você não pode ser bem-sucedido em uma empresa se não acreditar que ela é a melhor empresa do mundo." [6]

Guiada por suas principais crenças e orgulhosa de sua cultura ímpar, a IBM evoluiu de sua liderança em calculadoras a protagonista na indústria de computadores, posição que manteve por décadas. Não foi uma surpresa, portanto, que a IBM tenha sido louvada como uma das 15 corporações "exemplares" em *In Search of Excellence*, e incluída entre as 18 empresas "visionárias" retratadas por Collins e Porras em seu influente estudo publicado em 1994.

Segundo Collins e Porras, para alcançar uma posição "visionária" uma empresa deve estar disposta a assumir o grande risco (assim como a Digital fez ao desenvolver o minicomputador). Uma empresa deve estar disposta a seguir o que os autores chamam de um objetivo BHAG*. No caso da IBM, o BHAG foi remodelar a indústria do computador no início da década de 60 com um investimento massivo em um novo computador – o IBM 360. De acordo com os autores, quando a IBM apostou no 360, foi o projeto com o maior financiamento comercial particular já empreendido até então, utilizando mais recursos do que os Estados Unidos investiram no desenvolvimento da primeira bomba atômica. Tom Watson Jr., que

* N. de T.: Sigla para *Big, Hairy, Ambitious Goal*. Frase proposta por James Collins e Jerry Porras significando, literalmente, um objetivo grande, cabeludo e ambicioso. Segundo a enciclopédia virtual Wikipedia, é um objetivo audacioso de longo prazo que estimula o progresso.

sucedeu seu pai como CEO, descreveu essa decisão como a maior e a mais arriscada de sua vida. [7]

A aposta deu certo. A empresa expandiu-se rapidamente com o sucesso do 360, e sua posição como líder de indústria foi ainda mais consolidada – isto é, até que a empresa começou a deslizar no final da década de 80 e no início dos anos 90. Em 1992, a IBM teve o pior ano da sua história, reportando um prejuízo líquido de aproximadamente US$ 5 bilhões. Suas ações estavam 70% abaixo da sua cotação mais alta, perdendo mais de US$ 70 bilhões em valor para o acionista. O que havia acontecido?

No caso da Digital, Ken Olsen estava em negação; recusava-se a mudar. Em contraste, a IBM sabia que precisava mudar, mas simplesmente não podia. O então CEO, John Akers, não era um Ken Olsen e lamentava sua inabilidade de conduzir a transformação necessária. A cultura da IBM estava muito arraigada e seu DNA parecia inalterável. A empresa estava presa à sua própria competência, vítima do que eu chamo de "paradoxo da *expertise*". Além disso, a IBM tinha sido tão bem-sucedida por tanto tempo que havia se tornado complacente. Ironicamente, a IBM havia originado o conceito dos PCs no início da década de 80. No entanto, sua posição quanto aos *mainframes* era tão dominante e segura que permanecia direcionando a empresa, enquanto o mercado de PCs era inundado por clones de IBMs de custo mais baixo. Lou Gerstner, antigo CEO da IBM, utilizou uma metáfora adequada no título de sua autobiografia: *Who Says Elephants Can't Dance?* ("Quem disse que elefantes não sabem dançar?").

Collins e Porras afirmam que a IBM começou a perder seu *status* de empresa visionária no final da década de 80 e no início dos anos 90 devido à perda das principais crenças de Watson. Havia muita ênfase nas exterioridades de sua cultura vangloriada – ternos azuis, camisas brancas e até mesmo computadores – e não o suficiente em valores centrais reais. "A IBM deveria ter modificado *tudo*, *exceto* seus valores centrais", escrevem os autores. "No entanto, ela ficou apegada demais às práticas estratégicas e operacionais e às manifestações culturais dos valores centrais." [8]

Colins e Porras dizem ainda que as empresas visionárias possuem uma habilidade extraordinária para se recuperar de adversidades. No entanto, eles desaprovavam as propostas sendo feitas a Lou Gerstner para ocupar o cargo mais alto da IBM. "O que devemos pensar da decisão da IBM em 1993 de substituir seu CEO desenvolvido internamente por Gerstner – um forasteiro da R. J. Reynolds, sem qualquer experiência no setor? De que forma essa anomalia se encaixa com o que vimos em outras empresas visionárias? Ela não se encaixa. A decisão da IBM simplesmente não faz sentido algum – ao menos não no contexto dos 1.700 anos de história que examinamos das empresas visionárias."

Se o conselho da IBM estivesse procurando por mudanças drásticas, escrevem os autores, "com Gerstner, eles provavelmente as terão. Mas a grande pergunta para a IBM – de fato, a questão fundamental para a próxima década – é: Gerstner conseguirá preservar os ideais centrais da IBM ao provocar essa importante mudança?". [9]

Eles não eram os únicos a fazer tais perguntas em 1993. Antes da ascensão de Gerstner, a IBM havia tido apenas seis CEOs em sua longa história – todos eles homens *Big Blue* de carreira. O novo CEO deveria não apenas dominar uma nova indústria, mas também, de certa forma, transformar uma arraigada cultura corporativa. Simultaneamente, ele deveria lidar com a tarefa fundamental de reconstruir o valor dos acionistas e reenergizar a gigantesca mão-de-obra da IBM. Francamente, poucos acreditavam que isso fosse possível. Logo que se ficou sabendo da escolha de Gerstner, as ações da empresa caíram mais de US$ 3.

No entanto, em apenas alguns meses, os pessimistas mudaram de opinião. Gerstner estava sendo altamente elogiado por escutar e agir de acordo com as recomendações de seus 200 maiores clientes, em vez de escutar os conselhos de sua equipe de gerenciamento interno. Parecia que ele havia abafado as guerras territoriais entre as funções competitivas e as linhas de produção indo direto aos clientes e descobrindo suas necessidades. Sem dúvida, Colins e Porras teriam também aplaudido, pois Gerstner, ao assim proceder, estava retornando às convicções básicas de Watson Sr. – particularmente, à número 2: "Invista bastante tempo na satisfação de seus clientes".

Em apenas dois anos, a reviravolta de Gerstner estava evidentemente bem-encaminhada. Ele havia reduzido a mão-de-obra; vendido ativos, incluindo imóveis e uma coleção de 300 obras de arte; e reduzido o dividendo das ações comuns da empresa. Os custos diminuíram e as margens de lucro estavam em ascensão. A empresa saiu do vermelho por volta de 1994; depois, divulgou lucros recordes no primeiro trimestre de 1995, excedendo em muito as previsões dos analistas. As ações retornaram aos US$ 90, mais do que o dobro de sua cotação mínima de 1993. A empresa até voltou a agir segundo a sua antiga maneira "imperial" – adquirindo a Lotus Corp. por US$ 3,5 bilhões.

Em 1998, o trabalho de Gerstner estava completo. Como o *San Francisco Chronicle* exaltou: "Tida como morta por muitos apenas cinco anos atrás, a *Big Blue* desfrutou, sob o comando de Lou Gerstner, de uma das maiores recuperações da história do meio empresarial norte-americano". As vendas e lucros recordes da IBM em 1997 e os valores das ações em ascensão eram sinais de que a empresa havia reconquistado seu trono no topo do mundo dos computadores.

No entanto, não é suficiente dizer que a IBM voltara a ser o que era antes. A empresa, sob o gerenciamento de Gerstner, havia se reinventado. O *Chronicle* apontou que o que realmente levou a IBM a prosperar foi sua habilidade de auxiliar outras empresas a entrar na era da Internet ao ajudá-las a desenvolver, implantar e fazer a manutenção de seus sistemas de computador. Isso incluía redes, *intranets* e *websites* de comércio eletrônico. A IBM não apenas fornecia o equipamento – fosse o seu ou de outras empresas – mas também oferecia serviços aos sistemas. Esses serviços, hoje, são responsáveis por mais de 50% das vendas da IBM.

A transformação tem sido realmente extraordinária. Fãs de golfe que assistiram ao Campeonato Masters de 2005, por exemplo, viram dezenas de comerciais promovendo "Serviços Globais IBM", que basicamente dão continuidade às campanhas de "Soluções para um Pequeno Planeta" e "*e-business*" lançadas em 1997 e 1998. Com a ajuda desses anúncios, a IBM procurava adquirir a reputação de uma empresa que as outras buscam para suprir suas necessidades tecnológicas. Ela foi muito mais bem-sucedida em promover essa imagem do que sua concorrente mais próxima, a Hewlett-Packard (HP). [10]

Em última análise, Gerstner não apenas modificou os rumos da IBM; ele mudou a sua imagem. O foco em serviços e os anúncios destacando isso deram à empresa uma nova personalidade. "Cinco anos atrás, as pessoas diriam que a IBM possuía um cérebro incrível, mas não um coração", diz Shelly Lazarus, da Ogilvy Mather, empresa responsável pela campanha "Soluções". "Hoje, ela também possui um coração, uma alma e um senso de humor." [11]

Intel

Em 1968, Andy Grove e Gordon Moore construíram uma fábrica para produzir *chips* para fabricantes de *videogames* como a Atari. Era uma boa idéia, e sua empresa, a Intel Corp., era promissora – até que a indústria de *videogames* foi esmagada pela Nintendo, que preferiu adquirir *chips* feitos no Japão. De repente, a Intel tinha mais *chips* do que compradores. Naquela época, no entanto, a IBM começou a desenvolver o PC, para o qual necessitaria exatamente do tipo de *microchips* que a Intel estava produzindo em abundância. Era uma união perfeita. Rapidamente, a Intel tornou-se a fabricante número um de *chips* no mundo, uma posição que mantém desde então.

No entanto, como temos visto, a tecnologia continua a se desenvolver. O que aconteceu com o *mainframe* e, subseqüentemente, com o microcomputador, está acontecendo agora com os PCs. Os telefones celulares, PDAs* e outros

* N. de T.: No original, *Personal Digital Assistants*. Pode ser literalmente traduzido como Assistente Digital Pessoal, mas é mais conhecido como PDA ou *Handheld*.

aparelhos estão diminuindo a demanda pelos PCs. Agora é a vez da Intel se ajustar a um mercado em constante mudança. Vejamos rapidamente a situação da empresa.

No final de 2000, a Intel anunciou que sua parceria de dois anos com a Analog Device estava prestes a dar retorno. A empresa estava pronta para introduzir um novo *chip* no mercado – o processador de sinal digital de alto desempenho (DSP)* para uso em aparelhos *wireless* de "terceira geração", como telefones celulares avançados e PDAs. No entanto, assim como no caso da Digital, a Intel seguia, mas não liderava o mercado. Componentes indispensáveis de aparelhos eletrônicos como *modems*, CD *players* e telefones celulares, os DSPs já eram, há algum tempo, o segmento de maior crescimento no mercado de *microchips*.

O trabalho da Intel, então, não era apenas produzir o DSP, mas também desalojar o líder de mercado, a Texas Instruments. (Vale a pena mencionar que a TI foi bastante visionária ao fazer a transição para o DSP. Ela poderia ter insistido na fabricação de *chips* para PCs, mas admitiu a derrota para Intel nessa batalha e decidiu enxergar além do horizonte. Nisso, ela visualizou o futuro em aparelhos de "melhor acesso", como o então emergente telefone celular, e concluiu que o DSP era o caminho a seguir.) De sua parte, a Intel percebeu, corretamente, que o negócio de *chips* para PCs estava atrelado ao lento crescimento das vendas do mesmo, mas essa conscientização aconteceu mais tarde. A TI já havia abocanhado uma participação de 60% no mercado de telefone *wireless* digital, e Mike McMahan, o chefe de P&D da empresa, havia dito ao *Boston Globe* do que estava seguro quanto à sua posição no mercado. [12]

Da mesma forma que a Digital e a IBM, a história da Intel ilustra o fato de que, quando se tem a arena escolhida em completo domínio, é difícil prestar atenção ao que está acontecendo fora dessa arena. Igualmente, é muito fácil ignorar os concorrentes. Esse foi o caso com relação ao DSP em 2000, e o mesmo aconteceu com a Intel novamente em 2003, quando a Advanced Micro Devices (AMD) ganhou da empresa ao introduzir no mercado um produto chamado Opteron – um *chip* que oferecia um avançado poder de computação de 64 *bits* enquanto mantinha a habilidade de operar milhares de programas de 32 *bits* compatíveis com o Windows. De acordo com um relato, a Intel e outros dentro da indústria ridicularizaram o novo *chip* da AMD, mas esta, dentro de um ano, tinha entre seus clientes empresas como a IBM, a Sun Microsystems e a HP. Logo, foi preciso que a Intel se atualizasse novamente. No início de 2004, a empresa anunciou que adicionaria uma capacidade de 64 *bits* ao seu servidor de chips Xeon de 32 bits.

* N. de T.: No original, *Digital Signal Processor*. Segundo os *websites* *www.wikipedia.com* e *http://www.ti.com/sc/brasil/mundo/dsp.htm*, os DSPs são microprocessadores utilizados para processar sinais de vídeo e de áudio, por exemplo, em tempo real ou *offline*.

O irônico da história foi que, uma década antes, o então CEO da Intel, Andy Grove, classificara a AMD como a "Milli Vanilli* dos semicondutores", zombando da pequena empresa por copiar os designs dos *chips* da Intel em vez de criar seus próprios processadores. Fred Weber, chefe do setor de tecnologia da AMD, admitiu sentir "alguma satisfação emocional" ao ver a inversão da situação. Ele creditou o sucesso da AMD não ao acaso, mas a uma estratégia de cinco a sete anos de "inovar em lugares onde eles não inovavam".

Será que a posição dominante da Intel também permitiu que a empresa não valorizasse seus clientes? Um executivo da Boxx Technologies, cliente da AMD, comentou que a AMD mantém a Intel na linha e que a competição é crucial. "Se você retirasse a AMD do cenário", diz ele, "a Intel realmente desaceleraria para maximizar seu retorno sobre o investimento." Weber, da AMD, reforça: "a Intel é arrogante por ser praticamente um monopólio. Seu respeito pelos clientes provém dos gritos dos mesmos contra ela". [13]

Se a Intel é capaz de se desprender de sua perceptível arrogância e complacência, manter-se à frente de seus concorrentes e responder às crescentes exigências do mercado, isso é uma questão a ser enfrentada pelo CEO recentemente indicado, Paul Otellini, um veterano da empresa que ascendeu no marketing, em vez da engenharia. Conseguirá Otellini reinventar a Intel, assim como Gerstner reinventou a IBM, e descobrir uma nova direção para a empresa em um mercado de PCs altamente saturado? Baseado nesse princípio da "virada para a direita" – uma grande mudança em relação à "crença arraigada" de que nada importa mais do que *chips* de computadores mais velozes e mais poderosos – Otellini pode ser o homem certo para o trabalho. Ele está fazendo com que a empresa se dê conta de que os clientes, hoje, além da velocidade, também desejam elementos de segurança embutidos, Internet com conexão *wireless* e melhores gráficos e áudio. Com sua experiência em marketing, talvez ele consiga sacudir a cultura elitista e de engenharia de alta tecnologia da empresa.

É TUDO UMA QUESTÃO DE LIDERANÇA

Então, quais são os "hábitos autodestrutivos" que estão presentes nas histórias dessas três empresas? Negação? Arrogância? Complacência? Sim. Sim. Sim. Que tal "dependência da competência" e "miopia competitiva"? Sim, Sim. Sob um ponto de vista um pouco diferente, essas histórias também poderiam ilustrar nossos dois últimos hábitos: "territorialidade" (guerras territoriais internas) e "obsessão

* N. de T.: Milli Vanilli era uma dupla musical americana famosa no final dos anos 80 e início dos 90. Durante um show com problemas técnicos, descobriu-se que o grupo era uma farsa e que nenhum deles cantava na realidade.

por volume" (estruturas com custos demasiadamente altos). Mas tenho muito mais histórias a contar. Os próximos capítulos especificam, definem e ilustram todos os sete hábitos autodestrutivos, analisam outras empresas que os exibiram, e examinam de que forma elas corrigiram esses hábitos autodestrutivos – ou fracassaram na tentativa. A discussão, eu espero, demonstrará formas de identificar tais comportamentos em sua própria empresa e, conseqüentemente apontará o caminho de volta à saúde e à longevidade.

Primeiramente, no entanto, vamos definir nossos termos um pouco melhor. Para nossos propósitos, vamos considerar dois aspectos ou conotações de "ruim". O primeiro é o mais óbvio e direto: ruim significa não-saudável, algo que não é bom para você, contrário ao seu interesse, destrutivo. O comportamento que faz com que seus clientes ou fornecedores fiquem ressentidos que faz com que eles procurem outras parcerias de negócios, parece claramente "ruim" nesse sentido. A arrogância ou o abuso de acionistas parecem ser bons exemplos. No entanto, "ruim" na arena dos negócios também pode sugerir uma "oportunidade perdida". Aqui, talvez a complacência ou a subestimação da competição façam com que você deixe de maximizar o seu potencial. Seu comportamento pode não ser "ativamente" ruim e você não está sendo insultado por outros em sua comunidade, mas suas visões falharam e você perdeu, ou está prestes a perder, a sua chance.

Finalmente, uma palavra sobre liderança. Às vezes, os CEOs são diretamente responsáveis pelos hábitos autodestrutivos desenvolvidos em suas empresas. Isso geralmente ocorre no caso de CEOs que fundaram a empresa ou de CEOs que recusam a se aposentar ou que "clonam" seus sucessores, ou cujos diretores foram escolhidos a dedo. Empresas familiares, onde a "influência genética" é forte, também são suscetíveis a criar hábitos autodestrutivos.

No entanto, seja o CEO responsável pelos hábitos autodestrutivos da empresa ou não, sua tarefa é definitivamente eliminá-los. Quando uma intervenção proativa é necessária, ela só pode vir do topo. Às vezes, principalmente quando uma crise é grave e os hábitos já se tornaram vícios, é preciso trazer um novo líder. Vimos isso no caso da IBM e veremos outros exemplos nos capítulos a seguir.

Considere o desempenho da GE sob o comando de Jack Welch. Quando Welch tornou-se o CEO no início dos anos 80, os analistas consideravam a atuação da empresa como sólida, porém lenta, crescendo na mesma proporção que o PIB. Welch discordou e logo tumultuou a GE ao declarar que a empresa deveria transformar-se radicalmente. Ele começou uma grande reestruturação sob uma estratégia denominada "No. 1, No. 2", que ordenava "arrumar, fechar ou vender" todas as empresas que não fossem primeiras ou segundas em participação de mercado mundial e que não oferecessem grandes oportunidades globais de crescimento. Ao implantar essa estratégia, a GE acabou vendendo 400 empresas e linhas de produtos – incluindo produtos para casa e operações de mineração – a um valor de US$ 15 bilhões, e adquiriu 600 outras a um valor de US$ 26 bilhões. Por volta de 1988, a GE estava organizada em 14 grandes empresas de serviços ou de alta tecnologia que Welch acreditava possuírem um tremendo potencial de crescimento global.

A GE é uma praticante excelente de gestão por antecipação, uma abordagem proativa para controlar o seu destino em um mercado em mudança. A gestão por antecipação é mais necessária e funciona melhor quando o ambiente externo enfrenta mudanças rápidas e descontínuas. Ela propicia às organizações uma grande vantagem competitiva. Tendências que são antecipadas podem ser planejadas, e a vantagem competitiva aumenta para as empresas que fazem melhor e mais cedo do que seus competidores.

Conforme a figura a seguir, quando uma empresa segue praticando uma gestão do "*status quo*" e olha de dentro para fora, em vez de fora para dentro, quando o ambiente está em mudança ela entra em um espiral descendente. Essas empresas morrem aos poucos, como se sofressem de uma doença crônica.

Se a empresa enfrenta uma ameaça repentina, ela entra em módulo de gestão de crise como necessidade de sobrevivência. Por exemplo, se um banco de investimentos perde clientes importantes repentinamente porque não soube valorizá-los, ele pode imediatamente lançar uma campanha para avaliar como seus clientes restantes vêem a empresa e dar mais atenção para a gestão de relacionamentos.

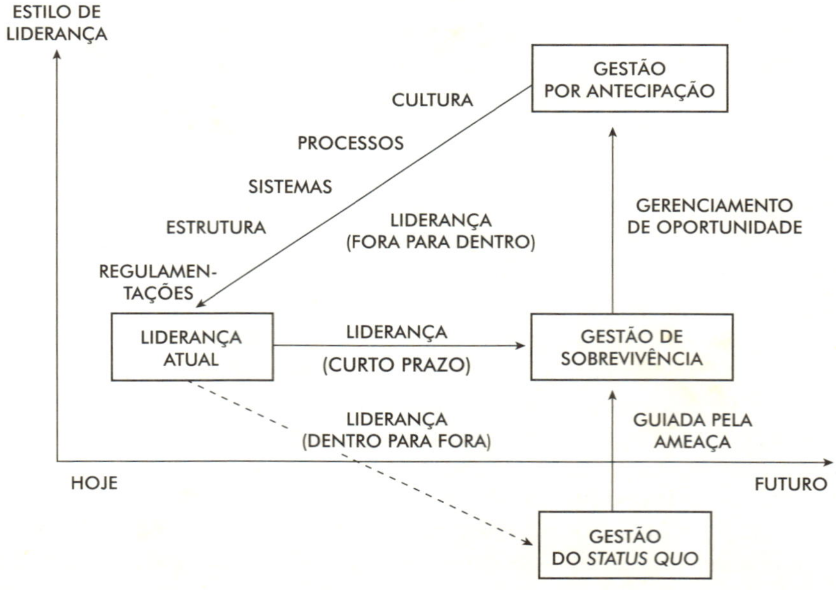

Figura 1-2 Estilo de lideranças.

Tais mudanças provocadas por ameaças podem prolongar a sobrevivência, mas elas não asseguram o crescimento ou a prosperidade a longo prazo.

Os líderes devem antecipar as mudanças ambientais e posicionar suas empresas proativamente para que sejam mais bem-sucedidas do que eram antes sob o *status quo*. Eles devem intervir e transformar internamente a cultura da empresa, os processos, a estrutura e os sistemas. Eles também devem alterar externamente os regulamentos para posicionar de modo seguro o futuro da empresa em um mundo de mudanças em termos de tecnologia, competitividade, mercados de capitais, regulamentos, globalização e necessidades de mercado. [14]

A liderança diz respeito à formação de expectativas; o gerenciamento diz respeito à entrega de expectativas. O gerenciamento é perfeitamente capaz de manter nossos hábitos, sejam eles bons ou ruins. A verdadeira mudança provavelmente só acontecerá a partir de um executivo que tenha poder para iniciá-la.

Agora, vejamos os hábitos autodestrutivos.

CAPÍTULO

2

NEGAÇÃO: O CASULO DO MITO, DO RITUAL E DA ORTODOXIA

No dicionário, a definição principal de negação é: "o que não se admite como verdade". Nenhum exemplo é melhor do que o da recusa de Ken Olsen em reconhecer a chegada do PC. Mas existem muitos outros.

O campo da psicologia aperfeiçoou a definição de negação para a seguinte forma: "um mecanismo de defesa inconsciente utilizado para reduzir a ansiedade ao negar pensamentos, sentimentos ou fatos que são conscientemente intoleráveis". Para nossos propósitos, os "pensamentos, sentimentos ou fatos que são conscientemente intoleráveis" podem ser aqueles que procuram lembrar às empresas arrogantes que elas atingiram o sucesso não apenas por sua própria inteligência, mas também através de sorte, e que, afinal de contas, elas podem ser falíveis.

ESTAR NO LOCAL

Nas muitas empresas que analisei, parece que o processo de negação inicia quando a empresa deixa para trás suas origens humildes e começa a criar uma mitologia sobre sua grandeza. Esse padrão é particularmente impressionante (e cômico) quando levamos em conta quantas empresas foram bem-sucedidas por acaso e quantas empresas tornaram-se ícones por terem tido a sorte de estar no local certo, na hora certa. Da mesma forma que um jovem ator ou um músico na luta, elas tiveram a grande sorte de serem "descobertas" – não por um agente de talentos, mas por um único importante cliente. Aliás, a maioria das empresas é "feita" por um cliente, e, na maioria das vezes, são os clientes que as descobrem. (Essas histórias sempre me recordam de um romance escrito por Jerzy Kosinski, *Being There*, adaptado para o cinema e estrelado por Peter Sellers em 1979. É a história de Chance, o jardineiro, que, ao fazer nada exceto "estar no local", permitiu que a máquina criadora de mitos da sociedade o elevasse – temporariamente – a um status de quase Deus.)

Considere, por exemplo, a história da Daimler-Benz (agora, Daimler-Chrysler). As raízes da empresa remontam ao final da década de 1880, quando dois alemães, Carl Benz e Gottlieb Daimler, independentes um do outro, começaram a desenvolver automóveis movidos à combustão interna. A grande sorte nº 1 aconteceu no início do século XX, quando um revendedor austríaco de nome Emil Jellinek ganhou uma corrida com um automóvel da Daimler e, então, decidiu fazer o primeiro pedido substancial de automóveis Daimler. No entanto, Jellinek tinha duas condições para esse pedido de grande escala. Primeiramente, a ele seria conferida a concessão exclusiva da Daimler para a Áustria-Hungria, França e Bélgica. Segundo, a ele seria permitido chamar os carros de "Mercedes", o nome de sua filha.

A sorte acidental nº 2 aconteceu após a fusão da Daimler Motorengesellschaft com sua rival, a Benz & Cie, criando-se a Daimler-Benz AG em 1926. (A propósito, é muito improvável que os dois fundadores tenham se conhecido.)

Uns dez anos depois, uma Mercedes envolveu-se em uma colisão frontal. O dono do carro que, como era costume na época, andava no banco traseiro, escapou ileso – e ficou devidamente impressionado com a segurança de seu veículo. Seu nome era Adolf Hitler. Imediatamente, ele decidiu que a Mercedes-Benz se tornaria o automóvel oficial do governo alemão e que a Daimler-Benz produziria todos os veículos militares e do Estado. Em pouco tempo, a Daimler-Benz tornou-se a maior corporação da Alemanha.

Outro exemplo interessante é o da Upton Machine Company. Quem? Bem, a Upton Machine Company remonta a 1911, quando os irmãos Fred e Lou Upton começaram a produzir máquinas de lavar roupas movidas a motor elétrico. No entanto, eles não estavam progredindo muito, até cinco anos depois, quando foram descobertos pelo varejista líder da nação, a Sears, Roebuck & Co. Em 1925, eles estavam fornecendo todas as máquinas para a Sears, sob a marca Kenmore. Em 1950, a empresa modificou seu nome para Whirlpool, e todo o resto é História.

Não que haja algo de errado com ser bem-sucedido por acidente. O sucesso é bom, não importa de que maneira aconteça. O problema é quando a empresa esquece de suas origens, esquece aquelas sortes acidentais e começa a levar todo o crédito pela sua boa sorte. Acredito que na maioria dos casos (mas não em todos) não são os fundadores que cometem este erro, mas a segunda e as sucessivas gerações. Com a saída dos fundadores, os mitos parecem surgir, colorindo a história da empresa. Inicialmente, os mitos são boas histórias que oferecem aos funcionários uma conexão – mesmo que um tanto romântica – ao passado corporativo e aos valores centrais da empresa. Mas, com o passar do tempo, os mitos tornam-se convenções, rituais, e solidificam-se. Mesmo assim, até os rituais podem funcionar enquanto o ambiente não mudar. Mas quando as ondas de mudança atingem as fundações da empresa, as convenções rígidas tendem a responder com negação.

O tipo de mudança que inspira negação pode assumir muitas formas, mas umas das suas formas mais comuns é o surgimento de nova tecnologia. Pense nas indústrias de transporte, de comunicações ou de informação. O antigo jeito de fazer as coisas subitamente desapareceu, e se você não subir no ônibus, será atropelado. Esta é a "destruição criativa" que o economista Joseph Schumpeter acreditava estar na essência do capitalismo. É o "paradigma da mudança" sobre o qual Don Tapscott e Art Caston escreveram há mais de uma década.[15] Recentemente, é a idéia da "tecnologia disruptiva" em *The Innovator's Dilemma* [16], de Clay Christensen.

Eu já mencionei a famosa declaração de Ken Olsen de que o PC jamais sobreviveria no mundo dos negócios. Aqui vai outro bom exemplo. Logo após a invenção do telefone, em 1876, um dos parceiros de Alexander Graham Bell ofereceu a venda dos direitos das patentes do telefone ao Western Union por US$ 100 mil. O presidente do Western Union, William Orton, recusou a oferta. "Que utilidade poderia dar essa empresa a um brinquedo eletrônico?" desdenhou Orton. Doze anos depois, a American Telephone and Telegraph adquiriu o controle do Western Union. [17]

Nós zombamos dessas pessoas, mas não é fácil ver o futuro, principalmente quando se tem algo bom acontecendo no presente. Além disso, não são apenas os indivíduos ou as empresas individuais que caem em negação e sofrem as conseqüências. As mudanças tecnológicas criam novas indústrias completas – e destroem as antigas.

Quantos relógios de bolso você vê hoje em dia? A indústria do relógio eclodiu na Europa com o elegante artesanato dos suíços e dos alemães. Os relógios, geralmente guardados dentro de um bolso no colete, eram feitos à mão, com complexos detalhes em jóia. Para fazê-los, a mão-de-obra era intensa e o volume baixo, mas isso não importava, pois um único relógio podia durar uma geração – ou mais, se passado como herança. Mas então, em 1950, surgiu a produção mecânica do relógio conduzido pela Timex (antigamente conhecida como a Waterbury Clock Company). Era o primeiro relógio barato do mundo, e de repente os grandes fabricantes suíços e alemães passaram a disputar nichos.

O "paradigma da mudança" não era simplesmente a mecanização; era também a idéia revolucionária de que um relógio poderia ser descartável. A Timex foi brilhante ao destruir a noção do "relógio para toda a vida". Cem relógios para toda a vida eram um volume significativo. Um relógio (talvez com o rosto do Mickey Mouse) poderia ser presentedo a uma criança assim que ela aprendesse a ler as horas. Se esta criança perdesse ou quebrasse o relógio, bem, então compraria outro. Portanto, uma indústria estava transformada, e os antigos competidores foram deixados de lado, ofegantes.

Aliás, acompanhar a indústria do relógio de pulso continua sendo uma diversão. A Timex, por sua vez, não previu a mudança da tecnologia analógica para a digital e, assim como aconteceu com tantos outros aparelhos modernos, os japoneses surpreenderam o mercado no início da década 70 com o Pulsar digital. A hegemonia da Timex estava quebrada, e logo todos (inclusive a Texas Instruments) estavam produzindo relógios de pulso digitais com informações precisas em cristal líquido. No final da década de 70, a prosperidade da digital era tanta que o antigo relógio analógico (com ponteiros, motorizado por uma mola principal) parecia caminhar para o cemitério tecnológico.

Isto não aconteceu, em grande parte, porque os relógios digitais ganharam a reputação de serem baratos e feios. Eles não tinham estilo, o que não atraiu os maiores compradores de relógios: as mulheres. Os japoneses entraram no mercado novamente, liderados pela Seiko, com a introdução de um relógio analógico motorizado por um cristal de quartzo – um relógio mais bonito que poderia competir em termos de precisão (e preço, se você assim o quisesse.)

Agora, parecia que o digital estava morto. No entanto, isto também não aconteceu, graças à chegada do relógio *sports multimode* no final da década de 80. Esses relógios não apenas davam as horas, mas também a sua agenda, cronometravam as suas corridas e o despertavam pela manhã. Os japoneses (Seiko, Casio, Citizen) ainda lideravam o caminho, mas a Timex estava de volta no jogo com o Ironman Triathlon popularizado pelo presidente Clinton. Mais surpreendentemente ainda, a morosa Timex ultrapassou suas rivais em 1992 com a introdução de sua marca Indiglo que brilhava no escuro, o que aumentou as vendas da empresa em 30% em cerca de um ano. A Casio e a Seiko invadiram o mercado com clones.

(No intuito de fazer uma divulgação completa, é preciso admitir que os fabricantes de relógios suíços não desapareceram. Para empresas como a Rolex, Cartier, Movado e outras que vendem relógios individuais por cerca de US$ 100 mil, talvez o volume não seja tão importante, afinal de contas.)

Como sabemos, praticamente o mesmo aconteceu na indústria da televisão. Os Estados Unidos a criaram, nutriram, desenvolveram o seu mercado – e então a perderam. A tecnologia baseada no tubo de aspirador foi liquidada pela tecnologia de estado sólido utilizada pelos japoneses. E, agora, eis a tela plana.

Como o nosso foco principal encontra-se sobre empresas individuais, vamos examinar algumas, representando uma variedade de indústrias. Primeiramente, vamos focar o setor de eternas mudanças da tecnologia. Então, veremos outros tipos de "novas realidades" que as empresas têm enfrentado.

A NEGAÇÃO DE TECNOLOGIAS EMERGENTES

Um exemplo de empresa que transformou o cenário dos negócios norte-americanos com o desenvolvimento de uma única nova tecnologia é a Xerox. É uma história e tanto – repleta de mitos e lendas.

Xerox: tentando copiar o próprio sucesso

A tecnologia da xerografia moldou-se em 1937 na mente de Chester Carlson, filho de um barbeiro, que saiu da pobreza para se tornar um advogado especialista em patentes – e um proprietário de patentes. Durante dez frustrantes anos, Carlson deve ter se sentido como um autor desconhecido procurando vender seu primeiro manuscrito. De acordo com David Owen, autor da história da máquina de Xerox chamada *Copies in Seconds*, Carlson procurou vender sua idéia para IBM, RCA, Bell & Howell, GE e Kodak, entre outros. Todos responderam de uma maneira a que Carlson mais tarde se referiria como "uma entusiástica falta de interesse". [18]

Em 1947, Carlson encontrou o parceiro que tanto procurava: Joe Wilson, o empresário chefe da Haloid Co., um fornecedor de papel fotográfico instalado em Rochester, Nova York, cidade natal da Kodak. Wilson abraçou a oportunidade de colocar as patentes de xerografia de Carlson para trabalhar, e a Haloid renasceu como a Xerox. Foram necessários 12 anos para produzir a primeira copiadora prática "seca", mas quando isso aconteceu, a jovem empresa teve o mundo empresarial a seus pés.

Ao longo da década de 60, protegida por suas patentes, a empresa aproveitou um monopólio virtual de copiadoras, e os lucros subiram a um empolgante 20% ao ano. As ações atingiram US$ 171 em agosto de 1972. Além disso, na Xerox PARC, sua famosa matriz de pesquisas situada em Palo Alto, na Califórnia, os gurus da empresa estavam desenvolvendo a interface de usuário gráfico, a Ethernet LAN para conectar computadores e impressoras, a impressora a laser, e até mesmo ao primeiro PC. Mas aqui, na história da PARC de Alan Kay, observamos os primeiros sintomas de negação; vemos a empresa negando o futuro criado pelos seus próprios engenheiros.

Encarregados do desenvolvimento do "escritório do futuro", Alan Kay e seu Learning Research Group construíram o protótipo do PC. Chamado de Alto, ele possuía gráficos sofisticados, sobreposição de janelas, inclusive um *mouse* para apontar e clicar. No entanto, em 1977, após ponderar por vários meses se introduziria o Alto ao mundo como o primeiro processador de palavras para o mercado de escritório e datilografia, a Xerox optou por uma "glorificada máquina de escrever elétrica" chamada Xerox 850. Obsoleta desde o dia em que foi introduzida, a 850 fracassou completamente. Conseqüentemente, Alan Kay partiu em busca de outros interesses. [19]

Enquanto isso, a empresa estava perdendo a sua posição dominante em copiadoras. Os japoneses estavam invadindo com modelos melhores e mais baratos; e as margens e as participações de lucro da Xerox despencaram. Ela diversificou – primeiro para computadores, e depois para serviços financeiros. Ambos foram desastres. Ao longo dos anos 80 e no início dos anos 90, enquanto o mundo dos negócios passava pela transição de copiadoras a impressoras movidas a computadores, a Xerox vagou pela escuridão. Afinal de contas, tratava-se *da* empresa de copiadoras, e ela parecia incapaz de reconhecer que o mundo havia mudado sob seus pés.

No final de 1997, o presidente Paul Allaire parecia ver a luz. Ele contratou Rick Thoman da IBM e o instalou como o novo presidente da Xerox, com a clara missão de trazer a empresa para o presente. Rapidamente, Thoman anunciou o lançamento de uma poderosa rede de impressoras digitais a laser – um ataque à gigante Hewlett-Packard. O novo DocuPrint 32, com capacidade de 32 páginas por minuto, era vendida por US$ 500 menos do que a Laserjet 5Si, da HP, a líder da indústria. Ambos os produtos foram projetados para fazer múltiplas cópias de documentos criados por computadores, a preços comparáveis a copiadoras regulares. A disposição de Thoman de incitar uma guerra de preços era um sinal de sua "agressividade" – supostamente o que a Xerox precisava. O valor de suas ações estava em ascensão.

O próximo passo de Thoman foi a compra da unidade de impressão colorida da Tektronix Inc. por US$ 950 milhões, a maior negociação de sua espécie nos 103 anos de história da Xerox. Isso era, claramente, uma invasão do território da HP. Como disse Thoman à mídia especializada de negócios: "Isso ajuda a nos tornar mais centrados em impressoras e menos centrados em copiadoras". Ele esperava que a aquisição resultasse em mais de 30% de participação de mercado em impressoras coloridas para escritórios, ficando em segundo lugar, atrás da HP.

Então, a situação mudou. Apenas seis meses depois, em abril de 2000, a Xerox anunciou que cortaria 5.200 empregos e que faria uma reestruturação de US$ 625 milhões no primeiro trimestre. Todos concordaram quanto ao motivo das dificuldades da empresa: ela ainda lutava para ajustar-se à crescente mudança das copiadoras para impressoras de computador, onde a Xerox era uma "principiante" e enfrentava dura competição. Mas isso implica a seguinte pergunta: por que este líder em tecnologia era um principiante em impressoras para computador? Resposta: negação.

Um mês depois, Thoman foi embora. De acordo com Robert Alexander e Douglas K. Smith, autores de *Fumbling the Future: How Xerox Invented, Then Ignored, the First Personal Computer*, a sua saída confirma o ditado sobre gerenciamento de mudança: "A cultura ganha". Thoman era um forasteiro trazido para gerenciar a transição da Xerox da antiga para a nova economia, mas três anos foram insuficientes para isso. "Após servir como presidente por dois anos e apenas um como CEO, a cultura da Xerox o rejeitou como um transplante ruim." [20]

Esta cultura, dizem os autores, foi moldada na década de 50 por Joe Wilson, o homem que se apoderou da invenção de Chester Carlson e criou a potência da década de 60 e 70 denominada Xerox. No entanto, em uma história familiar, com a saída do fundador a cultura tornou-se rígida, entrincheirada, insular e hostil a estranhos. O sucessor de Wilson, Peter McColough, simulou um entendimento com a P&D, enquanto, na verdade, focava os "imperativos da antiga economia", como vendas e finanças. "Voltemos para os meados dos anos 80", sugere Alexander e Smith. "Tendo ignorado cegamente novas idéias externas (copiadoras pequenas, tonalizador líquido, vendas indiretas) e internas (PCs com redes e impressoras a laser), e enquanto os chefes funcionais feriam-se uns aos outros, a Xerox sofreu um colapso em participação de mercado e lucros." O conselho da empresa recorreu a David Kearns, que, "previsivelmente, procurou recapturar as glórias da copiadora do passado e abandonou todos os esforços para comercializar o futuro digital que, até então, permanecia ao alcance da Xerox." [21]

Antes que o difícil ano de 2000 acabasse, a Xerox havia consumido dois terços de seus US$ 7 bilhões em linhas de crédito e anunciava "vendas de bens não-estratégicos", juntamente com melhoramentos funcionais. Uma destas vendas soava bastaste drástica: metade de sua participação de 50% da Fuji Xerox para a Fuji Photo Film, a primeira mudança na estrutura de propriedade do empreendimento conjunto desde seu lançamento em 1962. Mais notável ainda, a Xerox também contemplava trazer parcerias externas para a famosa PARC.

Em última análise, a Xerox, em estado de negação, havia esperado demais para enfrentar o desafio da tecnologia digital. Quando Thoman foi em busca de uma estratégia de reenfoque em redes de alta tecnologia, impressão e serviços de cópia, em vez da simples venda de caixas de copiadoras beges, a impassível cultura da Xerox, que havia se solidificado mais ainda sob o comando de Kearns, provou-se incapaz de executar a estratégia de Thoman, e logo iniciaram-se as advertências quanto ao lucro. O presidente Allaire, que havia trazido Thoman para a empresa, retomou seu antigo cargo como CEO e promoveu Anne Mulcahy para presidente e COO. No entanto, os investidores estavam liquidando suas ações e a Moody's* estava rebaixando a classificação de crédito da empresa.

Durante o mesmo período, em novembro de 2000, o célebre professor e especialista em tecnologia Paul Kedrosky resumiu o declínio da empresa da seguinte maneira: "a Xerox não teve segundo ato. Depois das fotocopiadoras, a empresa nunca dominou verdadeiramente outro mercado. E, agora, produtos no estrangeiro com baixa margem estão espremendo a Xerox para o segmento mais barato do negócio de copiadoras, e o segmento mais caro está saturado". Além disso, o mercado em si estava em declínio, pois as tecnologias de comunicações relacionadas ao computador estavam fazendo com que as fotocopiadoras parecessem obsoletas. Na visão de Kedrosky, o declínio da Xerox estava previsto há algum tempo, "talvez desde que ignorou suas próprias invenções extraordinárias". [22]

Em outubro de 2004, promotores públicos federais concluíram uma investigação criminal na Xerox sem registrar quaisquer acusações, encerrando um

* N. de T.: Fundada em 1909 por John Moody, a Moody's Corporation, empresa *holding* para a Moody's Investors Service, realiza pesquisas financeiras e análises em entidades comerciais e governamentais.

longo inquérito sobre a contabilidade e as práticas da empresa. Esta era a boa notícia. A má notícia era de dois anos antes. Em 2002, a Xerox concordou em pagar um valor (então recorde) de US$ 10 milhões em multas e em revisar seus lucros para liquidar acusações de fraude propostas pela SEC*. Sem admitir ou negar culpa, a empresa revisou suas finanças e admitiu um erro de registro de US$ 6,4 bilhões em receita de equipamentos e de 36% a mais em suas receitas antes dos impostos, ou US$ 1,4 bilhão, ao longo de cinco anos até 2001. Em 2003, seis antigos executivos, incluindo dois antigos CEOs, pagaram US$ 22 milhões em multas e penalidades para liquidar as acusações relacionadas com a SEC. De acordo com a SEC, os executivos haviam pessoalmente lucrado com os bônus e as vendas de ações relacionadas aos falsos relatórios financeiros.

Entretanto, a porta-voz da Xerox, Christa Carone, disse ao *Wall Street Journal*: "Somos uma empresa muito mais forte hoje. Acreditamos que estamos progredindo e escrevendo o próximo capítulo sobre o retorno da Xerox à grandeza". [23]

Talvez sim. Mas, no final de 2005, 70% da receita da empresa provinha dos negócios de pós-venda, como tinta e cartuchos tonalizadores, e suas ações eram comercializadas abaixo de US$ 15. Em meio a isso, há outra lição: quando hábitos autodestrutivos tornam-se vícios, uma intervenção radical pode ser necessária.

A Tektronix, a empresa que vendeu sua unidade de impressão colorida para a Xerox em 1999, oferece outro exemplo de negação. Fundada em 1946 como uma empresa para teste eletrônico, a Tektronix abriu capital em 1963, e no final da década controlava 75% do mercado mundial em osciloscópios. Assim como a Xerox, no entanto, a Tektronix sofreu na década de 80, porque falhou em reconhecer a mudança fundamental da tecnologia analógica para a digital. Os lucros caíram abruptamente, e logo após vieram as demissões. Em 1990, ao enfrentar perdas contínuas, o conselho resolveu assumir o controle da empresa.

No entanto, essa história tem um final diferente – a prova de que hábitos autodestrutivos podem ser quebrados. Talvez porque ao especialista em *turnaround* trazido pelo conselho, Jerome Meyer, foi dado bastante tempo para completar o trabalho, ou talvez porque a cultura da Tektronix não era tão resistente e intransigente. A reparação da empresa foi bem-sucedida. O desdobramento da unidade de impressão colorida resultou numa Tektronix menor e mais focada, o que a fez retornar ao seu negócio principal, sair do vermelho

* N. de T.: Significa United States Securities and Exchange Commission, comumente conhecido por SEC. É o equivalente à Comissão de Valores Mobiliários no Brasil. Daqui para frente, será referida como SEC.

em 2000 e aproveitar vendas e lucro recordes em 2001. Sob a liderança do presidente e CEO Rick Willis, que sucedeu Meyer, a empresa tem prosperado desde então. [24]

A NEGAÇÃO QUANTO À MUDANÇA DOS GOSTOS DO CONSUMIDOR

O que poderia ser mais caprichoso do que os gostos do consumidor contemporâneo? Eu detestaria ser a empresa que apostou o seu futuro em lâmpadas de lava, *pet rocks** ou Beanie Babies**. Sabemos que modas não duram. Mesmo varejistas ícones já sofreram ao se recusar a reconhecer as mudanças de gostos, preferências e padrões de compras de seus clientes. Considere o seguinte exemplo.

A&P: o varejista pioneiro em perigo

Vamos falar de raízes. A Great American Tea Company (mais tarde chamada de Great Atlantic and Pacific Tea Company) foi fundada em 1859 quando George Hartford e seu parceiro instalaram-se nas docas de Nova York para que pudessem vender chá por 50% do preço, comprando diretamente dos navios cargueiros e, dessa forma, eliminando o revendedor. A jovem empresa ganhou notoriedade ao passear com a sua característica carroça vermelha pelas ruas da cidade.

Em 1912, quando os filhos de Hartford, George e John, estavam entrando na empresa, a cadeia de loja varejista original da América possuía 400 pontos de venda, com sua política pioneira de marca própria a preços reduzidos. Naquele ano, John Hartford deu um novo formato aos negócios. Ele abriu uma loja que dispensava as duas marcas características do varejo – crédito ao cliente e brindes diferenciados. Era estritamente "pagar e levar", o que reduzia os preços ainda mais; e a idéia se alastrou como um incêndio. Entre 1912 a 1915, a A&P abria uma de suas "lojas econômicas" a cada três dias, e em 1930 havia mais de 15 mil pontos de venda do tipo pague-e-leve em 29 estados.

O sucesso dessa empresa bilionária encantou os clientes, mas incitou a raiva de varejistas independentes. Na década de 30, o governo impôs taxas sobre lojas de cadeias e uma nova lei antitruste, o Robinson-Patman Act, visava diretamente as táticas de preços em lojas de cadeias. De fato, o Departamento de Justiça lutou contra a A&P durante 12 anos, questionando a legalidade de sua estratégia

* N. de T.: A pedra de estimação *pet rock* foi uma moda concebida nos anos 70 por um executivo chamado Gary Dahl. Durou apenas seis meses, mas fez de Dahl um milionário.

** N. de T.: Um Beanie Baby é um pequeno bicho de pelúcia fabricado pela Ty Inc., cujo proprietário e fundador é Ty Warner. É uma espécie de pufe em forma de bicho de pelúcia.

principal: subsidiários fornecendo às lojas da A&P carnes, laticínios, frutas e verduras frescas, pães e tortas e enlatados a serem vendidos com a marca da própria loja. No entanto, a ação judicial resultou apenas em uma pequena reprimenda, e a A&P seguiu conduzindo seus negócios como de costume.

A empresa lutou bravamente, não apenas porque sua fórmula havia funcionado tão bem, mas porque as próprias marcas da A&P eram essenciais para sua reputação. A A&P representava qualidade a um preço acessível. Durante as duas guerras mundiais, com a Grande Depressão nesse ínterim, era o que o consumidor americano desejava e necessitava. Ao longo das décadas de 50 e 60, a A&P permaneceu uma fortaleza de marca própria do varejo americano. Sua marca era seu lema. Sua marca tornou-se sua ortodoxia. Mas os padrões de consumo mudaram conforme a frugalidade dos anos de guerra abriu caminho para a crescente abundância, e produtos de marca tornaram-se símbolos populares dessa nova abundância. Apesar dessa nova realidade, a A&P manteve sua marca própria. Conforme Ralph Burger, que sucedeu John Hartford na administração da empresa, gostava de dizer, "você não pode discutir com cem anos de sucesso".

Negação? Certamente. Mas a recusa da A&P em reconhecer a nova realidade dos produtos de marca é apenas metade da história. A outra metade é detalhada por Jim Collins em *Good to Great*.

Collins menciona que, no início da década de 50, a A&P havia se tornado a maior organização varejista no mundo e uma das maiores corporações dos Estados Unidos. No entanto, durante a década de 60, à medida que a rede Kroger crescia para se tornar uma grande concorrente, a A&P começava a vacilar. Após 1973, os percursos das duas empresas divergiram, e, nos 25 anos seguintes, Kroger gerou retornos acumulados *10 vezes maior* que o mercado e *80* vezes maior do que a A&P.

"Como aconteceu essa dramática inversão de sorte?" questiona Collins. "E como pode uma empresa tão formidável quanto a A&P tornar-se tão ruim?"

Collins concorda que a A&P tinha o modelo perfeito para a primeira metade do século XX – era barata e seus produtos eram vendidos abundantemente em lojas convenientes. Mas ele argumenta que, na segunda metade do século, os americanos começaram a desejar não apenas produtos de marca, mas um tipo de mercado completamente diferente. Os compradores americanos queriam lojas maiores e melhores, com uma maior variedade de produtos. Eles desejavam "pães feitos na hora, flores, comidas naturais, remédios para gripe, frutas e verduras frescas, 45 tipos de cereais e 10 tipos de leite...Eles queriam as *Superstores*, com S maiúsculo – oferecendo quase tudo sob o mesmo teto, com muitas vagas para estacionamento, preços baratos, chão limpo, e inúmeras caixas de pagamento".

Collins menciona que ambas a (A&P e a Kroger) perceberam que o mundo ao seu redor estava mudando. No entanto, suas respostas à evolução da indústria foram um tanto diferentes. Uma enfrentou a realidade modificando inteiramente o seu sistema. A outra "enterrou a cabeça na areia".

Como exemplo da "defesa vigorosa" que a A&P ofereceu à nova realidade, Collins relata o caso da The Golden Key, loja da A&P criada para testar algumas novas idéias para o mercado de varejo. "Não se vendia nenhum produto de marca A&P", escreve Collins, "ofereceu-se maior liberdade ao gerente da loja, foi possível experimentar com novos departamentos inovadores e começou a evoluir-se em direção a uma moderna *superstore*. Os clientes realmente gostaram da idéia." A A&P estava em vias de compreender porque havia perdido participação de mercado, e ao longo do processo estava descobrindo os meios através dos quais poderia reverter a sua sorte.

"O que os executivos da A&P fizeram com a The Golden key?" Eles não gostaram de suas respostas, portanto, fecharam-na.

De acordo com Collins, a A&P procurou se salvar ao pular de uma estratégia para outra, incluindo uma "estratégia radical de corte de preços para construir uma participação de mercado", negligenciando o fato básico de que os consumidores desejavam lojas diferentes, não apenas preços baixos. A negação resultou em uma queda em espiral: "O corte de preços levou a um corte de custos, resultando em lojas ainda menos atraentes e serviços de ainda menor qualidade, que, por sua vez, espantaram os consumidores; isso resultou em margens menores, decorrendo daí lojas ainda mais sujas e serviços piores. 'Após um tempo, a sujeira começou a amontoar-se', disse um antigo gerente da A&P a Collins. 'Não tínhamos apenas sujeira, mas sujeira suja'". [25]

Durante a década passada, a história da A&P foi de lucros em declínio, dívidas crescentes e fechamento de lojas. Como um comovente sinal de sua retirada, em 2004, a antiga grande cadeia vendeu a sua famosa divisão, a Eight O'Clock Coffee, instalada em San Francisco, para uma empresa de investimentos.

A NEGAÇÃO DO NOVO AMBIENTE GLOBAL

Não é apenas a tecnologia, os gostos dos consumidores ou a nova competição. As empresas bem-sucedidas devem enfrentar a verdade de que *tudo* está mudando. O mundo de ontem não existe mais. A empresa de hoje deve abraçar as novas tecnologias; não deve apenas reconhecer, mas exceder o desempenho de seus competidores; não deve apenas manter seus antigos mercados, mas ativamente procurar novos mercados. Algumas empresas que obtiveram sucesso no passado enfrentam dificuldades ao deixar esse passado para trás. Sua antiga glória é uma corrente que impede seus movimentos em direção ao futuro.

General Motors: o gigante automotivo no tanque (de gasolina)

Em um artigo sobre a General Motors que apareceu na *Fortune* em 2004, Alex Taylor III conta a seguinte história: quando Jack Smith era um executivo em ascensão na GM, no início da década de 80, ele foi ao Japão para estudar as operações de montagem e de estampagem da Toyota, "algo que ninguém na GM, incrivelmente, havia feito antes". O que ele descobriu foi que a GM precisava de mais do que o dobro de pessoas da Toyota para fabricar o mesmo número de carros. Mas quando apresentou suas descobertas à direção da GM, a reação foi de total incredulidade, e o seu relatório, decartado.

"A GM estava em negação", declarou Taylor. A GM estava em negação tão profunda que um fato simples havia se perdido: a estrutura da GM era inteiramente diferente da Toyota – "assim como da Ford, da Volkswagen e todos os outros fabricantes de automóveis". A razão encontra-se na história da empresa, que foi constituída por fabricantes de automóveis independentes – Chevrolet, Oakland (mais tarde, Pontiac), Oldsmobile, Buick e Cadillac – todas as quais operando diferentemente e, 60 anos depois, ainda competindo entre si.

Mesmo que ninguém mais percebesse, escreve Taylor, Smith percebeu que a estrutura descentralizada da GM era fundamentalmente defeituosa, e quando a diretoria o nomeou como CEO em 1992, ele decidiu mudar a organização. Conforme Smith disse a *Fortune*: "Francamente, na época, éramos diferente de qualquer outra empresa automobilística no mundo".

Smith e seu sucessor, Rick Wagoner, passaram 10 anos reestruturando a GM à imagem de sua competidora japonesa, e o resultado é que "pela primeira vez em seus 96 anos de história, a GM está sendo administrada como uma empresa". [26]

Bem, isso é bom. Mas a forma como a empresa é administrada é apenas a metade da história. A outra metade é o que ela produz.

Principalmente hoje, com o preço da gasolina subindo a níveis sem precedentes, é instrutivo retrocedermos a 1988, quando, pelo terceiro ano consecutivo, a administração Reagan dispensou a Ford e a GM de cumprir com os padrões de economia de combustíveis obrigatórios do governo. A GM ameaçou fechar uma fábrica de automóveis no Texas – 29 votos eleitorais-chave – se o Departamento de Transportes não reduzisse as exigências de milhagem para os veículos de 1989.

Retrocedendo para o ano de 1975: como resultado do embargo do petróleo árabe, o Congresso aprovou a Lei da Política de Energia e Conservação, que exigia que os fabricantes de veículos trabalhassem para alcançar uma milhagem média de 27,5 mpg* na frota. Automóveis que consumiam muito combustível ainda podiam ser

* N. de T.: O termo mpg significa *milhas por galão*. Um galão equivale a 3,79 litros. Uma milha equivale a 1,609 km.

produzidos, desde que a média fosse atingida. Em 1986, o *corporate average fuel-economy minimum,* ou CAFE*, aumentou de 12 para 26 mpg, com Detroit obedecendo relutantemente. Mas os preços do petróleo estavam caindo novamente, e os fabricantes juntaram forças para forçar a anulação das exigências de milhagem. A administração Reagan capitulou três vezes.

"O princípio de operação fundamental de Detroit é que automóveis pequenos geram lucros pequenos, e automóveis grandes geram lucros grandes", publicou o *Seattle Times* na época. Para ratificar esse ponto de vista, os fabricantes de automóveis americanos convenceram a si mesmos que os consumidores estavam apenas interessados em adquirir automóveis grandes. No entanto, "todas as provas dizem o contrário; primeiro o popular Volkswagen, depois a onda dos importados japoneses".

Inicialmente, o jornal continuava, Detroit ridicularizou as economias de engenharia e economias de combustível dos automóveis pequenos como forma de defender seus enormes dinossauros. Então, para reforçar seus próprios preconceitos, a Detroit construiu automóveis pequenos de baixa qualidade. Quando ninguém os quis, os fabricantes de automóveis puderam dizer: "Nós avisamos".

O editorial perguntava, profeticamente: "Quantos trabalhadores da Detroit perderão seus empregos quando os preços do petróleo subirem novamente e o combustível ultrapassar 1 dólar por galão?". Ele repreendeu a administração Reagan por deixar Detroit escapar ilesa e, portanto, recompensar a sua falha em desenvolver e implantar novas tecnologias.[27] Mas o meu ponto é, por que deveria a GM necessitar de uma ordem do governo para responder ao mercado?

Vamos retroceder um pouco mais e analisar a história da GM como outra ilustração de como o sucesso forma a cultura na qual os hábitos autodestrutivos podem se enraizar.

Em 1931, a GM ultrapassou a Ford em vendas de automóveis, e à medida que as demandas cresciam rapidamente nas décadas de 40 e 50, sua posição como líder mundial solidificou-se. Em 1954, a GM era responsável por mais da metade dos automóveis vendidos nos Estados Unidos. Na primeira lista *Fortune 500*, publicada em 1955, a GM estava em primeiro lugar, com vendas registradas em US$ 9,8 bilhões, 42% a mais do que o segundo lugar, a Standard Oil. Naquele mesmo ano, Harlow Curtis, que havia recentemente assumido a liderança da empresa, foi nomeado o Homem do Ano pela revista *Time*. De fato, parece que o que era bom para a General Motors era bom para a América.

Parte do que fazia o sistema funcionar era a "escada aspiracional" de Alfred Sloan, segundo a qual os clientes primeiro comprariam um Chevy, e então o trocariam por um Pontiac, um Oldsmobile, um Buick, e, finalmente, um Cadillac. Esse era o raciocínio por trás da estrutura descentralizada da empresa; e esse raciocínio

---

* N. de T.: Média mínima de economia de combustível.

fazia sentido desde que o mercado de automóveis continuasse explodindo e a competição permanecesse fraca. Mas ao final da década de 80 o panorama automobilístico havia se transformado. Enquanto o Japão inundava o mercado americano com seus automóveis mais baratos e de melhor qualidade, a GM apostava na força de suas marcas famosas e linhas de produtos, como suas caminhonetes de grande porte, que não competiam com os importados. Simultaneamente, o que era a estratégia-chave – manter a independência das marcas que faziam parte da "escada aspiracional" – agora era fonte de enormes ineficiências. Era tempo de mudança, mas a descentralização havia se tornado a ortodoxia da GM. Dessa maneira, estratégias bem-sucedidas sutilmente transformam-se em hábitos autodestrutivos, tais como a negação – além da complacência e da miopia competitiva.

É importante ressaltar que Jack Smith não foi o primeiro a reconhecer que a GM estava no rumo das dificuldades. Em meados da década de 80, o CEO Roger Smith procurou – um tanto desesperadamente – reanimar a empresa. Ele fechou fábricas, fez (hoje, questionáveis) aquisições e procurou modernizar operações. Conforme o *Los Angeles Times*, no final de seu mandato "as amputações e os transplantes radicais que ele promoveu na empresa finalmente levaram Smith ao tipo errado de imortalidade, assim como a estrela involuntária do filme cômico *Roger and Me*".[28] No final, Smith não resolveu nenhum dos dois problemas fundamentais que estavam contaminando a empresa: a ineficiência de suas operações e as deficiências de seus produtos. E quando ele entregou a empresa a seu sucessor, Robert Stempel, em 1990, a hemorragia estava apenas começando.

A GM teve um prejuízo de US$ 2 bilhões em 1990, seu pior desempenho até então. Em 1991, ela perdeu US$ 4,5 bilhões, então o maior recorde de uma empresa americana. Antes que fossem relatados os números de 1992, Stempel foi expulso depois de uma "revolta dos membros do conselho", provavelmente liderada pelo membro externo John Smale, antigo diretor da P&G. Jack Smith assumiu a administração da empresa, e Smale tornou-se o novo presidente. Simultaneamente, a GM anunciou um corte de 50% no seu dividendo, de US$1,60 ao ano para 80 centavos.

Isto foi prudente, pois a empresa precisaria de todo o dinheiro possível. Quando os números de 1992 foram divulgados, a GM havia tido um prejuízo inacreditável de US$ 23 bilhões.

A perda foi tão surpreendente, e suas implicações tão enormes, que o diretor de cinema Steve Talbot foi contratado para dirigir o documentário *Frontline* para investigar o que havia acontecido com a poderosa empresa. Previsivelmente, a GM recusou-se a cooperar, mas pessoas bem informadas que não tinham mais nenhuma relação com a empresa estavam dispostas a falar, incluindo o antigo membro do conselho, Ross Perot. Ele disse a Talbot que sua recompensa por falar consistentemente sobre os problemas da GM foi ter sido expulso do conselho. Para Perot, a GM parecia pouco interessada em escutar a verdade sobre a sua situação.

No final, Talbot havia descoberto a mesma coisa que Jack Smith havia admitido quando assumiu o lugar de Stempel: a resistência da GM a mudanças já vinha acontecendo há muito tempo. Em um mundo onde o embargo do petróleo árabe, a crise de energia, as filas de combustível e uma invasão de pequenos automóveis japoneses haviam convergido, grandes automóveis tornaram-se uma desvantagem – e a GM era especialista nisso. No entanto, mesmo com o início dos tempos difíceis, a GM continuou a negar a realidade.

Certamente, era muito cedo para Talbot dimensionar os efeitos da maciça reconstrução empreendida por Jack Smith. Smith estancou a hemorragia, e ao final de 1995 seus esforços foram recompensados quando a GM ofereceu a ele o cargo adicional de presidente do conselho. Ao sair do cargo, John Smale declarou confiantemente que "a administração da equipe da GM sob a liderança de Jack Smith fez a GM dar a volta por cima".

Será mesmo? A empresa estava certamente sob melhor administração, mas perguntas quanto ao produto persistiam, e muitas novas hipóteses começaram a surgir quando, em 2000, a empresa anunciou que a Oldsmobile, a marca de automóvel mais antiga em produção, seria fechado. Não que isso fosse uma má decisão. Ninguém duvidava que a empresa ainda mantinha muitas marcas, e, conseqüentemente, que ainda competia consigo mesma. Com uma participação de mercado de 27% e em declínio, era necessária uma ação drástica.

A pergunta era: por que a empresa havia esperado tanto tempo para tomar uma atitude? Por que a GM havia investido US$ 3 bilhões em algo chamado Projeto Centenário: um plano para produzir uma linha de novos modelos Oldsmobiles até o ano 2000 – modelos como o SUV Bravada e a Aurora, que fracassaram? Onde estava o gênio do design que havia criado o Cutlass Supreme, que liderou o Oldsmobile no final da década de 70 e no início da de 80? Ao escrever para o *USA Today*, David Kiley recorda-se do esforço ridículo da GM para modificar a imagem do Olds no final da década de 80, quando introduziu a campanha "Não é o Oldsmobile do seu pai". Um dos anúncios retratava o antigo baterista dos Beatles, Ringo Starr, e sua filha. "A campanha", escreve Kiley, "tornou-se sinônimo de desespero publicitário". [29]

Rick Wagoner foi promovido a CEO em 2000, e em 2002 Jack Smith saiu do cargo para que Wagoner pudesse, além disso, ser promovido a presidente do conselho. Talvez o problema mais difícil enfrentado pelo novo presidente era a crescente dívida com o fundo de pensão. Os analistas mencionaram que a saúde do fundo de pensão da empresa dependia de um retorno anual de 10% sobre seus investimentos, e que, conseqüentemente, a contínua baixa do mercado deixou o fundo com uma quantia colossal de US$ 20 bilhões a menos. Wagoner teria que observar a GM bombear mais de US$ 1 bilhão para o fundo de pensão em 2003, sem a certeza de que as coisas melhorariam.

Na verdade, alguns meses depois (junho de 2003), a mídia especializada em finanças mencionou que a crise de pensão da GM estava forçando-a a oferecer enormes reembolsos para estimular vendas, e o resultado foi uma guerra de preços entre os Três Grandes (GM, Ford e Chrysler) que ameaçou a saúde de toda a indústria. O esgotamento dos lucros precipitado pelos preços e o incentivo ao conflito havia envolvido todos os três grandes fabricantes automobilísticos em "uma espiral competitiva de queda".

Desde então, a situação só piorou. "Mais uma vez", escreveu *The New York Times* na primavera de 2005, "a Detroit retomou sua longa queda em direção ao esquecimento na indústria automobilística". A GM e a Ford "estão perdendo clientes rapidamente em casa, e a sua dívida está classificada como um grau acima de *junk** pela Standard & Poors**".

Nos anos 90, apenas a popularidade das SUVs de altas margens permitiram que os Três Grandes "ultrapassem as reputações de retardatárias e do design terminalmente cafona". À medida em que a demanda pelas SUVs começaram a diminuir, os problemas latentes da GM tornaram-se gritantes: o aumento da competição estrangeira (incluindo a Hyundai da Coréia e, conseqüentemente, fabricantes de automóveis da China e Índia), os elevados custos das pensões (a GM gastava US$ 2 mil em seguro-saúde e benefícios por automóvel) e seu impacto em negociações trabalhistas, e, principalmente, a falta da distinção de design. A GM está "entalada", disse o CEO da BMW, Helmut Panke, ao *Times*. A Cadillac havia se saído melhor graças à renovação de sua imagem como "a nova marca de luxo americana", mas e a Pontiac, a Chevrolet, o Buick, a GMC, a Saab e a Saturn? De acordo com Panke, se você removesse todos os rótulos e insígnias, "teria dificuldades em reconhecer quem é quem e o que é o quê".

O *Times* sugeriu que talvez a GM devesse concentrar-se na fabricação de automóveis desejados pelas pessoas, e não aqueles que as pessoas estejam dispostas a tolerar para que possam receber seu reembolso de US$ 5 mil. No final da década de 80, a GM procurava ignorar a construção de automóveis mais econômicos ao convencer a administração Reagan a retornar aos antigos padrões de consumo de combustíveis. Hoje, em vez de fabricar automóveis que seus clientes irão adorar, a empresa procura substituir isso com enormes reembolsos e financiamento com taxa zero.[30]

A avaliação pessimista da *Times* foi confirmada com a notícia de que a GM havia perdido US$ 1,3 bilhão no primeiro trimestre de 2005 – sua primeira perda desde

* N. de T.: Em português, lixo.

** N. de T.: A Standard & Poors (S&P) é uma divisão da editora McGraw-Hill que publica pesquisas financeiras e análises sobre ações e títulos. S&P, Moody's e Fitch Ratings são as três maiores empresas nesse ramo.

1992. As vendas do primeiro trimestre caíram em 5% em relação a um ano antes, e a participação do mercado americano da GM havia caído de 26,3% para 25,2% nos 12 meses anteriores.

A GM pôs a culpa dos números deprimentes em seus enormes "custos legados", mas pessoas fora da empresa entendiam prontamente que aqueles custos não explicavam o motivo pelo qual a empresa não estava vendendo automóveis. Todos, exceto a GM, percebiam que, com o aumento do preço do combustível e com as preocupações ambientais, os compradores estavam se afastando dos SUVs, grandes consumidores de combustíveis. Todos fora da GM percebiam que o mercado automobilístico estava mudando para atender às demandas da nova geração de consumidores. Mas a GM não estava mudando, e a piada que se espalhava era que as únicas pessoas a adquirirem seus automóveis eram os funcionários, seus familiares e empresas locadoras de veículos.

Em outras palavras, voltamos para o problema do produto, problema este que teve mais atenção quando, em abril de 2005, Dan Neil, jornalista especializado do *Los Angeles Times*, fez uma crítica negativa sobre a última novidade da GM, o Pontiac G6. Eu deveria retroceder e mencionar que, para resolver o problema da falta de brilho nos designs da GM, Rick Wagoner trouxe o antigo vice-presidente da Chrysler, Bob Lutz, que diziam ser um amante de automóveis, e que o G6 foi o primeiro design de Lutz introduzido no mercado. Dizer que a empresa torcia por boas críticas seria um eufemismo.

Neil gostou de pouca coisa no novo automóvel, por dentro e por fora. Ele foi particularmente crítico quanto à estabilidade: "Você quer animação? Procure dirigir essa coisa em uma curva fechada". No final das contas, ele o rejeitou como um produto que não seria capaz de competir no mercado.

Neil também analisou a estratégia de produto da GM. Por que a necessidade de quatro minivans e quatro SUVs praticamente idênticas? Visualizando todas as 11 marcas (incluindo no exterior), ele concluiu que a estratégia geral da GM deve ser remover quaisquer características únicas de seus automóveis em prol da eficiência global. Ele acusou a GM de perder completamente a oportunidade da tecnologia híbrida eletricidade-gás, enquanto suas rivais Toyota e Honda estavam vendendo as suas híbridas tão logo estas saíam da linha de montagem. Ele questionou a decisão da GM de apressar o desenvolvimento de novas SUVs e caminhonetes quando as vendas de SUVs estavam em declínio. O contínuo declínio na participação de mercado da GM não era um mistério, diz ele: "Os carros não vendem".

"Quando os times perdem", concluiu Neil, "jogadores, técnicos e gerentes são demitidos. Na GM, está na hora de varrer o vestiário". [31]

Qual foi a resposta da GM ao artigo? A empresa retirou toda a sua publicidade do *Los Angeles Times* por tempo indeterminado.

No final da retrospectiva de 2004 da revista *Fortune*, Rick Wagoner relembra que o fundador da GM, William Durant, perdeu sua fortuna na década de 20 especulando no mercado de ações, e que, no final de sua vida, era o proprietário de um estabelecimento de boliche em Flint. Durant, então, brinca que os presidentes da GM foram, aparentemente, assombrados pelo destino de Durant desde então. O escritor Alex Taylor conclui o artigo mencionando que a disposição de Wagoner em relatar tal história era mais uma evidência de que a GM havia atingido um estado além da completa negação.

Um ano depois, Taylor ainda poderia dizer o mesmo, mas poderia ser tarde demais. A empresa perdeu outros US$ 9 bilhões em 2005, embora reduzindo seus dividendos, cortando salários de executivos e benefícios de saúde para trabalhadores assalariados. Ela também anunciou a eliminação de 30.000 trabalhos/hora e o fechamento de 12 fábricas em 2008. Recentemente, em um esforço desesperado para melhorar o seu balanço patrimonial, a GM anunciou a venda de 51% da GMAC – o seu braço gerador de lucro financeiro – por US$ 14 bilhões. A medida, supostamente, ajudará na reclassificação da dívida para que a GM possa obter mais dinheiro emprestado. A pergunta que permanece é: quão sábia será a empresa no uso desse dinheiro?

OS SINAIS DA NEGAÇÃO

A percepção tardia do que devia ter sido feito, dizem, ocorre em 100% das ocasisiões. É muito fácil diagnosticar essas falhas e isolar a negação como uma causa subjacente. É muito mais difícil para uma instituição fazer em si mesma o exame psicológico necessário – principalmente antes que seja tarde, principalmente antes que a saúde institucional tenha deteriorado.

Portanto, se eu sou o CEO, como descobrir se minha empresa encontra-se em negação? O que preciso procurar? Eis aqui três sinais indicadores.

A síndrome do "eu sou diferente"

Conhecemos esse tipo de padrão comportamental como os hábitos autodestrutivos que cultivamos em nossas vidas pessoais ou sociais. Talvez fumemos. Talvez bebamos demais. Mas está tudo bem. Alguns podem desenvolver câncer pulmonar. Alguns podem tornar-se alcoólatras. Mas nós somos diferentes. Nossos corpos são mais fortes. Nossos genes são melhores. Nada pode nos acontecer.

Essa síndrome certamente estava presente na cultura da GM. Claro, a Chrysler caiu, a GM deve ter dito a si mesma. Sim, a Chrysler sofreu foi humilhada na fusão com a Daimler-Benz. Mas isso não pode acontecer com a GM. Nós somos grandes, fortes demais, poderosos demais. "Nós somos diferentes."

A síndrome do "não foi inventado aqui"

Você é orgulhoso demais para admitir que alguém descobriu uma maneira melhor? Você reluta em dar a seus competidores a satisfação de vê-lo adotar suas tecnologias avançadas? Se esse for o caso, então você tem a síndrome do NFIA. Esse tipo de negação é epidêmico dentro do setor tecnológico, como vimos no caso da Xerox. (Na verdade, a síndrome do NFIA da Xerox atingiu um estágio tão avançado que ela negou a importância de uma nova tecnologia vinda de *sua* própria instalação de pesquisa.) Mas repare que as empresas não-tecnológicas também sofrem dessa síndrome. A A&P, por exemplo, estava tão ligada à estratégia de marca própria da qual foi pioneira que não observou a onda crescente de produtos de marca que finalmente a afogaria.

Quando o NFIA muda para NFNA ("não foi nutrido aqui"), temos a síndrome da procriação interna. Obviamente, isso está em evidência quando as empresas preferem contratar do mesmo grupo de talento (universidade ou escolas de graduação) e promover internamente – mesmo quando a situação não está bem. A síndrome está avançada quando (como no caso da Xerox) forasteiros que *são* recrutados são condenados ao fracasso por uma cultura de resistência fechada e de procriação interna. Da mesma forma, a síndrome é avançada quando (como no caso de Jack Smith da GM) o funcionário faz carreira na empresa até atingir a posição de liderança e fracassa em resolver os problemas fundamentais da empresa, mas é, no entanto, aclamado como herói na sua saída.

Em contraste, a disposição da IBM em trazer Louis Gerstner *e* a disposição de Gerstner em transformar a IBM em uma empresa de serviços sugere que a síndrome pode ser superada.

A síndrome de "procurar por respostas nos lugares errados"

Algo está errado. Talvez muitas coisas estejam erradas. Você observa os sinais: a perda na participação de mercado, o atraso no lançamento de produtos, a rotação crescente de funcionários, a animosidade do sindicato, o governo está de olho na empresa. Assim como os sintomas no corpo, a sua reação inicial é ignorá-los. Quando isso falha, essa terceira síndrome manifesta-se como racionalização. Você se livra dos problemas ao tentar explicá-los, sem precisar resolvê-los. Você os torce. Você culpa inúmeras causas distantes: a crise asiática, a guerra no Iraque, o *dumping* dos produtos chineses.

Os gerentes estão sob pressão para encontrar respostas. "Estamos perdendo dinheiro devido a nossos custos de pensões", diz a GM. "Os compradores não estão vindo porque a Wal-Mart tem preços mais baixos que os nossos", diz a A&P. "Não podemos mais competir porque nossas patentes expiraram", diz a Xerox. Mas a responsabilidade dos líderes é conseguir as respostas *certas*. "Estamos perdendo dinheiro porque estamos fabricando os automóveis errados." "Os compradores não estão vindo porque não gostam de nossas lojas." "Não podemos competir porque fracassamos em nosso papel como líderes de tecnologia."

COMO LIVRAR-SE DO HÁBITO DA NEGAÇÃO

Você está pensando: "Bem, talvez eu esteja em negação. Eu não estou admitindo, mas creio que seja possível. O que eu deveria fazer, se este for o caso?". Eis um programa de quatro etapas para colocá-lo rumo ao caminho certo.

Procure

Procure pela síndrome do "eu sou diferente" ao analisar a sua reação ao fracasso de outras empresas. Você congratula a si mesmo? Você ri presunçosamente? Ou será que disseca esses fracassos como um anatomista, procurando comparações entre esses corpos empresariais doentes e o seu?

Procure pela síndrome do "não foi inventado aqui" ao examinar seus produtos, processos e funcionários. Você encontra preconceitos, preferências injustificadas ou resistência à mudança?

Procure pela síndrome da "racionalização" escutando atentamente seus gerentes, utilizando bom senso e rigor intelectual. Você está recebendo as respostas fáceis que irão aliviar a empresa, ou as difíceis que exigirão mudança? Lembre-se de que Louis Gerstner começou o processo de reviravolta da IBM quando percebeu que não estava obtendo as informações corretas de seus gerentes, e, em vez disso, resolveu escutar atentamente seus 200 melhores clientes.

Admita

Quando a GM enviou Jack Smith ao Japão para estudar a Toyota, ela estava procurando por sintomas de negação. Quando ele trouxe a verdade, a GM recusou-se a admitir. Quando abriu a The Golden Key, a A&P estava à procura da mesma coisa. Quando a The Golden Key trouxe resultado, a empresa recusou-se a admitir.

Não é suficiente procurar pelos sintomas da negação. Quando você encontrá-los, deve admitir que está com a doença.

Avalie

Você admitiu. Agora você tem que avaliar. Quão profunda é a sua negação? Pode ser um problema superficial, resolvido ao substituir-se um gerente ou aposentar-se uma linha de produto. Ou ela pode ser tão profunda quanto a cultura de toda a empresa. Para nós, é significativo que Jack Smith tenha percebido a necessidade de resolver décadas de negação da GM no que se refere à estrutura descentralizada da empresa. Mas a negação da GM é mais profunda do que isso – e ainda não foi completamente desenraizada.

Mude

Se a sua empresa criou uma cultura de negação profunda – se você acredita que "não pode acontecer aqui", se você proteger suas pessoas e seus processos insensatamente, se a racionalização é a sua forma preferida de abordar os problemas – a mudança será difícil. É possível que seja não apenas o momento para um novo líder, mas para um "transplante de visão". Pode ser o momento de reescrever a missão da empresa.

Vimos exemplos de empresas que resistiram a mudanças e permaneceram em negação. Mas vimos um exemplo (Tektronix) e veremos muitos outros que provam que a mudança é possível. Ela se torna mais fácil, depois paramos de negar o inevitável.

* * *

Basicamente, a negação está na raiz na maioria dos hábitos autodestrutivos que discutiremos nos próximos capítulos. Afinal de contas, se não fosse a negação, muitos problemas seriam abordados e resolvidos antes que se tornassem hábitos autodestrutivos. Da arrogância (Capítulo 3) aos impulsos territoriais (Capítulo 8), a nossa primeira reação, provavelmente, é negar que temos tais problemas. É sempre mais fácil olhar para fora – para o tempo, a guerra, o dólar fraco – em vez de encontrar a origem de nossos problemas.

Considerando a atenção que recebe de psicólogos, está claro que a negação é uma reação humana básica – um mecanismo de defesa seguro utilizado para evitar confrontos que podem machucar-nos sentimentalmente. Ela pode ser até necessária para nossa sobrevivência, e como "alcoólatras funcionais", é possível que existam milhões de "negadores funcionais" para quem é mais destrutivo enfrentar a realidade do que evitá-la.

Mas uma coisa é certa. Os confortos da negação não pertencem ao corpo empresarial. Se a verdade é dolorosa, esconder-se dela significa fracasso e não sobrevivência no imperdoável mundo de negócios.

Negação

Motivos que levam à negação:

- A negação de tecnologias emergentes
- A negação quanto à mudança dos gostos do consumidor

- A negação do novo ambiente global

Os sinais da negação

- **A síndrome do "eu sou diferente":** "Somos diferentes, então nada pode nos acontecer."
- **A síndrome do "não foi inventado aqui":** Você é orgulhoso demais para admitir que alguém descobriu uma maneira melhor.
- **A síndrome de "procurar por respostas nos lugares errados":** Você ignora, racionaliza ou culpa outros pela sua situação.

Como livrar-se do hábito da negação:

- **Procure:** Analise a sua reação ao fracasso de outras empresas. Examine seus produtos, processos e funcionários em busca de preconceitos, preferências injustificadas ou resistência à mudança. Escute atentamente seus gerentes.
- **Admita:** Quando você encontrar os sintomas de negação, você deve admitir que está com a doença.
- **Avalie:** Meça a profundidade de sua negação.
- **Mude:** A mudança torna-se tanto mais difícil quanto mais profunda é sua negação – mas ela é possível.

CAPÍTULO

3

ARROGÂNCIA: O ORGULHO ANTES DA QUEDA

A definição padrão de arrogância é algo assim: uma manifestação ofensiva de superioridade ou presunção, orgulho, insolência ou desdém. A arrogância tem tudo a ver com uma sensação inflada de si mesmo; é o gostar demasiado do som de sua própria voz. A arrogância é uma imagem distorcida de si mesmo, que não está de acordo com os fatos. Nos dramas da Grécia antiga, a arrogância – ou *hubris* – era o "defeito trágico" que levava à ruína dos grandes heróis. No mundo de hoje, o mesmo defeito causou o tropeço de grandes empresas. Vamos falar sobre alguns cenários que podem suscitar a arrogância.

QUANDO REALIZAÇÕES EXCEPCIONAIS NO PASSADO DISTORCEM A SUA PERCEPÇÃO DA REALIDADE ATUAL

Assim como muitos outros hábitos autodestrutivos, a arrogância pode surgir de realizações excepcionais. Uma situação especialmente capaz de promover a arrogância é quando a empresa, através de realizações imprevisíveis ou incríveis, catapulta-se à posição de líder da indústria, e então começa a defender-se de ataques competitivos, regulatórios e até mesmo de opiniões públicas. Naturalmente, tal empresa começa a acreditar que é imune a forças externas – uma crença apoiada pela mídia e seus acionistas (fornecedores, revendedores e assim por diante) – e sua reputação é devidamente exagerada. A meu ver, esse é o real significado de *good to great**: a empresa não muda, mas suas realizações são exageradas pela

* N. de T.: Título do livro de James C. Collins "*Good to great: Why some companies make the leap...and others don't*".

mídia, que tem predileção por grandes palavras e grandes histórias. Gradualmente, a empresa com tendência a arrogância vem a acreditar na imprensa. Então temos a história familiar: o sucesso flerta com o seu próprio fim. Para fins de uma boa ilustração, vamos olhar novamente para a história da...

General Motors

Foi sob o comando de Alfred P. Sloan, que presidiu a GM por 33 anos, que a empresa atingiu o ápice dos negócios – e desenvolveu a sua cultura de arrogância suprema. E por que não? A empresa oprimiu a competição, controlou a sua força de trabalho, juntou forças para influenciar os legisladores e conquistou o coração de seus consumidores – e no início da década de 30, ela estava firmemente entrincheirada como a fabricante de automóveis líder no mundo. Em 1941, a sua participação no mercado americano era de mais de 40% e continuava crescendo, comparada aos 12% de 20 anos antes.

Quanto à derrota de seus competidores, a maior – e mais implacável – vitória de Sloan não foi sobre a Ford, nem sobre os fabricantes estrangeiros que controlou. Sloan pavimentou o caminho para a hegemonia da GM e, em geral, para a cultura automobilística americana ao destruir a indústria doméstica do bonde. No início da década de 20, apenas 10% da população possuía um automóvel, e Sloan enxergava claramente onde estava a concorrência. Ao mesmo tempo em que comprava e desmontava linhas de bondes, ele também orquestrava uma enorme campanha para convencer os consumidores americanos de que o automóvel era a forma de transporte que realmente desejavam. Era realmente um modelo de arrogância.

A atitude da GM perante seus trabalhadores de cargos mais baixos veio à tona em 1937, quando os funcionários da linha de montagem protagonizaram uma greve branca que paralisou a produção em Flint. Sloan pediu a intervenção de tropas do governo, mas, em vez disso, o governador sugeriu uma negociação.

No final das contas, em 1940, um acordo permanente permitiu aos trabalhadores da GM se associarem ao United Auto Workers*, mas as relações entre a GM e sua mão-de-obra permaneceram azedas. De acordo com Irving Bluestone, diretor do departamento da GM no UAW de 1970 a 1980, a síndrome que acometia a GM não era incomum nas grandes empresas na época: a gerência estava lá para tomar decisões e os trabalhadores estavam lá para obedecer. "A arrogância era típica", disse Bluestone, "e profundamente ressentida."

* N. de T.: É o sindicato dos trabalhadores na indústria automobilística. Daqui para frente, utilizaremos o termo UAW. A UAW é um dos maiores sindicatos trabalhistas na América do Norte. Possui membros ativos e aposentados nos Estados Unidos, Canadá e Porto Rico. Foi fundado em maio de 1935 em Detroit, no estado de Michigan, nos Estados Unidos.

Talvez a medida final – e fatal – da arrogância da GM veio como resposta à "invasão japonesa" nos anos 70 e 80. À medida que mudava o gosto do consumidor e que as famílias americanas queriam um segundo automóvel para ir ao trabalho, a GM poderia ter tentado fabricar automóveis menores que pudessem realmente competir. Em vez disso, cometeu o grave erro estratégico de permitir que seus próprios revendedores – a Pontiac, o Buick e a Olds – oferecessem Hondas, Toyotas e Nissans. Antes disso, os fabricantes de automóveis europeus atendiam a um nicho. A Volkswagen nunca havia ganhado mais do que 2,5% do mercado. Por quê? Devido aos custos proibitivos da criação de um sistema de distribuição. Mas a GM estava tão pouco preocupada com a ameaça japonesa que ela desperdiçou esse ativo tremendamente competitivo. "E daí?" disse a GM. "Os americanos não se interessarão por pequenos e quadrados Corollas e Datsuns 210." Conseqüentemente, a GM ajudou a criar o monstro que iria aterrorizá-la.

A ascensão da Toyota é apenas um dos muitos exemplos de como a competição mais perigosa vem de competidores de baixa qualidade/baixo preço (veja a figura a seguir). Utilizando o preço como atrativo de venda, eles estabelecem uma presença no mercado. Seus concorrentes "superiores" normalmente os acusam de comerciantes de "lixo" facilmente dispensáveis, ou apenas os ignoram. Mas se estes competidores "inferiores" melhorarem sua qualidade enquanto mantiverem sua relativa vantagem de custo, eles tornam-se propostas de valor irresistíveis aos consumidores.

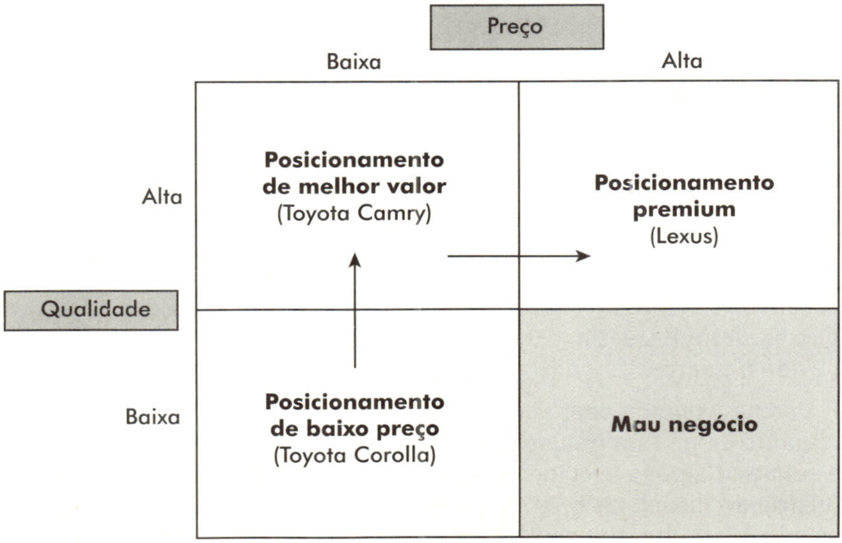

Figura 3-1 O movimento do segmento mais barato para o segmento mais caro do mercado.

Uma vez conquistado um espaço dentro do quadrante de valor, eles estão prontos para seguir adiante e estender seu alcance ao topo do mercado para desenvolver produtos altamente inovadores ou de luxo.

Por exemplo, a Honda, mais conhecida por suas motocicletas do que por seus automóveis, entrou no mercado dos Estados Unidos com o pequeno Civic, de aparência esquisita, segundo os padrões americanos. Mesmo o seu slogan de baixas expectativas, "Ele o levará aonde você quer chegar", pareceu questionável para a maioria dos consumidores americanos. Mas o automóvel rapidamente progrediu e ocupou um sólido espaço no segmento mais barato do mercado. Construindo sobre o sucesso da Civic, a Honda introduziu o Accord, que se tornou o padrão referencial de valor. A partir disso, a empresa transferiu-se para o mercado de luxo sob a marca de nome Acura. Da mesma forma, a Toyota começou com o Corolla, subiu para o Camry, e então enfrentou o mercado de automóveis de luxo com a entrada bem-sucedida do Lexus.

A história se repete inúmeras vezes na indústria de automóvel, mármore e granito, mercadorias de couro, têxteis, aço, semicondutores ou bens de consumo eletrônicos. As empresas coreanas Samsung e Hyundai são alguns dos exemplos mais recentes, e agora estamos começando a escutar os ruídos de multinacionais em desenvolvimento advindas de economias emergentes, tais como China, Índia, Brasil, Leste Europeu e Rússia.

Boeing

A Boeing é outro exemplo de como ser a maior e a melhor produz uma cultura de arrogância. Fundada em 1916, a Boeing Airplane Company, de Bill Boeing, literalmente decolou na Primeira Guerra Mundial com um contrato para a construção de aviões de treinamento para a marinha americana. Após a guerra, a Boeing fez uma parceria com Frederick Rentschler, criador do motor resfriado a ar, para formar a United Aircraft and Transport, que construía e pilotava aviões. As regras antitrustes do governo desmembraram a empresa em 1934, deixando a Boeing Airplane com a parte de fabricação. Mas o governo mais do que se redimiu dessa regras ao favorecer a Boeing com contratos altamente lucrativos durante a Segunda Guerra Mundial – contratos que facilitaram o desenvolvimento de lendárias aeronaves, como a "Fortaleza Voadora" B-17 e o bombardeiro B-29. Em certo ponto, a empresa produzia até 362 aviões por mês devido à guerra.

A Boeing explorou com sucesso essa fonte de riqueza até atingir a posição dominante de nº 1 na indústria de aeronaves comerciais. O seu Stratoliner 307 foi a primeira aeronave com cabine pressurizada. Em 1958, ela revolucionou a indústria ao introduzir o 707, o primeiro avião comercial a jato. Durante a década seguinte, seguiram-se o 727 e o 737, solidificando a posição da Boeing como líder mundial na indústria. De fato, não havia mais ninguém no jogo. Com a compra da McDonnel Douglas, em 1997, por US$ 16 bilhões, a Boeing também se tornou a fabricante nº 1 de aeronaves militares – ou, de maneira mais grandiosa, a maior empresa aeroespacial do mundo.

A Federal Trade Commission* aprovou com satisfação o acordo, tendo percebido que a McDonnell não era mais um competidor eficaz para pedido de jatos comerciais. Mas oposições à negociação vieram da Comissão Européia**, que ameaçou com uma guerra comercial a menos que a Boeing oferecesse algumas concessões. A mais importante delas era o encerramento dos contratos que a Boeing havia recém assinado para ser o fornecedor exclusivo por 20 anos, das três principais companhias de aviação: a Delta, a American e a Continental. Uma porta havia sido aberta, mas voltaremos a essa questão mais tarde.

Enquanto procurava absorver a McDonnel Douglas (e a Rockwell, que havia adquirido em 1996), a empresa gigante, tão acostumada a fazer as coisas à sua maneira, começou a hesitar. Em um acordo com o Departamento do Trabalho em 1999, a Boeing reconheceu que havia pago insuficientemente as mulheres e as minorias executivas e perdeu US$ 4,5 milhões em salários e reajustes retroativos para liquidar as causas. Um ano antes, a empresa havia concordado em pagar um acordo de US$ 15 milhões referente a dois processos envolvendo funcionários afro-americanos antigos e atuais. O jornal da cidade da empresa, o *Seattle Times*, especulou que a Boeing estava tendo dificuldades em mudar a cultura "que muitos funcionários consideravam intimidante". Ao mesmo tempo, um engenheiro da Boeing e membro do conselho do segundo maior sindicato da empresa disse ao *Times* que o brilho da Boeing estava enfraquecendo. "O desgaste atingiu ápices históricos, principalmente entre funcionários mais experientes e mais valiosos. Resultados de pesquisas de moral têm caído acentuadamente. Demissões e trocas de pacotes de trabalho introduziram um profundo senso de insegurança."[32]

A Boeing também tropeçou financeiramente após a fusão, perdendo US$ 3 bilhões em custos relacionados a pedidos em atraso. Harry Stonecipher era o CEO da McDonnel Douglas, e foi nomeado o vice-presidente da Boeing após a fusão. A ele foi dado o mérito da pragmática liderança necessária para limpar a bagunça e redirecionar a empresa à lucratividade. Com seu trabalho aparentemente cumprido, Stonecipher deixou o cargo em 2002, ficando o presidente, Phil Condit, com

* N. de T.: A Federal Trade Commission, ou FTC, é uma agência independente do governo americano. Foi fundada em 1914 e sua missão é garantir a proteção do consumidor e eliminar e impedir práticas de negócios anticompetitivos.

** N. de T.: A Comissão Européia é uma instituição politicamente independente que defende os interesses gerais da União Européia. É uma das três principais instituições políticas da União.

controle total da empresa. No entanto, essa organização não durou por muito tempo. No ano seguinte, a Boeing foi acusada de tentar contratar um oficial do Pentágono antes que o mesmo saísse de seu cargo. Supostamente, teria esse mesmo oficial oferecido à Boeing informação privilegiada quanto a um enorme contrato para 100 aeronaves com tanques de reabastecimento para a Força Aérea. A Boeing demitiu seu diretor financeiro, Michael Sears, e Condit pediu demissão da empresa. Stonecipher, que permaneceu no conselho, foi nomeado o novo CEO. Esta história teve um final irônico em março de 2005. Stonecipher foi forçado a demitir-se quando uma investigação interna revelou que estava tendo um caso extraconjugal com uma executiva da Boeing.

Retornemos a 1996, ou até mesmo antes, para examinar as sementes da discórdia entre a Boeing e a Comissão Européia. Precisamos começar pela história da Airbus, pois a arrogância da Boeing foi muito prejudicial na sua competição com a rival européia. Assim como os gigantes automotivos americanos frente à invasão japonesa, a Boeing não acreditava que o seu domínio total na fabricação de aeronaves poderia ser desafiado.

Produto de um conglomerado francês, alemão, espanhol e inglês, a Airbus formou-se em 1970 com a clara intenção de quebrar a hegemonia da Boeing. Com ajuda de todos os quatro governos europeus, a Airbus rapidamente transformou-se em uma competidora. A Boeing abriu seus sonolentos olhos em 1992, quando solicitou à União Européia que colocasse restrições aos subsídios excessivos à Airbus. A Europa concordou em limitar os subsídios, mas o acordo estipulava que a Airbus permaneceria recebendo generosos empréstimos governamentais para o lançamento de novas aeronaves.

Começamos a perceber a nova estratégia da Airbus quando ela protesta contra a fusão Boeing-McDonnel Douglas em 1996. Ela alegou que a negociação daria à Boeing um monopólio injusto, mas a participação da Airbus no mercado mundial já estava em 35%, e os 5% de mercado da McDonnel Douglas não tornaria a Boeing significativamente maior. A Airbus queria outras concessões. Ela queria sair do acordo de 1992. Mais urgentemente, ela queria acabar com os contratos de 20 anos da Boeing com a Delta, American e Continental. Enquanto isso, ela começava a entrar no mercado americano com ofertas imperdíveis a companhias com problemas financeiros. A United, a America West e a Northwest assinaram contratos para a aquisição de aeronaves da Airbus.

Na Europa, o apoio do governo fez com que a participação da Airbus continuasse em ascensão. Mas a empresa obteve um grande sucesso em 1999 quando ganhou o contrato da JetBlue – o seu primeiro no setor de preços baixos. Então, a EasyJet, da Inglaterra, trocou a Boeing pela Airbus, com um pedido de 120 jatos para passageiros. O vasto mercado asiático estava no horizonte. Em 2003, o inimaginável aconteceu. Enquanto a Boeing anunciava que reduziria sua produção para 280 aviões naquele ano, a Airbus manteve a sua projeção de planejamento para 300, fazendo jus ao título de "maior fabricante de aeronaves do mundo". Em 2004, a Airbus informou ter recebido 366 pedidos de novas aeronaves, comparado a 272 da Boeing. O que aconteceu?

Conforme relatou a *Fortune* no final de 2003, parte da audaciosa ascensão da Airbus ao topo pode ser atribuída à sua vantagem de ser ágil e diferente, distante das antigas práticas de negócios.

O sistema de produção obsoleto da Boeing tem sua origem na Segunda Guerra Mundial. O problema ainda maior era de que a Boeing não conseguia replicar as inovações da Airbus – "tais como fuselagens mais amplas, cabinas projetados com utilidade para mais de uma aeronave, controles de vôos eletrônicos, em vez de mecânicos – sem a necessidade de reprojetar a aeronave a um custo proibitivo". A Boeing dormiu no ponto, ninada pelo seu longo e esmagador domínio do mercado.

Até mesmo Harry Stonecipher, vindo da McDonnel Douglas no período em que a posição da Boeing começava a erodir, punha a culpa dos problemas da empresa em sua cultura "arrogante e isolada". Ironicamente, mencionou a *Fortune*, nem mesmo a vitória da Airbus foi capaz de sacudir o lento monstro. Há muito tempo, a Boeing considerava a Airbus como alguém que cresceu repentinamente e que apenas existia devido aos subsídios do governo, em vez de tratá-la como uma ameaça competitiva. A verdade, diz a revista, é que a Airbus nunca teria decolado sem o auxílio do governo, mas a Boeing também tinha o seu fluxo constante vindo de Washington. "A grande verdade, no entanto, é que a Airbus está construindo mais aviões do que a Boeing, aviões que as companhias aéreas estão querendo comprar." [33]

Da mesma forma que a negação, a arrogância pode cegar os olhos corporativos às verdades fundamentais, e a Airbus permaneceu em vantagem durante 2005. Satisfeita com os lucros recordes, a Airbus novamente ganhou da Boeing em pedidos comerciais totais e ainda disputou o enorme pedido do Pentágono para aviões de reabastecimento. Mas a Boeing pode estar acordando. No início de 2006, pedidos para o seu novo 787 Dreamliner estavam ultrapassando os da Airbus para o seu novo A350, e, no mercado de longa distância, os dois motores 777 mais eficientes da Boeing estavam vendendo mais do que os quatro motores A340 da Airbus. Além disso, a Boeing aceitou um pedido da Emirates Airlines (por cujos negócios está competindo ferozmente com a Airbus) para criar um *redesign* especial do 787, o que pode ser um sinal ainda mais claro de uma humildade nascente.

QUANDO DAVI VENCE GOLIAS

Um segundo cenário que provavelmente daria vazão à arrogância é quando o novo garoto na escola dá uma surra no brigão do pátio – ou quando o novo competidor de uma indústria derruba o líder do trono. O setor tecnológico é repleto destas histórias de "Davi e Golias", e uma das melhores, é claro, é a da...

Microsoft

Em sua resposta a uma torrente inacabável de litígios antitruste – nos Estados Unidos e no exterior – a Microsoft tem apresentado a arrogância de um monopolista. A empresa é, hoje, o Golias no mundo da tecnologia, mas vamos relembrar de quando a Microsoft era o insignificante Davi.

É interessante ouvir Bill Gates e Paul Allen, que largaram a faculdade, falarem sobre quando se conheceram. Como a sua amizade iniciou quando o "clube das mães" arrecadou dinheiro para instalar um computador em sua escola em 1968. Como eles começaram a andar juntos no centro comercial de computadores da cidade, onde não era preciso pagar pelo uso dos mesmos desde que localizassem defeitos no sistema e reportassem os mesmos. Como eles projetaram o seu primeiro computador para executar a análise de contagem de tráfico-volume e chamaram a sua primeira empresa de Traf-O-Data. Como eles aperfeiçoaram a linguagem BASIC utilizada no Traf-O-Data e licenciaram-na ao MIT para uso no minicomputador Altair. Como os créditos daquele primeiro produto dizia "Micro-Soft Basic: Bill Gates escreveu várias coisas; Paul Allen escreveu outras".

Eles eram Davi. A IBM era Golias. Mas em vez de matar o iniciante, Golias resolveu conversar. Era 1980, e a IBM estava à procura de linguagens de programação para o seu projeto secreto de PC. Gates e Allen estavam dispostos a vender, mas em meio às negociações, a IBM expressou interesse em adquirir um sistema operacional também. A Microsoft não havia desenvolvido nenhum sistema, mas eis que Allen estava, ao mesmo tempo, comprando um sistema chamado Q-DOS (*quick and dirty operating system*)* de uma pequena empresa local chamada Seattle Computer. Allen fez a negociação (por US$ 50 mil), e então ele e Gates modificaram o nome do produto para MS-DOS e o licenciaram para a IBM.

Já naquele tempo, David estava armando seu estilingue. Gates recorda-se que a IBM não os pagou muito bem. "Mas sabíamos que iriam existir clones do IBM

* N. de T.: Em português, uma tradução para isso poderia ser "sistema de operação rápido e rasteiro".

PC. Nós estruturamos aquele contrato original para permitir que fizessem isso. Foi um ponto-chave em nossas negociações." Além do mais, a IBM estava jogando em todas as posições ao oferecer também uma versão do PC com o sistema operacional rival CP/M, que possuía a vantagem de ser usado em outras marcas de PC. É aqui que Gates e Allen prepararam-se para a batalha. Para fazer com que o MS-DOS fosse o sistema operacional escolhido, eles promoveram o seu produto vigorosamente e apelaram às outras empresas de *software* que criassem aplicativos para o DOS. Em um ano, o DOS reinava – ao mesmo tempo, a primeira onda de clones de PCs começava a inundar o mercado. [34]

Não demorou muito para que a Microsoft começasse a usar o seu poder de monopólio. Freqüentemente, gosto de dizer que Bill Gates é a reencarnação de Tom Watson Sr., um empresário igualmente implacável. (Devo mencionar aqui que, ao longo deste livro, quero demonstrar de que forma os hábitos autodestrutivos afligem as instituições e as culturas institucionais, em vez de os indivíduos ou fundadores individuais ou líderes. Mas, no caso da Microsoft, uma empresa relativamente jovem que tem seu fundador ainda no comando, é impossível separar a cultura da empresa do indivíduo.)

A Apple levou a Microsoft para a Justiça em 1988, no que foi o mais complicado processo de direitos autorais relacionado a *software* até então; mas para a Microsoft, era apenas o início de suas complicações legais. Havia o Windows 2.0 da Microsoft roubado o "*look* e o *feel*" do sistema operacional Macintosh da Apple, conforme alegava a Apple? O "*look* e o *feel*" como um todo era protegido pelos direitos autorais? Após quatro anos de deliberação, o juiz respondeu "não" a ambas as perguntas. A decisão passou por recurso em 1994, e um recurso adicional da Apple à Suprema Corte foi negado. Será a Microsoft realmente inocente? Não é meu papel contestar as decisões da Justiça. Mas é interessante notar que a Apple, uma vez a maior fabricante de PCs no mundo, foi relegada a uma posição de nicho, vendendo máquinas a um culto devoto de editores e designers gráficos. (Mas fique atento: o sucesso dos iPods da Apple fez com que a Microsoft pensasse em uma aliança com a Sony.)

Com a chegada da Internet, as táticas da Microsoft tornaram-se mais audaciosas. Inicialmente, Gates falhou ao não enxergar todo o potencial da Internet. Ele acreditava que serviços de discagem fechada, como a CompuServe e o MSN da Microsoft, iriam prevalecer. Como disse o jornalista Joe Breen: "Ele estava errado, e em 1994 uma nova empresa do Vale do Silício chamada Netscape, com seu programa para navegação na Internet, provou o contrário". Como resposta, a Microsoft desenvolveu o seu próprio navegador, o Explorer. Não era um produto superior, mas o preço era ideal. Ele vinha com o pacote Windows, e, portanto, aparecia no *desktop* de todo o novo PC. A Netscape, que cobrava pelo seu programa, obviamente não podia competir. O Departamento de Justiça protestou, argumentando que a Microsoft estava utilizando o domínio de mercado de um de seus produtos, o seu sistema operacional, como meio de entrada para outro produto, os navegadores de Internet. A Microsoft argumentou que estava apenas oferecendo um produto de valor agregado ao consumidor. Portanto, a cena estava armada para o litígio descrito no Capítulo 1, que Joe Breen chama de "a mãe de todas as ações antitrustes".

Sabemos como esse caso se resolveu: o juiz Jackson decidiu que a Microsoft deveria ser desmembrada, e sua decisão foi derrubada em recurso. Mas a Microsoft não estava fazendo amizades. Notamos nos comentários de Paul Krugman no *The New York Times* que, enquanto o acordo era feito, Gates e Ballmer voltaram aos velhos hábitos, exibindo a mesma arrogância que havia incitado a confusão. O mais cruel foi a crítica de outro colunista do *Times*, o ganhador do prêmio Pulitzer (e defensor do globalismo) Thomas Friedman. Ele viu a decisão judicial de Jackson como comprovação da arrogância da empresa e de seu desdém pelo governo. Friedman escreveu que "ninguém personifica essa atitude melhor do que Bill Gates". Friedman acreditava que o gesto da Microsoft de contratar "um exército de lobistas de Washington" para convencer o Congresso a cortar o orçamento da Divisão Antitruste do Departamento da Justiça enquanto o seu caso estava no departamento era motivo suficiente para que o governo desmembrasse a empresa. "Pense na arrogância que existe por trás dessa estratégia." Como comparação, ele pediu a seus leitores que imaginassem como se sentiriam se a maior empresa da cidade utilizasse a sua influência para cortar a verba da polícia em um momento que estivessem investigando essa empresa. [35]

Voltemos para o caso de julho de 2000. O juiz Jackson disse a Ken Auletta, que estava escrevendo um livro sobre o caso, que ele poderia agora propor uma nova solução a Gates. Ele solicitaria ao líder da Microsoft que escrevesse uma crítica sobre uma recente biografia sobre Napoleão. Por quê? "Porque acredito que ele tenha um conceito napoleônico de si mesmo e de sua empresa. Uma arrogância que deriva do poder e do sucesso, sem a influência de experiências difíceis, sem reverses". [36]

Outra batalha paira no ar. No Fórum Econômico Mundial de 2004, em Davos, na Suíça, Gates fez uma confissão surpreendente: "A Google nos deu um banho". A última entidade a dar um banho na Microsoft fora a Netscape. Agora, a Microsoft está anunciando o Vista (antes chamado de Projeto Longhorn), o esperado substituto do Windows XP, repleto de novos programas e funções. Ele inclui uma tecnologia de procura integrada para pesquisa de informações na Internet ou nos próprios *e-mails* e pastas dos usuários. Conseguirá a Microsoft transformar a sua própria tecnologia de procura como padrão adotado? Acontecerá com o Google o mesmo que aconteceu com o Netscape? Antecipando a batalha, a Google lançou o "Gmail", o seu próprio serviço de *e-mail*, que permitirá aos usuários armazenar o equivalente a 500 mil páginas de *e-mail* gratuitamente.

A Google já é enorme. Esta pode ser a batalha entre Golias e Godzilla.

Enron e WorldCom

Existem muitas outras histórias de Davis e Golias, histórias em que a morte de Golias subiu à cabeça de Davi, trazendo conseqüências desastrosas. Um ótimo exemplo é a Enron, que foi de um operador desconhecido de oleoduto ao maior comerciante de energia do mundo – e a sétima maior corporação da nação, com 21 mil funcionários e negócios em todo o planeta que vão da eletricidade, à água e a telecomunicações.

Milhares de novos artigos, ao menos meia dúzia de livros, e um documentário recente têm tratado amplamente da espetacular ascensão e queda da Enron, juntamente com a ganância e arrogância de seus maiores líderes.

Em livros como *Conspiracy of Fools*, de Kurt Eichenwald, os leitores são lembrados de que, quando os repórteres e os analistas questionavam muito sobre os lucros ascendentes da Enron durante os anos 90, recebiam a seguinte resposta: "É a nova economia, idiota". Quando analistas de valores imobiliários ou auditores persistiam com as perguntas, Ken Lay ou outros executivos da Enron reclamavam a seus superiores, e estes conseguiram removê-los.

Enquanto isso, Lay pagava a si mesmo US$ 40 milhões ao ano enquanto simulava não saber de nada quando as perguntas sobre operações e as finanças da Enron começaram a surgir. O CFO da Enron, Andrew Fastow, o homem responsável por juntar as parcerias privadas que artificialmente inflaram os ativos e os lucros da empresa, estava, ao mesmo tempo, apropriando-se de US$ 30 milhões. [37]

Para entender melhor não apenas o que foi feito por essas pessoas, mas também a maneira presunçosa como elas agiram, assista ao documentário de Alex Gibney, *Enron: The Smartest Guys in the Room*, que o *New York Times* descreve como "uma crônica fascinante sobre arrogância e ganância". Gibney localizou os vídeos internos de reuniões da empresa para que pudesse mostrar Jeffrey Skilling e Ken Lay "exibindo-se e gabando-se ao longo dos anos de expansão da empresa". Os telespectadores escutam gravações de conversas telefônicas de negociantes da Enron gabando-se dos US$ 2 bilhões que estavam extraindo da crise de energia na Califórnia. Então os telespectadores os escutaram exultar com as notícias de que um incêndio florestal ameaçava acabar com a eletricidade e elevar os preços ainda mais. Talvez o mais desprezível de tudo tenha sido a chocante referência de Lay ao 11 de Setembro, quando declarou aos funcionários, no outono de 2001, que, assim como a América, a Enron estava sob ataque. [38]

Quanto aos homens mais espertos na sala, Fastow admitiu culpa em janeiro de 2004, teve confiscados US$ 23,8 milhões em ativos e pode pegar 10 anos de prisão. Skilling e Lay declararam-se inocentes em relação a mais de 12 acusações de negócios com informações privilegiadas, fraude, e por mentir nas declarações financeiras da Enron. Os julgamentos começaram em janeiro de 2006, e os acusados depuseram em abril. Skilling foi condenado em 19 das 28 acusações por fraude. Lay foi condenado em seis acusações. Ele morreu de um ataque cardíaco em julho de 2006, antes de ser sentenciado.

Existe também a história da WorldCom e de Bernie Ebbers, o chamado Caubói das Telecomunicações. Dificilmente uma história melhor de Davi e Golias poderia ter sido escrita. Esse leiteiro e treinador de basquete, que supostamente lutava com touros por puro prazer, começou sua carreira empresarial ao administrar uma pequena cadeia de motéis em Mississippi. Em 1983, ele investiu em uma empresa desconhecida de chamadas *long distance** chamada Long Distance Discount Services. Alçado ao posto de CEO dois anos mais tarde, ele conduziu a empresa ao longo de mais de 60 aquisições. O impetuoso e obstinado Ebbers planejou transformar a WoldCom – como a empresa tornou-se conhecida em 1995 – na maior empresa telecom do mundo, e ele chegou perto de seu objetivo com a aquisição da MCI por US$ 40 bilhões em 1998. Mas a sua oferta de US$ 115 bilhões pela Sprint, o Golias da indústria, foi rejeitada pelos reguladores antitruste no ano seguinte, e, como nas tragédias gregas, a roda da fortuna girou.

Em 2000, quando a bolha das empresas de alta tecnologia explodiu, Ebbers começou a enfrentar *margin calls*** sobre todos os empréstimos pessoais que havia oferecido como garantia juntamente com suas ações da WorldCom. Mas isto era apenas o início do fim. Em junho de 2002, dois meses após a saída repentina de Ebbers, a WorldCom anunciou que havia declarado os seus lucros em um excesso de US$ 3,5 bilhões. Quando se iniciaram investigações sobre as finanças da empresa, esse valor subiu para US$ 11 bilhões, a maior fraude corporativa na história dos Estados Unidos. Em março de 2005, após um julgamento que durou seis semanas, Ebbers foi condenado em nove acusações criminosas – fraude de valores mobiliários, conspiração e sete acusações de submissão de falsas informações ao SEC. Ele pode pegar até 85 anos de prisão.

QUANDO VOCÊ É O PIONEIRO DE UM PRODUTO OU SERVIÇO QUE NINGUÉM PODE DUPLICAR

A patente da Xerox sobre a xerografia e a "fórmula secreta" da Coca-cola vêm à mente como exemplos óbvios deste cenário, e a arrogância certamente tem sido um problema de ambas as empresas. Mas, em vez disso, vamos analisar o gigante de bens de consumo eletrônicos do Japão.

* N. de T.: No Brasil, o termo *long distance call* ou *international call* refere-se uma ligação internacional. Na América do Norte, porém, o termo *long distance call* refere-se apenas a ligações feitas entre estados nos Estados Unidos e/ou no Canadá.

** N. de T.: Quantia que um cliente deposita com um corretor, quando pede emprestado ao mesmo para adquirir títulos e valores mobiliários.

Sony

A história da Sony começa com rádios transístores – quando o fundador Akio Morito quis trazer programações de rádio para partes do mundo onde não havia eletricidade. Ele pagou US$ 25 mil para a Western Electric pelas licenças da tecnologia de transistores, e, em 1955, criou um produto revolucionário e acessível. Seria a primeira de muitas vitórias para a Sony Corp. – uma empresa que veio a ser um exemplo perfeito da magia dos eletrônicos japoneses e que, de acordo com uma pesquisa Harris* conduzida no final da década de 90, tornou-se a marca mais reconhecida do mundo.

A primeira filmadora em 1964, as televisões coloridas da Trinitron em 1969, o Walkman da Sony em 1979, o CD de áudio em 1983 – não que a Sony estivesse criando produtos que não pudessem ser exatamente duplicados; é que a Sony chegava primeiro ao mercado ao permanecer na crista da onda tecnológica.

À medida que a competição alcançava a década de 80, a Sony começou a diversificar em conteúdo, adquirindo a CBS Records em 1988 por US$ 2 bilhões e a Columbia Pictures (incluindo a Tristar) em 1989 por US$ 4,9 bilhões. Terá sido um exagero? Seria um outro exemplo do agora poderoso Japão cutucando a já idosa América? Havia a Sony se tornado arrogante?

Ao mesmo tempo em que a Sony mudava-se para Hollywood, um livro intitulado *The Japan That Can Say No* estava vendendo rapidamente nas livrarias de Tóquio. Foi co-escrito, em capítulos alternados, por Morita e Shintaro Ishihara, um autor que antes fora político, e a sua tese geral era que o Japão não precisava mais agir como o enteado respeitoso dos Estados Unidos. De fato, o Japão era superior. "Os americanos não fabricam mais", escreveu Morita. "Eles não compreendem como fabricar produtos em massa aplicando uma nova tecnologia, ou como comercializá-los." Ishihara acrescenta, por exemplo, que se o Japão vendesse seus *chips* semicondutores à União Soviética, em vez de aos Estados Unidos, "isso modificaria instantaneamente o equilíbrio do poder militar". [39] Na verdade, o livro incitou uma animosidade entre seus autores e o então presidente da Chrysler, Lee Iacocca, ele mesmo longe de ser um padrão de modéstia. Iacocca recriminou o livro por sua "critica à América" e disse que a "arrogância" dos dois autores "põe sal sobre uma ferida aberta". [40]

Em 1993, durante uma partida de tênis cedo pela manhã, Morita sofreu um derrame. Com seu colapso, a empresa também pareceu tropeçar. Enquanto o lucro das operações estava estagnando desde a virada da década, a tinta vermelha começou a aparecer em 1994. A Sony Pictures Entertainment sofreu uma baixa contábil de US$ 2,5 bilhões de ativos intangíveis e de outros US$ 500 milhões para cobrir projetos em vias de fracasso – um grande constrangimento.

* N. de T.: A pesquisa Harris é conduzida pela Harris Interactive, uma empresa americana especializada em pesquisas de mercado via telefone e *online*.

No final do exercício fiscal que acabava em março de 1995, a Sony sofreu a sua primeira perda: US$ 2,8 bilhões.

Desde seu início, a Sony Pictures enfrentava problemas de gerenciamento. A empresa de base americana foi colocada sob a responsabilidade de Michael Schulhof, um físico e um veterano há 20 anos na Sony que possuía zero de experiência na indústria do entretenimento. A sua qualificação principal, aparentemente, era o fato de ser o favorito de Morita. Schulhof, por sua vez, contratou dois produtores para administrar o estúdio, cujas principais qualificações estavam no fato de que sabiam gastar toneladas de dinheiro. O sucesso ocasional como *Sleepless in Seattle** foi mais do que compensado por fracassos como *The Last Action Hero***. A Sony Pictures ganhou a reputação de uma família disfuncional. Mas os problemas de gerenciamento foram provavelmente exacerbados pelos problemas de atitude. Conforme disse um alto executivo de televisão a cabo a *Wall Street Journal*, a Sony "chegou ao poder um tanto ingênua. Eles pisaram no acelerador e fundiram o motor" ao tentar crescer rápido e tornar-se um grande jogador. [41]

Enquanto isso, Nobuyuki Idei assumiu a Sony em 1995 (escolhido pessoalmente pelo presidente Norio Ohga entre diversos executivos seniores). Parte de seu trabalho era lidar com as questões "culturais" maiores deixadas de lado durante o mandato de Morita. "As origens solitárias da Sony e a ascensão meteórica geraram uma reputação de arrogância", relatou a *Business Week*. "Os efeitos ruins não são difíceis de localizar." O artigo lembrava que a Sony sustentou o seu videocassete Betamax por muito tempo após o sistema rival VHS ter triunfado no mercado. Recentemente, o DVD da Sony-Philips também estava perdendo a batalha da formatação – "pois eles deixaram de agradar a indústria do filme de Hollywood. Eles assumiram que os outros estúdios de cinema se alinhariam". Em vez disso, Hollywood optou por um formato da Toshiba Corp. e da Time Warner. [42]

Parecia que Idei era o homem para a renovação cultural. Primeiramente, ele descartou Schulhof – ainda um favorito do presidente Ohga – após nove meses. Depois, ele dizimou o conselho da Sony, reduzindo-o de 38 para 10 membros, incluindo três membros externos. Mais do que isso, ele abraçou fervorosamente a filosofia da "convergência" – juntando o *hardware* e o *software*, aparelho e conteúdo, tecnologia digital e entretenimento, para criar um mundo onde comunicações por satélite equipam a diversão interativa de toda casa. E quanto à cultura da Sony, Idei disse à revista *Time*: "nas décadas de 70 e 80, esta era uma empresa guiada pelo fundador. O que precisamos agora é um bom sistema de operação, um bom sistema de aplicação e uma boa equipe de gerenciamento". [43]

---

* N. de T.: Em português, *Sintonia de Amor.*

** N. de T.: Em português, *O Último Grande Herói*.

Em 1999, com a Sony em ascensão novamente – em grande parte devido sucesso fenomenal de seu vídeo game PlayStation – Idei parecia ter revolucionado a empresa. O *Independent* de Londres escreveu com entusiasmo que os velhos tempos de quando os interesses da Sony eram servidos pelos poder desenfreado do gerenciamento sênior não existiam mais. "O compromisso de Idei imediatamente removeu décadas de arrogância da Sony, na medida em que o novo homem instigou uma nova humildade na empresa, trazendo a Sony ao mundo moderno de tomada de decisões racionais e responsabilidades." Conseqüentemente, a Sony "brilhou como um farol no panorama de economia desanimador que era o Japão durante os anos 90". [44]

Então, do nada, surgiu o "Choque Sony." No exercício fiscal que acabava em março de 2003, a Sony errou o alvo de seu lucro líquido em 36% e – ainda pior – previu lucros em 2004 de apenas 50 bilhões de yen, metade do lucro de 2003 e menos de um terço do que os analistas haviam previsto. Dois dias após o anúncio, as ações da Sony caíram 27%, eliminando 922 bilhões de yen em capitalização de mercado. A reação de Idei – um plano de três anos e de US$ 3 bilhões para cortar custos, eliminando 20 mil empregos – sugeriu que os problemas da Sony não estavam mais relacionados à arrogância.

Mas então o que era? Talvez o sonho de convergência de Idei ainda estivesse para ser concebido. Em vez de juntar-se em uma sinergia mágica, parece que a enorme empresa estava aos pedaços. De repente, a Sony era ridicularizada como um "gigante ingovernável", uma empresa sem foco, uma empresa que desejava estar em diversos negócios e, conseqüentemente, falhava.

Em junho de 2005, à medida que a empresa perdia valor, Idei pediu demissão. Howard Stringer, um nativo do país de Gales que administrava os negócios da Sony nos Estados Unidos, assumiu o cargo de presidente e CEO da empresa. Veremos até onde ele levará a icônica empresa. Continuará ele com o difícil sonho de Idei, ou manterá um foco estreito sobre a lucratividade e aproveitará o sucesso do PlayStation Portable e do PlayStation 3?

QUANDO VOCÊ É MAIS ESPERTO DO QUE OS OUTROS

Finalmente, é provável que a arrogância prospere quando os seus projetistas têm um histórico melhor do que os projetistas deles – isto é, quando você inventa grandes produtos primeiro e, portanto, colhe grandes lucros e reputação de proteção de patente, marcas registradas e direitos de propriedade intelectual em geral. A Sony poderia ter facilmente se encaixado nessa categoria, mas existem vários excelentes exemplos. Primeiramente vamos analisar uma famosa marca na indústria farmacêutica.

Merck

Será "arrogância" um termo muito severo para aplicar à Merck & Company? Collins e Porras, em *Built to Last,* tiveram apenas elogios para o gigante farmacêutico. Eles lembram da frase preferida de George Merck da década de 20 – "O remédio é para o paciente, não para os lucros. Os lucros são conseqüência" – e afirmam que essa "ideologia central" modelou a visão da empresa por mais de oito décadas. Eles são efusivos sobre como a Merck decidiu desenvolver e distribuir a Mectizan, uma droga para curar a cegueira do rio, uma terrível doença causada por um verme parasita que havia cegado mais de 1 milhão de pessoas no Terceiro Mundo. [45] (Com o risco de soar um pouco rude, é preciso notar que Collin e Porras não mencionaram que a Merck saiu do mercado de vacinas contra a gripe em 1986, apesar das milhares de mortes decorrentes da doença todos os anos.)

Certamente, a empresa tem muito do que se orgulhar. Ela foi fundada em 1889 quando George Merck chegou à América e abriu uma empresa para importar e vender medicamentos e substâncias químicas de sua empresa familiar na Alemanha. Ela começou a operar em 1903, fabricando alcalóides em sua nova fábrica em Rahway, Nova Jérsei. Após a abertura de sua instalação de pesquisa em 1933, uma onda constante de brilhantes pesquisadores passaram a executar trabalhos originais e inovadores na Merck. Desenvolveram o primeiro esteróide, a cortisona, em 1944, e cinco cientistas da empresa ganharam prêmios Nobel nas décadas de 40 e 50. Na década de 70, seu compromisso incansável de pesquisa e desenvolvimento resultou no Clinoril anti-artrite, o relaxante muscular Flexeril e a medicação contra glaucoma Timoptic.

Sob a liderança do lendário bioquímico Roy Vagelos, que se tornou CEO em 1985, a enxurrada de novos medicamentos continuou, incluindo o Mevacor, para controle do colesterol, e o Vasotec, para pressão alta. A Merck era a empresa farmacêutica líder no mercado mundial, e sua reputação era imaculada.

Então, coisas estranhas começaram a acontecer. Em dezembro de 1992, a Merck surpreendeu os analistas, bem como aqueles na empresa com acesso a informações privilegiadas, quando nomeou o ascendente profissional de marketing Richard Markham presidente, colocando-o como próximo em linha para suceder Vagelos. Seis meses depois, os observadores da indústria estavam ainda mais perplexos ao descobrir que Markham havia repentinamente renunciado ao cargo sem explicação. O *Wall Street Journal* interpretou isso como um sinal de que a Merck, há muito tempo considerada uma das empresas mais bem administradas do mundo, estava enfrentando um período de surpreendentes e notáveis dificuldades.

Explicações para a saída batiam na mesma tecla: Markham representou uma saída muito radical da cultura conservadora e pesada da Merck. Ele queria muita mudança em pouco tempo, e seu estilo espalhafatoso foi marcado por um divórcio ruidoso e um segundo casamento com uma funcionária da Merck – uma outra agressão à imagem extremamente rígida da empresa.

Markham percebeu a necessidade de impulsionar as vendas para a comunidade das HMOs*, em franco crescimento, em vez de trabalhar diretamente junto aos médicos. Mas isso significava conceder descontos, aos quais a orgulhosa cultura Merck sempre resistiu. Apesar de Vagelos tolerar o movimento em direção às HMOs, a especulação era que a revolução de Markham ia longe demais, pois seus "jovens e impetuosos colegas do lado do marketing" procuravam fazer aquisições, descartavam partes da empresa e reduziam a mão-de-obra.

Por exemplo: Markham criou uma unidade de negócio separada para vender medicamentos genéricos, um movimento que tradicionalistas da Merck acreditavam depreciar a imagem da empresa. Como se isso não fosse ruim o suficiente, ele também cortou os preços dos anticolesteróis Mevacor e Zocor, um surpreendente anúncio público de desconto em medicamentos.

Conforme um pesquisador da Merck disse ao *Journal*, "Markham fazia parte de um grupo sênior, com pontos de vista diferentes, que queria fazer as coisas diferentemente. A situação lá era perturbante". [46]

Era um momento difícil para a Merck e a indústria como um todo. As ações da empresa estavam em queda há um ano, assim como os lucros da indústria. Todas as principais empresas estavam segurando preços para abrandar a ameaça de regulamentação de preços da administração Clinton. A redução do lucro pelo aumento dos custos foi exacerbada por uma onda de descontos, quando os fabricantes de medicamentos competiam agressivamente por negócios com as HMOs.

As coisas tornaram-se ainda mais estranhas na Merck. O candidato a suceder Vagelos, Martin Wygod, desistiu repentinamente da corrida. Wygod havia entrado para a Merck um ano antes, quando a empresa adquiriu a Medco Containment para entrar no negócio de gerenciamento de benefícios de planos de saúde, e ele havia ascendido rapidamente para tornar-se o aparente sucessor. À medida que chegava próximo do topo, a música era a mesma, segundo verso: o "empresário" Wygod sentiria-se fora de contexto na cultura "formal" da Merck.

Finalmente, a Merck trouxe um forasteiro, Raymond Gilmartin, que havia sido o CEO da fabricante de utensílios médicos Becton Dickinson. Falava-se muito sobre uma mudança na atmosfera corporativa.

---

* N. de T.: *Health Maintenance Organization*. É uma organização que proporciona um tipo de seguro-saúde garantindo atendimento por hospitais, médicos e outros provedores com as quais a HMO possui contrato.

Gilmartin criou um comitê de gestão com 12 membros, cuja intenção era descentralizar a liderança e desmantelar a cultura caracterizada por batalhas territoriais e deserções.

Na verdade, Gilmartin havia chegado na hora certa, como ele mesmo costumava brincar. Dezoito meses após a sua chegada em 1994, oito novos medicamentos foram introduzidos, depois de anos de desenvolvimento. Entre eles estavam os campeões no tratamento da AIDS, o Crixivan; da osteoporose, o Fosomax; e o anti-hipertensivo Cozaar. No final das contas, não parecia tão necessário modificar a cultura da Merck.

Na verdade, Gilmarting reafirmou a missão e a visão da Merck. A Merck, disse ele, permaneceria uma empresa voltada à pesquisa farmacêutica, e não iria em busca da diversificação. Ele fechou a operação de medicamentos genéricos e vendeu mais de US$ 1 bilhão em ativos. Ele assegurou a *Wall Street* que não estava em busca de aquisições, apesar do fato de que as fusões entre outros gigantes farmacêuticos haviam provocado a queda da Merck de nº 1 para nº 3 na indústria. [47]

Era uma visão fiel à orgulhosa herança da Merck. Relembrando o mandato de Gilmartin em 2003, o *Wall Street Journal* observou que, enquanto a indústria farmacêutica foi remodelada por uma "onda de novas táticas implacáveis", a Merck conseguiu ficar de fora da batalha. Enquanto as outras empresas tomavam parte das megafusões, a Merck orgulhosamente manteve o seu trajeto independente. E enquanto as outras empresas gastavam milhões para comercializar novos produtos que pouco se diferenciavam de seus sucessores, a Merck continuava focada em seus medicamentos únicos.

Lembrando a filosofia de George Merck, o *Journal* observou que a Merck sempre se orgulhou da sua habilidade de manter-se acima da "procura cotidiana pelo lucro". Embora os rivais possam ridicularizar essa atitude considerada por eles hipócrita, a empresa havia estabelecido um recorde invejável na entrega de seus produtos. Desde a penicilina, da qual a Merck era a fabricante líder, aos redutores de colesterol, os quais a Merck foi a primeira a vender, a empresa manteve-se um líder constante na introdução de novos medicamentos no mercado. Agora, Gilmartin estava chamando a virada do século de "o período mais produtivo de todos" para a pesquisa da Merck, e prometeu que a empresa começaria a vender ou procurar a aprovação de 11 novos medicamentos em 2006.

Infelizmente, a aposta de Gilmartin não se confirmou. Quatro dos novos medicamentos fracassaram, e dois outros atrasaram. Nos seis meses posteriores a maio de 2003, o valor das ações da Merck havia caído em 30%, enquanto as ações de outros fabricantes haviam subido ligeiramente. Pior que isso, o calcanhar de Aquiles da Merck estava exposto.

Conforme observou o *Journal*, quando Gilmartin assumiu, a maioria das pessoas na indústria dos medicamentos acreditava que a ameaça ao crescimento seria a revolução do *managed-care**. As seguradoras forçariam os fabricantes de medicamentos a conceder grandes descontos em troca de sua inclusão na lista de medicamentos. Mas a ameaça do *managed-care* não era a questão principal. O verdadeiro bicho-papão acabou sendo outro: o desafio de criar novos grandes vendedores à medida que os antigos campeões começassem a perder sua proteção de patente e enfrentassem os genéricos. As patentes do Vasotec, Mevacor e Pepcid AC expiraram em 2001, e o tempo está acabando para os outros.

A Zocor, que registrou mais de US$ 5 bilhões em vendas mundiais em 2002, é um excelente exemplo. Como resultado da perda de patente em partes da Europa, as vendas da Zocor em 2005 apresentaram uma queda de 16% em relação ao ano anterior. Pior, ao expirar sua patente nos Estados Unidos, em junho de 2006, esperava-se uma queda em US$ 2 bilhões na receita – uma grande ameaça ao lucro líquido da empresa. Prevendo isso em 2003, a Merck demitiu 3.200 funcionários, aproximadamente 5% de sua mão-de-obra. [48]

Como se 2003 não houvesse sido ruim o suficiente, eis que aconteceu o fracasso do Vioxx em 2004, quando o campeão contra dores de artrite foi relacionado a problemas cardíacos entre seus usuários. A Merck retirou seu remédio das prateleiras – uma perda enorme, considerando os US$ 2,5 bilhões que ele havia gerado em 2003. No final de 2005, usuários do Vioxx entraram com milhares de ações judiciais contra a empresa. Epidemiologistas especulavam que cerca de 100 mil ataques cardíacos poderiam ser relacionados ao medicamento.

Gilmartin havia planejado afastar-se em março de 2006, quando atingiria a idade de aposentadoria obrigatória na Merck. De repente, essa programação foi alterada. Richard Clark, responsável área industrial da Merck, tornou-se o CEO em maio de 2005. A ascensão mais rápida do que esperada de Clark parecia implicar uma necessidade de mudança, um reconhecimento de que mentes novas eram necessárias para conduzir a Merck através de períodos desafiantes e talvez perigosos. A ironia é que Clark é prata da casa, tendo construído toda sua carreira na Merck, onde iniciou como inspetor de controle de qualidade em 1972. Será ele o homem certo para acabar com a arrogância da Merck?

---

* N. de T.: Ou *cuidado gerenciado.* Surgiu nos Estados Unidos há três décadas. Trata-se de uma assistência médica gerenciada onde o médico recebe uma verba fixa para ser gasta com uma quantidade determinada de pacientes e é responsável pelo gerenciamento dessa verba.

Motorola

Paul Galvin mostrou sua vocação empresarial quando começou seu primeiro negócio, vendendo pipoca aos 13 anos de idade. Vinte anos depois, em 1928, ele fundou a Galvin Manufacturing, em Chicago, que criou os eliminadores de pilha, permitindo que os primeiros rádios funcionassem à eletricidade. O próximo passo foi a fabricação de rádio para automóveis (que daria fama à empresa). Em 1940, a empresa desenvolveu o primeiro rádio transmissor e receptor portátil para o exército americano.

Em 1959, no mesmo ano em que o filho de Paul, Robert, tornou-se o CEO, a compra de um fabricante de sistemas de comunicações hospitalar pela empresa levou-a a desenvolver os seus primeiros *pagers*. Em 1977, a Motorola já começava a montar um sistema de telefone celular, e em 1990 a empresa criou o sistema de comunicação Iridium de 66 satélites.

Em outras palavras, a empresa ganhou uma merecida reputação por superar outras no mercado com produtos inovadores e, por vezes, revolucionários.

Em 1992, um artigo de destaque no *Wall Street Journal* denominou a Motorola de o "gigante ágil" na qual as outras empresas deveriam basear-se como exemplo para que possam "encontrar o caminho da supremacia na produção e do domínio da participação de mercado". Durante esses tempos de prosperidade, sob a liderança de George Fisher (que sucedeu a Robert Galvin), a Motorola era líder do mercado global em telefones celulares, *pagers*, rádios transmissores e receptores portáteis e *microchips* usados em aparelhos que não computadores. O *Journal* elogiou a empresa pelo milagre que permitiu que ela, na década de 80, contra-atacasse o avanço japonês em telefones celulares e *pagers*. O excelente histórico de conquistas da empresa foi atribuído, em parte, a uma cultura que "incita, em vez de abafar, conflitos e desavenças...e gera uma constante onda de informações e inovações a partir de milhares de pequenas equipes fiéis a objetivos rigorosos e estatisticamente avaliados". [49]

George Fisher deixou a Motorola em 1993 para assumir a Kodak, e o COO Gary Tooker foi promovido a CEO. Quatro anos depois, em 1º de janeiro de 1997, o conselho substituiu Tooker pelo neto de Paul Galvin, Chris Galvin. Ninguém mais falava sobre o "gigante ágil". Em vez disso, a Motorola havia movimentado-se lentamente em direção à tecnologia digital, e a Ericsson e a Nokia estavam roubando as atenções – juntamente com a participação de mercado – do segmento-chave da Motorola, os telefones celulares. Em vez de receber elogios universais, a Motorola estava sendo acusada de "arrogância e isolamento" pelos clientes e parceiros. Era a síndrome da pessoa esperta: se nós construirmos os produtos, os clientes virão.

O novo CEO não apenas escutou as acusações; ele as repetiu. "Sempre ficamos confusos quando nos encontramos naquele momento inicial de pequeno sucesso", disse Galvin ao *USA Today*. "As pessoas tornam-se arrogantes ou acreditam que o modelo de negócio que possuem é o que irá durar um longo tempo. Elas permanecem com aquele modelo por muito tempo e não mudam." Galvin também estava farto da cultura de "tribos guerreiras", tão elogiadas antigamente; ele jurou que "colaboração", dentro da empresa e com seus parceiros, seria a nova palavra. Um ano depois de assumir o cargo, parece que Galvin era o homem certo para restaurar o ânimo da Motorola. George Fisher disse: "Acredito que em 10 a 20 anos o mundo olhará para Chris Galvin como talvez o maior líder na história da Motorola". [50]

Isso não aconteceu. No verão de 2000, a SBS Wireless pretendia promover o novo telefone celular da Motorola no campeão de bilheteria *Missão Impossível 2*. Teria sido um grande sucesso de marketing, mas a Motorola não conseguiu entregar os telefones em tempo para o lançamento do filme. A SBS precisou descartar a promoção e quase cancelou o seu pedido. A história "praticamente resume a história da Motorola nos dias de hoje", escreveu o *Wall Street Journal*. De meados de 2000 a meados de 2001, as ações da Motorola perderam três quartos do seu valor, e no primeiro trimestre de 2001 a empresa relatou o seu primeiro prejuízo em 16 anos. Durante cinco anos, no mercado crítico de telefones celulares, a participação global da empresa havia caído de 33% para 14%, enquanto a fatia da Nokia subiu de 22% para 35%.

Conforme observado, parte do problema da Motorola foi o lento progresso do analógico para o digital. Mas, conforme o executivo da Verizon Wireless, John Stratton, disse ao *Journal*, a Motorola ainda exibia o mesmo defeito: a arrogância. Ela esqueceu que seus clientes mais importantes eram as operadoras, que decidem quais os telefones serão estocados em suas lojas e quais serão promovidos com ofertas especiais. A Motorola tinha o hábito irritante de dizer às operadoras quais telefones elas deveriam adquirir, e ainda como eles deveriam ser expostos em suas lojas. "Escutar, para a Motorola, era esperar você parar de falar para que pudessem dizer o que você deveria comprar", Stratton disse ao *Journal*. "A sua cultura era endêmica." [51] Quando você junta arrogância com incompetência – como foi o caso da Motorola em falhar na entrega dos produtos no prazo ou em aceitar as demandas customizadas das operadoras – você perde negócios rapidamente, e foi isso que fez com que como a SBC, Alltel e a Verizon fossem à procura de concorrentes, como a Nokia.

No terceiro trimestre de 2001, a Motorola perdeu US$ 1,4 bilhão e anunciou que sofreria o seu primeiro prejuízo anual em 46 anos. As ações que valiam US$ 60 no início de 2000 estavam sendo comercializadas por US$ 17. A empresa estava demitindo 39 mil funcionários. Dois anos depois, Galvin estava fora. Citando "divergências com o conselho", o descendente da família renunciou ao cargo para ser substituído por um forasteiro, Edward Zander, antigo presidente da Sun Microsystems. Conhecido como um vendedor talentoso, vindo da classe trabalhadora do Brooklyn, talvez Zander prove ser capaz de reparar os relacionamentos rompidos da Motorola, recuperando seu valor e alterando fundamentalmente a sua cultura de arrogância.

OS SINAIS DA ARROGÂNCIA

Assim como os hábitos pessoais que se instalam pouco a pouco, às vezes somos os últimos a perceber – ou a admitir – os comportamentos que podem ser a nossa ruína. Para saber se a sua empresa sofre de arrogância, procure pelos seguintes sinais.

Você não dá mais ouvidos

...aos clientes, aos funcionários, aos investidores, aos defensores do consumidor, ao governo. Você não dá mais ouvido ao mundo externo. Você ignora ou acha graça nos outros. Você acredita já ter visto tudo.

Você se exibe

...em viagens, tamanho de escritório, vantagens, mordomias. Você gosta de exibir os jatos da empresa e coleções de arte. Ou, como Dennis Kozlowski, da Tyco, você organiza uma festa de aniversário de US$ 2 milhões para a sua esposa – com direito a modelos fantasiados com togas romanas – na ilha italiana da Sardenha.

Você intimida os outros

Você encoraja e incentiva seus gerentes a intimidar seus funcionários, clientes e investidores. Quando analistas apresentam relatórios desfavoráveis sobre a sua empresa, você acredita que pode reclamar a seus superiores e fazer com que sejam repreendidos ou censurados. A sua empresa age agressivamente.

Você se considera superior

Você viola as regras e os procedimentos de governança na crença de que eles não se aplicam a você, de que ninguém pode regular ou mesmo questionar a sua empresa. Ou, como a GM, você viola ou junta forças contra a regulamentação do governo, pois "o que é bom para você é bom para a nação".

Você busca aprovação

Você traz consultores e assessores para validar o *status quo* e inflar o seu ego. Ao mesmo tempo, demite aqueles que se tornam críticos, incluindo fornecedores, clientes e até mesmo funcionários. Quando agências de propaganda ou grupos de pesquisa sugerem estratégias de que você não gosta, você contrata outros.

Você exibe a síndrome do "não foi inventado aqui"

Assim como as empresas em negação, você acredita que se "não foi inventado aqui", não pode ser bom.

COMO LIVRAR-SE DO HÁBITO DA ARROGÂNCIA

A arrogância é criada no escuro, em um quarto fechado. Para quebrar o hábito, abra as portas e as janelas e deixar a luz do dia penetrar. O líder deve desenvolver uma cultura de observar, escutar e aprender – principalmente aprender com as experiências de fora da empresa. Deixe que entre o ar puro, as novas idéias. Eis algumas abordagens.

Guie a administração para novos desafios

Dê a seus gerentes tarefas onde as chances de sucesso não sejam garantidas. Coloque-os a trabalhar em mercados desconhecidos e hostis, ou em projetos repletos de inovações arriscadas, ou em novas grandes iniciativas (como negócios desregulamentados para empresas regulamentadas). Mas deixe claro que, se o gerenciamento fracassar, não será o fim de sua carreira, desde que tenha havido aprendizado. Jack Welch diz gostar de gerentes que possuem alguns fracassos em seus currículos. O fracasso é um bom professor de modéstia. [52]

Execute planejamentos não-tradicionais de sucessão

Considere escolher alguém que esteja diversos níveis abaixo do provável sucessor – talvez o COO ou o vice-presidente – e testar ele ou ela em uma via expressa através de funções, divisões e mercados. Isso funcionou incrivelmente na Whirlpool, quando a empresa elegeu David Whitmam. A mesma coisa aconteceu na GE. Jack Welch estava três níveis abaixo quando o colocaram na via expressa como forma de sacudir a cultura. [53]

Diversifique o grupo de talentos ao recrutar de uma variedade de instituições educativas, países e populações

Novamente, o isolamento gera a arrogância. Durante anos, a Whirlpool recrutou quase exclusivamente da Universidade Purdue. O benefício foi uma grande rede de contatos pessoais e reciprocidade. A desvantagem foi o isolamento. Assim que a Whirlpool começou a recrutar engenheiros indianos altamente treinados, eles rapidamente expulsaram grande parte do talento de Purdue.

Eu gosto da analogia "puro-sangue *versus* mestiços": o puro-sangue pode correr rápido, mas ele é frágil. Ele não é bom para uma longa distância. O que você quer são os genes fortes do mestiço. Faça da sua empresa uma raça de genes mestiços, e você se mostrará mais forte a longo prazo.

Outra boa analogia vem da agricultura do milho. Para promover a uniformidade e aumentar a rentabilidade, os cientistas reduziram o número de variedades de 2.500 para 40. Mas agora toda plantação é suscetível a uma única doença. O ponto é que esta "diversidade genética" é importante para a saúde corporativa – e isso inclui uma "diversidade de gênero".

Hoje você pode conseguir talentos técnicos, legais e contábeis de qualquer lugar do mundo. Os Estados Unidos não dominam mais. E as melhores empresas sabem disso. A P&G está recrutando talentos da Índia e colocando-os ao redor do mundo. A Pepsi também aprendeu essa lição – principalmente se comparada à Coca. A HSBC (o banco de Hong Kong em rápida ascensão) está agora trabalhando na questão da diversidade de gênero. Não se trata mais de uma questão politicamente correta. É tão urgente quanto a necessidade de sangue oxigenado correndo em nossos organismos.

Estimule perspectivas externas através de institutos de liderança

Exemplos incluem o "Workout" da GE, o "Action Learning" com Noel Tichy, e o Participatory Management Process (PMP) da Motorola. Dentro da empresa, estimule uma cultura onde "qualquer um pode desafiar o outro". Novamente, a idéia é de quebrar os muros erguidos pela arrogância. [54]

Mude a sua liderança

Certamente, trazer um recurso externo é a solução mais drástica. Pode funcionar numa situação de crise, mas é preciso tomar cuidado. Não existem garantias. Uma abordagem sensata é trazer um membro externo do conselho que tenha sido bem-sucedido (e humilde) na administração de outra empresa.

Houve sucessos, como Randy Tobias na Eli Lilly e Lou Gerstner na IBM. Talvez Edward Zander faça uma reviravolta na Motorola. Também houve fracassos, mesmo com a presença de líderes exemplares. George Fisher, que conduziu a Motorola durante alguns de seus melhores anos, não conseguiu modificar a cultura da Kodak.

* * *

As pessoas ou as empresas não se tornam arrogantes da noite para o dia. É um hábito que se forma ao longo dos anos, e suas raízes podem penetrar fundo na alma corporativa. Nenhuma dessas cinco sugestões – nem mesmo uma mudança na liderança – pode garantir que a cultura da arrogância seja quebrada. Muito provavelmente, a verdadeira mudança somente acontecerá quando a arrogância tiver causado danos visíveis – negócios perdidos, clientes perdidos, lucros perdidos. A essa altura, as soluções aqui sugeridas podem ajudar a transformar a identidade corporativa – interna e externamente.

Arrogância

Motivos que levam à arrogância:

- Realizações excepcionais no passado distorcem a sua percepção da realidade presente.
- Davi conquista Golias.
- Você é o pioneiro de um produto ou serviço que ninguém pode copiar.
- Você é mais esperto do que os outros.

Os sinais da arrogância:

- **Você não dá mais ouvidos:** Você acredita já ter visto tudo, e você não dá mais ouvidos aos clientes, funcionários, investidores, defensores do consumidor ou ao governo.
- **Você se exibe:** Você é extremamemente ávido de mostrar seu sucesso.
- **Você intimida os outros:** A sua empresa age agressivamente – internamente e externamente.
- **Você considera-se superior:** Você abusa das regras e dos procedimentos, na crença de que ninguém pode regular ou até mesmo questionar a sua empresa.
- **Você busca aprovação:** Você favorece aqueles que validam seus pontos de vista e livra-se daqueles que são críticos.

Como livrar-se do hábito da arrogância:

- **Guie a administração para novos desafios:** Desafie os seus gerentes, mas permita que eles fracassem. O fracasso é um bom professor de modéstia.
- **Implante planejamentos não-tradicionais de sucessão:** Considere candidatos em via expressa através de funções, divisões e mercados.
- **Diversifique o grupo de talentos ao recrutar em diferentes instituições educativas, países e populações:** Solidifique a sua empresa ao diversificar os seus genes de talento.
- **Mude a sua liderança:** Pense em trazer alguém de fora.

CAPÍTULO

4

COMPLACÊNCIA: O SUCESSO GERA O FRACASSO

A complacência é o sentimento de segurança e conforto que deriva da crença de que o sucesso que você obteve no passado continuará indefinidamente. Ele cresce na suposição de que o futuro será como o presente e o passado, de que nada mudará. A complacência gosta da cegueira e da inércia; ela gosta do *status quo*. Ela odeia a urgência e acredita em deliberação lenta e cautelosa. Ela acomoda-se facilmente nas grandes instituições, onde tamanho e escala oferecem uma armadura natural contra o real e veloz mundo externo. A complacência é sustentada pela ilusão de "genes robustos" – em outras palavras, coisas ruins não acontecem aqui.

Vista sob outro ângulo, a complacência é sustentada por três pilares: o sucesso no passado, a crença de que o futuro é previsível e a suposição de que a escala o protegerá contra qualquer revés. Um choque pode até acontecer, mas você não será abalado.

Obviamente, você não pode ser complacente sem ter tido algum sucesso. Mas de onde veio este sucesso? Este capítulo examina quatro panoramas de "sucesso" que podem induzir à complacência – quatro panoramas onde o sucesso acaba gerando o fracasso. Nas histórias a seguir, repare como o fracasso gosta de se esconder. Você verá que muitos destes exemplos são de empresas grandes e verticalmente integradas que dependem do subsídio cruzado de funções, negócios, produtos ou clientes, de modo que o fracasso de uma área ou unidade da empresa pode ser compensado com o sucesso de outro. Particularmente, eu acho este um marco interessante da cultura complacente.

QUANDO O SUCESSO DO PASSADO VEIO POR UM MONOPÓLIO REGULADO

Melhor do que um monopólio só um monopólio regulamentado pelo governo. Quando o governo ajuda você a erguer os muros de sua fortaleza, ajudando-o a proteger a sua empresa e controlando a sua competição, é muito fácil você tornar-se complacente. Não há melhor exemplo disso do que a Ma Bell.

AT&T

Alexander Graham Bell inventou o telefone em 1876, e no ano seguinte ele e mais dois parceiros criaram a Bell Telephone. Em 1885, sob o comando de Theodore Vail, a American Telephone and Telegraph foi criada para construir a rede de longa distância da Bell, e pouco antes da virada do século ela se tornou a empresa controladora. Vail havia saído em busca de outros objetivos, mas foi convencido a retornar à AT&T em 1907. Nos 12 anos seguintes, até a sua aposentadoria em 1919, ele criou o monopólio que reinaria sobre os negócios de telefonia nos Estados Unidos até os meados dos anos 80.

Vail não apenas reorganizou as empresas Bell, mas, com o respaldo financeiro da J.P. Morgan, ele decidiu adquirir as várias independentes que surgiram quando as patentes da Bell expiraram. No famoso Kingsbury Commitment de 1913, a AT&T concordou em livrar-se da Western Union, mas ao mesmo tempo o governo deu a ela sinal verde para ajustar, refinar e solidificar a sua estratégia de monopólio. Ao teoricamente aceitar a filosofia de Vail de "uma política, um sistema e serviços universais", o governo permitiu que a empresa adquirisse participação de mercado de sua concorrência, desde que vendesse um número igual de sistemas de telefone. Entre 1921 e 1934, o Interstate Commerce Commission (ICC) aprovou 271 dos 274 pedidos de aquisição da AT&T, através dos quais a empresa fortaleceu o controle sobre os lucrativos mercados urbanos e consolidou o seu monopólio sobre a telefonia de longa distência. Em 1934, como parte do New Deal do Presidente Roosevelt na época da Depressão, a AT&T foi reconhecida como monopólio regulamentado (um "monopólio natural") sob a jurisdição do FCC*.

* N. de T.: Federal Communications Commission. Agência governamental encarregada da regulamentação de todo uso de rádio pelo governo não-federal (incluindo transmissão de rádio e televisão), todas as telecomunicações interestaduais (fios, cabos e satélites), bem como todas as comunicações internacionais que se originam e terminam nos Estados Unidos.

Isso fazia sentido na época – quando o governo precisava criar empregos em grandes empresas públicas. Também era uma oferta imperdível para a AT&T. Conseqüentemente, durante 50 anos, a AT&T controlou a regulamentação da indústria. Considere, também, que em 1882 a Bell Telephone havia assumido o controle do fabricante de equipamento Western Electric, da Western Union, e que em 1925 criou a renomada divisão de pesquisa chamada Bell Labs. Conseqüentemente, no início do século, a AT&T estabeleceu uma poderosa integração vertical, controlando a pesquisa da Bell Labs, a fábrica da Western Electric e as vendas e distribuição, por conta de sua posição de monopólio. Isto era, de fato, uma fortaleza impenetrável.

Mas havia o lado negativo de viver em uma fortaleza. Dificilmente não ficamos gordos e preguiçosos. Relembrando o longo passado da AT&T, o *Wall Street Journal* mencionou que, nas décadas de 50 e 60, a receita "segura e crescente" da empresa e os mercados protegidos causaram o atrofiamento de seu "músculo combativo". Reguladores federais e estatais haviam garantido os seus lucros, "logo, a empresa valorizava pouco os empreendimentos empresariais... Seus gerentes eram desenvolvidos internamente e tão imersos no dogma da empresa que eram chamados de '*Bellheads*'....Quanto ao restante da vida da AT&T, o seu status de monopólio seria um faca de dois gumes". [56]

Os ventos começaram a mudar em 1949, quando o governo tentou forçar a AT&T a vender a Western Electric. Um decreto de 1956 permitiu que a empresa continuasse a produzir telefones, mas forçou o desdobramento do braço de produção global da AT&T. (Hoje, esse braço existe como a Nortel no Canadá, a ITT na Europa e a NEC no Japão.) Portanto, uma parte da hierarquia vertical havia sido eliminada, mas a AT&T ainda tinha o monopólio do serviço.

Ao mesmo tempo, a AT&T procurava lidar com a ameaça imposta por Jack Goeken, uma história que vale a pena narrar detalhadamente.

A MCI de Goeken iniciou como uma loja que vendia rádios transmissores e receptores, principalmente para caminhoneiros, em Joliet, Illinois. Os caminhoneiros gostavam dos produtos, mas o problema é que eles tinham um alcance de apenas 24 quilômetros. Goeken imaginou que, se, ele conseguisse instalar algumas torres ao longo da rota de tráfego pesado entre St. Louis e Chicago, poderia vender muitos mais rádios. Então, em 1963, ele partiu para Washington D.C. em busca da aprovação do FCC. (Eu deveria mencionar que a estratégia de Goeken representa o típico ataque competitivo contra os monopólios de subsídio cruzado. Ele visava, naturalmente, o mercado repleto de clientes de St. Louis a Chicago, o tipo de mercado do qual a AT&T dependeria para subsidiar seus segmentos menos lucrativos. Em outras palavras, ele optou pelos clientes mais rentáveis daquele mercado.)

Na audiência, a AT&T argumentou que a MCI não poderia construir o seu sistema a um custo que a permitisse cobrar preços competitivos, que o interesse público não seria satisfeito, e que, portanto, a licença deveria ser negada. Como a AT&T praticamente controlava os reguladores, a FCC acreditou em suas palavras.

Mas Goeken já havia escutado na FCC sobre um relatório confidencial sobre os sistemas de comunicações por microondas que a AT&T havia preparado para uso interno. Ele queria uma cópia, então viajou para a matriz da AT&T em Nova York para tentar obtê-la. Acontece que fazia frio e nevava na cidade, e ele havia deixado seu sobretudo no aeroporto de Hartford. Quando entrou na AT&T sem o sobretudo, a recepcionista supôs que ele fosse um funcionário e disse que o relatório que procurava encontrava-se na biblioteca. Conforme a narrativa do historiador John Steele Gordon, Goeken "perguntou onde – querendo dizer 'onde é a biblioteca? ' – e ela aparentemente entendeu 'onde dentro da biblioteca'. Ela preencheu um formulário de pedido oficial interno com o nome e o número do documento. Goeken percebeu o que estava acontecendo, teve o bom senso de manter-se calado e encontrou a biblioteca". Ele encontrou o relatório e descobriu que a AT&T havia estimado custos muito menores do que havia relatado à FCC. [57]

"Seriam necessários mais seis anos para a FCC conceder outra licença de operação à MCI", escreveu Steele, "mas, quando isso aconteceu, o nariz do camelo estava dentro da AT&T."

O que Goeken começou, o Departamento da Justiça finalizou. A FCC tentou proteger o monopólio da AT&T para sempre, mas os tribunais foram menos condescendentes. Esse era o acesso à fortaleza que a AT&T deixou vulnerável. O empresário William McGowan assumiu a MCI em 1968 e iniciou batalha jurídica que, no final, derrubaria o monopólio. Quando questionado sobre como derrotaria tal gigante, ele gostava de responder: "O meu departamento de P&D é o meu departamento jurídico". Quando a AT&T procurou fechar a MCI ao triplicar as suas taxas de interconexão, a MCI entrou com uma ação na justiça e ganhou a causa, sendo indenizada em 1980 – era o início do fim para a Ma Bell.

Graças ao monopólio gerado pela complacência, a AT&T teve dificuldades em competir após o seu desmembramento, em 1984. Inacreditavelmente, a empresa não possuía nem um departamento de marketing até 1979. Conseqüentemente, quando foi desmembrada, a AT&T não era sequer uma marca de consumo. Os clientes conheciam o logotipo da Bell, é claro, mas menos de 10% do público conhecia a AT&T de nome, e 50% confudia-na com a ITT. Imediatamente, a empresa começou a trabalhar na marca, planejando denominar-se ABI – American Bell International. Mas o Juiz Harold Greene, que supervisionou o desmembramento, vetou o nome. Ele deu aos Baby Bells os direitos exclusivos às Páginas Amarelas e ao nome Bell.

A AT&T poderia utilizar o nome apenas em referência ao Bell Labs, um patrimônio nacional. (Eu ainda tenho uma gravata que me foi dada por Randall Tobias, responsável pelo esforço de marketing na época – com o nome ABI e o logotipo novo. Ele pediu que eu a guardasse; algum dia, seria uma raridade.) No final a empresa manteve o nome AT&T – mas apenas a sigla. As palavras não significavam nada: não existia uma empresa de telefone/telégrafo, e o nome "American" era um anacronismo no ambiente global de negócios. A empresa investiu US$ 1 bilhão por ano na marca e transformou-a em uma palavra significativa nos lares americanos.

Mas a AT&T precisava de mais do que uma marca. Ela precisava de músculo competitivo. Ela precisava visualizar o futuro. Ela precisava de um gerenciamento vital. Essas coisas nunca haviam sido importantes antes, e agora eram escassas. Arch McGill foi trazido para ser o agente de mudança. Ele conseguiu ser irritante, como um grão de areia no interior de uma ostra, mas não sobreviveu. Ele foi sucedido por Charlie Brown, que supervisionou os estágios finais do desmembramento e então entregou a empresa a Jim Olsen. A tarefa de Olsen era encontrar o rumo da empresa no ambiente de rápidas mudanças das telecomunicações. Infelizmente, ele morreu repentinamente em 1988. Então, a empresa deveria ter promovido Randall Tobias, que estava sendo preparado para o cargo por Olsen, mas, na falta de um plano de sucessão formal, o cargo foi para Robert Allen. Seu mandato de nove anos foi marcado por tumulto nos escalões superiores e pelas saídas amplamente noticiadas de um número de executivos de alto nível, incluindo Alex Mandl, Jerre Stead, Joe Nacchio e John Walter.

Como era de esperar, seguiram-se confusões estratégicas, a mais dramática sendo a compra da NCR pela AT&T em 1991, uma tentativa de última hora de entrar na indústria da informática. A negociação foi considerada um desastre, e a NCR voltou a ser uma empresa independente em 1997. Em 1993, a AT&T entrou para o negócio de telefones celulares com a compra de 33% da McCaw Cellular Communications, a maior empresa no mercado *wireless,* com uma rede cobrindo 40% da população dos Estados Unidos e praticamente todas as principais cidades. O preço – US$ 11,4 bilhões – foi visto como o custo para corrigir o erro estratégico que a AT&T havia cometido nos primórdios do celular, quando optou em ser apenas um fornecedor de equipamentos. Então, em 1996, a empresa desdobrou o restante de sua empresa de fabricação de equipamentos com o nome de Lucent Technologies.

Em 1997, foi a vez de Michael Armstrong. Ele foi recrutado da Hughes Electronics para traçar um "novo caminho audacioso para a AT&T". Sua idéia era fazer com que a AT&T utilizasse a sua poderosa identidade de marca, *know-how* tecnológico e sua vasta escala para tornar-se a primeira empresa a oferecer um pacote de serviços aos consumidores, incluindo ligações locais, longa distância e celular, juntamente com acesso a Internet, televisão e até mesmo vídeo

A primeira tarefa de Armstrong era entrar para o mercado de cabo. Ele gastou US$ 100 bilhões na compra da Tele-Communications Inc. (TCI) e da MediaOne Group, o que em um único lance transformou a AT&T na maior operadora a cabo dos Estados Unidos. Ao mesmo tempo, ele procurou aprovação regulatória para conectar-se às redes de fios das Bells regionais.

Foi uma boa estratégia, mas, conforme ficaria claro, Armstrong havia pagado demais pelas empresas a cabo, que precisavam de investimentos adicionais de bilhões de dólares. Ao mesmo tempo, os Baby Bells lutaram para assegurar que ninguém mais se conectasse à rede da AT&T e desafiasse o seu monopólio nas redes locais. Como se isso não fosse suficientemente ruim, a expansão repentina das telecomunicações parou e os preços para longa distância e celular começaram a despencar, tirando da AT&T os lucros de que necessitava para pagar os juros sobre a imensa dívida que havia contraído ao adquirir as empresas a cabo. Obviamente, o valor das ações da AT&T caiu.

Em outubro de 2001, a AT&T e a British Telecom dissolveram o seu empreendimento conjunto, a Concert. Esta deveria ter criado uma poderosa empresa global de telecomunicações combinando seus clientes corporativos e ativos de redes em uma única entidade. Havia sido uma das grandes iniciativas de Armstrong, mas deu prejuízo desde o início. A AT&T gastou US$ 5,3 bilhões para liquidar a empresa. Ao mesmo tempo, o ISP de alta velocidade da AT&T, a Excite@Home, pediu falência – outro grande furo na tapeçaria de Armstrong. Ele havia pagado US$ 6 bilhões por 38% das ações da empresa e pelo controle de seu conselho. Agora, o valor de mercado da empresa estava em cerca de US$ 19 milhões.

Armstrong foi forçado a recuar rapidamente. Tendo renunciado ao grande plano, ele anunciou que a empresa seria desmembrada. A divisão celular foi separada para levantar fundos e pagar a dívida, e então uma maltratada AT&T foi obrigada a aceitar a oferta de US$ 46 bilhões da Comcast por sua divisão a cabo. Era a metade do que Armstrong havia pago, e, talvez sabiamente, quando a empresa a cabo foi vendida para a Comcast, Armstrong foi junto. "Foram duas décadas ruins [para Ma Bell]", escreveu o *Washington Post* após a saída de Armstrong, "indo de monopólio nas telecomunicações a um fracasso em uma indústria de grande ascensão. Seus erros estratégicos tornaram-se lendas nas escolas de administração". [58]

Armstrong ainda assim leva o mérito de enxergar aquilo que os outros falharam em ver – que o negócio de ligações de longa distância estava condenado ao fracasso. Ele não teve dinheiro suficiente para tornar o seu sonho realidade, e o fracasso certamente o deixou aborrecido. Na verdade, ele culpa a fraude da indústria pela queda da AT&T. Se competidores como a WorldCom não houvessem mentido a respeito de seus números, diz Armstrong, Wall Street poderia ter sido mais tolerante com a AT&T – e dado mais tempo para sua estratégia funcionar.

Ainda assim, a sua compulsão por aquisições deixou a AT&T com US$ 65 bilhões em dívidas quando suas receitas estavam em queda, e os analistas concordaram que essa sangria foi fatal. Para piorar, Armstrong havia originalmente estipulado que a empresa incorporada deveria ser chamada de AT&T Comcast, mas a "AT&T" foi deixada de lado na última hora. [59]

Em 2002, Armstrong foi sucedido por David Dorman, que ele havia nomeado presidente dois anos antes. Mas Dorman herdou pouco além de problemas. Após um ano de mandato, as receitas estavam em rápida queda à medida que a base do negócio das ligações de longa distância erodia. Ele lutou para reconstruir ao menos parte do sonho de Armstrong, contra-atacando o encolhido negócio de longa distância ao oferecer serviços de banda larga, serviços de Internet por discagem e planos de telefonia celular. Ele também cortou milhares de empregos. Mas nadava contra a maré. Juntamente com os US$ 11 bilhões em "taxas de acesso" que a AT&T deveria pagar aos Baby Bells para usar suas redes, os problemas tornaram-se insuperáveis. [60]

O fim veio rápido. Em 2004, os esforços para cortar empregos e dívidas não eram mais parte de uma reviravolta. A AT&T tentava parecer atraente para seus pretendentes. No ano seguinte, ironicamente, uma das controladas incorporou a controladora. A SBC anunciou a compra da AT&T por US$ 16 bilhões, só aguardando a aprovação dos reguladores federais. Dez anos antes, o valor de mercado da empresa era de US$ 78 bilhões.

Eis que as muralhas da fortaleza finalmente caíram. Ninguém duvidava de que a posição de monopólio da AT&T havia sustentado uma cultura de complacência – e em momento críticos, a incapacidade de sobreviver à confusão, ao campo de batalha da alta tecnologia supercompetitiva. "A AT&T tornou-se gorda e complacente nas décadas de 70 e 80, enquanto o mercado de telecomunicações passava fome e estava cada vez mais magro", escreveu o *Wall Street Journal*. [61] Em geral, conforme disse John Steele Gordon no artigo citado anteriormente da *American Heritage*, "todos os monopólios, sejam de propriedade 'do povo' ou dos acionistas, tendem a se tornar gordos, preguiçosos e não-inovadores".

"Na realidade, apenas seis anos após a Lei de Telecomunicações de 1996 [que tinha a intenção de remover os últimos vestígios do monopólio do telefone, ao permitir a entrada dos Baby Bells no mercado de longa distância], à AT&T não restava nenhuma estratégia para o futuro." Assim escreveu Philip Weiser, um professor de Direito e de telecomunicações e antigo advogado antitruste do Departamento de Justiça. Curiosamente, Weiser prossegue questionando se faz algum sentido a compra da AT&T pela SBC. "Mesmo que a fusão simbolize os avanços tecnológicos que mudaram a indústria, o novo Golias poderá também tornar-se a vítima na próxima onda de inovação." [62]

No entanto, uma coisa é certa: a SBC não utilizará regulamentos governamentais para construir as muralhas de sua fortaleza.

Companhias aéreas em queda livre

Nossas companhias aéreas "legadas" são outro grande exemplo de empresas que eram organizadas e protegidas pela regulamentação – e que, conseqüentemente, tornaram-se complacentes.

Hoje, os números são incríveis. Baseado no valor do mercado de ações, as melhores operadoras são a American e a Continental. Ambas inclusive tiveram lucro no segundo trimestre de 2005 (a tradicional alta temporada de verão), e suas ações são comercializadas um pouco acima de US$ 10. Abaixo dessa nata, o leite parece azedado. No final de 2005, a Delta e a Northwest, afetadas pelos altos preços dos combustíveis, obrigações com pensões e outros custos, haviam proteção contra falência. Virtualmente, não restava mais nenhum valor de acionista. A United, que finalmente emergiu após de três anos de insolvência no início de 2006, ainda enfrenta inúmeros problemas, incluindo US$ 100 milhões em honorários de advogados.

O que aconteceu? A história é a mesma: as regulamentações ergueram as muralhas da fortaleza, e quando essas muralhas desabaram, em 1978, as companhias aéreas, que antes nunca precisaram competir, estavam perdidas. A negociação foi fechada na década de 30. O governo dividiu o país entre as companhias, determinando quais as cidades que poderiam servir e quanto poderiam cobrar pelas passagens. Essas passagens estipuladas pelo governo eram suficientemente caras para garantir que as companhias ganhassem dinheiro. Era um grande negócio para as companhias, que tiveram sua rentabilidade virtualmente assegurada, e para seus trabalhadores sindicalizados, que facilmente ganhavam concessões trabalhistas, uma vez que as companhias podiam confiar no governo para aumentar o preço das passagens conforme necessário. Só não era um bom negócio para os consumidores, pois a falta de competição mantinha o preço das passagens caro.

Quando o economista da administração Carter, Alfred Kahn, chefe do Conselho da Aeronáutica Civil, promoveu a desregulamentação em 1978, as companhias aéreas ficaram livres para voar para onde quisessem e competir em tarifas. Ao mesmo tempo, é claro, novas companhias tinham permissão para entrar no mercado, e muitas aproveitaram a oportunidade.

Com a abertura da indústria, o problema fundamental das indústrias com "fortaleza" reaparece: os subsídios cruzados. As companhias aéreas haviam se apoiado demasiadamente nessa estratégia. Os viajantes da classe executiva subsidiavam os viajantes da classe econômica. As rotas lucrativas subsidiavam as não-lucrativas. Na verdade, vemos esse problema nos primórdios da indústria, quando a receita gerada pelo tráfego postal mantinha as aeronaves no ar, mesmo com uma quantidade mínima de passageiros a bordo, ou quando a bem-sucedida linha da Pan Am, a Panagra, subsidiou os seus primeiros vôos transoceânicos.

Os subsídios cruzados funcionam desde que as muralhas permaneçam erguidas, mas quando elas desabam, os bárbaros estão preparados para invadir. Obviamente, os novos competidores não estão interessados no negócio não-lucrativo; você pode ter certeza que eles escolherão a área mais rentável. Isso foi exatamente o que aconteceu na indústria das companhias aéreas de baixo custo. Livre do modelo *hub-and-spoke*, companhias como a Southwest viajam ponto a ponto, e, ao escolher quais aeroportos servir, elas focam as 100 principais cidades.

Conforme Duane E. Woerth, presidente da Air Line Pilots Association, "os Estados Unidos possuem 429 aeroportos com serviços aéreos programados – e a Southwest atende apenas 60 deles. Eles nunca atenderão Waxahachie, Texas. O seu modelo de negócio não funciona em Waxahachie". [63]

Conforme menciona Robert Sobel em *When Giants Stumble*, a regulamentação aérea fez sentido nos primórdios da indústria, quando ninguém visualizava o verdadeiro futuro da viagem aérea. Para a nova indústria crescer, ela precisava de ajuda do governo na forma de subsídios e generosos contratos com os correios. Conseqüentemente, as companhias aéreas engordaram e tornaram-se complacentes, alimentando-se no cocho de uma generosa Civil Aeronautics Administration (CAA) e do Civil Aeronautics Board (CAB). "Nos anos 50, as companhias aéreas não dependiam mais do correio aéreo para atingir o ponto de equilíbrio e fazer dinheiro", escreve Sobel. "Era o momento para reconhecer que havia chegado a hora da desregulamentação, e se isso houvesse acontecido 20 anos antes, os veteranos das companhias aéreas teriam aprendido novos truques em um ambiente de negócio de mais favorável, e a Pan Am, bem como a Eastern e a TWA, bem como outras empresas do período, ainda estariam conosco hoje." [64]

Previsivelmente, muitas pessoas culpam a desregulamentação pela má situação da indústria aérea. Mas Alfred Kahn, o "pai da desregulamentação", não tem remorsos. Em 2005, durante uma conferência na Faculdade de Direito na Universidade de Colorado, Kahn lembrou ao público que os "os consumidores pouparam até de US$ 20 bilhões por ano". O maior defensor da livre iniciativa acrescentou: "Onde a competição é possível, o governo deveria ficar de fora".

Apesar da preocupação das companhias aéreas legadas, Kahn se alegra que elas sejam desafiadas pela competição de preços mais baixos de companhias que voam para aeroportos menores próximos às cidades principais. "O ingresso das companhias aéreas de baixo custo me deixou satisfeito", disse ele. Ele não se opõe à tentativa do governo de ajudar as companhias a superar os efeitos do 11 de Setembro, mas já chega. "Acho que chegamos a um ponto em que não podemos mais deixar o governo decidir quem vai sobreviver." [65]

QUANDO O SEU SUCESSO PASSADO FOI BASEADO EM UM MONOPÓLIO DE DISTRIBUIÇÃO

O clássico exemplo de um monopólio de distribuição são os Correios dos Estados Unidos. Quando outras companhias são proibidas, por lei, de deixar qualquer coisa em sua caixa de correio, estamos falando de um monopólio de distribuição – sem restrições. Está claro, também, que a complacência gerada por esse monopólio deixou o serviço postal vulnerável a ataques competitivos pela UPS, em terra, e pela FedEx, nos céus. Na verdade, a atitude despreocupada do serviço postal tornou-se o mote da irônica campanha publicitária da FedEx: "Você confiaria este pacote aos Correios?". Recentemente, o seu centro de lucro, o correio de primeira classe, sofreu um importante ataque com a revolução do *e-mail*. Trata-se de uma história interessante, mas vamos analisar mais profundamente uma empresa que criou o seu próprio monopólio de distribuição.

Controlar a distribuição pode ser uma estratégia de negócio atraente. Mesmo se outras empresas criarem um produto para competir com o seu, elas ainda não conseguirão introduzi-lo no mercado. Você criou uma estrada de "acesso limitado", e você é quem controla o tráfego. Um dos melhores exemplos desse panorama é a De Beers, cuja hegemonia secular em mineração e marketing de diamantes é uma lenda no mundo dos negócios.

De Beers: o rei do diamante

É um monopólio de fato. Durante a maior parte do século XX, a De Beers vendeu de 85% a 90% dos diamantes garimpados no mundo inteiro e controlou os preços, ao controlar a oferta e a demanda mundial. Assim, a empresa montou a cadeia de suprimentos mais exclusiva no mundo. [66]

Cecil Rhodes começou a operação antes da virada do século, quando consolidou as minas de diamantes na África do Sul na empresa que viria a ser a De Beers, e formou um cartel com os 10 maiores comerciantes de diamantes baseados em Londres. Para cada comerciante foi garantida uma percentagem dos diamantes extraídos das minas da De Beers, e, em troca, a De Beers recebia as informações de que precisava para garantir que a oferta atendesse à demanda. Ao longo dos anos, este grupo de 10 membros expandiu-se para aproximadamente 125, mas o propósito do cartel permaneceu o mesmo: o controle virtual da operação de diamantes.

À medida que se aproximava o final do século XX, a operação apresentava o seguinte perfil: a filial de vendas da empresa, até recentemente conhecida como Central Selling Organization (CSO), adquiria todos os diamantes produzidos pelas 13 minas na África, de propriedade ou de co-propriedade da De Beers – totalizando cerca de 44% da produção global. Além disso, os diamantes adquiridos de minas russas e canadenses pelo CSO bombeavam outros 25% para a operação da De Beers, totalizando aproximadamente 70%.

Nas filiais londrinas da CSO, todos estes diamantes são combinados, categorizados e divididos em lotes chamados "caixas". A cada cinco semanas, a De Beers distribui as caixas entre seus 125 parceiros, agora conhecidos como "*sightholders*." O preço, a quantidade e a qualidade dos diamantes em cada caixa são estipulados pela De Beers – e não são negociáveis. Os *sightholders* levam os diamantes brutos de volta às suas fábricas na Antuérpia, em Tel Aviv, Nova York, Bombaim, Johannesburgo e Smolensk, na Rússia, onde são lapidados, polidos e finalmente vendidos aos atacados e clientes de varejo dos *sightholders* ao redor do mundo.

Na década de 90, no entanto, uma série de eventos começou a erodir o monopólio da De Beers. O primeiro deles foi o colapso da União Soviética, em 1991. A descoberta de enormes depósitos de diamantes na Sibéria, 30 anos antes, havia transformado a URSS no segundo maior produtor mundial, e a De Beers rapidamente negociou com o regime soviético para que todos os diamantes siberianos fossem vendidos à CSO. Mas o colapso colocou essa negociação em perigo, e desde então uma percentagem cada vez maior de diamantes russos é vendida fora da rede De Beers.

No nível micro, um exemplo dos problemas da De Beers na Rússia encontra-se na história de Lev Leviev, judeu nascido na Rússia que foi *sightholder* da De Beers. Leviev abriu a sua primeira fábrica de lapidação de diamantes em Israel em 1977, quando a indústria começava a crescer no país. Logo ele expandiu para 12 fábricas, e em 1987 a De Beers convidou-o para juntar-se ao cartel. Ele concordou, mas a essa altura já havia se tornado um dos maiores fabricantes de pedras polidas de Israel e havia se cansado da forma arrogante com a qual a De Beers lidava com os membros de seu cartel. Em 1989, quando a indústria estatal de mineração de diamante da Rússia pediu ajuda a Leviev para estabelecer suas próprias fábricas de lapidação, ele não hesitou – e abandonou a De Beers. A De Beers expulsou Leviev do cartel em 1995, mas isso não o deteve. Em 2003, ele já era o maior lapidador e polidor de diamantes do mundo e, competindo diretamente com a De Beers, um grande vendedor de pedras brutas.[67]

O segundo golpe na hegemonia da De Beers aconteceu em 1996, quando a mina de diamantes australiana da Argyle, encerrou seu contrato com a De Beers. Em vez de vender à CSO, a Argyle optou em vender diretamente aos *sightholders* da De Beers, bem como a outros comerciantes, portanto ameaçando a influência da De Beers sobre os preços. A Argyle é mais conhecida pela quantidade – a mina produz mais volume do que qualquer outra no mundo – do que pela qualidade, e o novo acordo compete diretamente com a De Beers no segmento mais barato, e em rápida ascensão, do mercado.

Por fim, na mesma década, o Canadá começou a emergir como um novo centro na produção de diamantes. Embora a De Beers esteja tentando obter o controle dos três grandes depósitos descobertos nos Territórios do Noroeste, ela não tem conseguido assegurar o tipo de posição dominante que seria sua de direito no passado.

E um desafio final para a De Beers veio da florescente indústria de diamantes da Índia. Conhecida por "lapidar o inlapidável", a Índia é há muito tempo uma potência na lapidação de diamantes, e hoje 80% dos diamantes no mundo são cortados e finalizados lá. Ao mesmo tempo, os indianos têm se movimentado rapidamente, não apenas subindo na cadeia de valor dos diamantes, lapidando pedras maiores e mais caras, mas também na comercialização de diamantes. Na Antuérpia, capital da comercialização de diamantes do mundo, os indianos estão pressionando os judeus hassídicos a fechar seus negócios. Ao trabalhar sete dias por semana (o que a maioria dos judeus ortodoxos recusa-se a fazer) e ao enviar seus diamantes para serem finalizados em seu país (onde a mão-de-obra é mais barata), os comerciantes indianos assumiram cerca de 65% dos negócios de diamante na Antuérpia, que rende US$ 26 bilhões ao ano.

Nada disso é ameaça direta à De Beers, é claro, desde que os comerciantes indianos adquiram as pedras brutas do cartel. Mas as últimas iniciativas no país natal certamente constituem uma ameaça. O governo indiano e a indústria doméstica estão trabalhando para adquirir pedras diretamente das minas africanas. O plano exige que as empresas indianas estabeleçam fábricas nas nações de mineração africana, ofereçam emprego à população nativa e enviem os diamantes brutos diretamente para a Índia para lapidação e polimento. O papel da De Beers Diamond Trading Corporation (o nome atual da antiga Central Selling Organization) seria eliminado. Conseqüentemente, a indústria indiana completará sua integração ao desenvolver os seus próprios pontos de vendas.

Mas deve-se dar crédito à De Beers. Se o seu monopólio inquestionável de distribuição gerou complacência, a erosão desse monopólio gerou ação. A De Beers criou um novo plano: se ela não pode vender todos os diamantes no mundo, ela ao menos terá maior retorno sobre aqueles que consegue vender. No mercado de diamantes, cada vez mais competitivo, a De Beers não será mais o "fornecedor único"; ele será, conforme a sua nova campanha de marketing, um "fornecedor preferido".

Em outras palavras, a De Beers está desenvolvendo marca – com duas novas iniciativas. A primeira é chamada "Forevermark", uma espécie de assinatura dentro do diamante que assegura a sua qualidade. O segundo é o próprio nome da De Beers, a ser comercializado como parte da extensão da empresa ao varejo. Uma loja independente da De Beers surgiu na Bond Street de Londres e no distrito de compras de Tóquio. Outras estão em processo de abertura.

Parece "uma brilhante reação à nova realidade nos negócios de diamante", de acordo com a revista *Fortune*. Considerando cada vez mais difícil controlar cada faceta da produção e distribuição do diamante, a De Beers introduziu um método através do qual os diamantes que consegue controlar tornam-se mais valiosos simplesmente porque possuem o selo de aprovação da empresa. Mas, menciona a revista, é difícil modificar um século de história. "Transformar a sua cultura corporativa de monopólio da era colonial pode ser, na verdade, o maior desafio da De Beers na implementação da campanha de fornecedor preferido." [68]

QUANDO VOCÊ FOI "ESCOLHIDO" PELO GOVERNO PARA O SUCESSO

Nos Estados Unidos, com exceções como as empresas de serviços públicos e as companhias aéreas, a economia de livre mercado gosta de operar com um mínimo de intervenção governamental. Em outras partes do mundo, no entanto, até décadas recentes, o governo manteve sua presença no que Lênin chamou de as "commanding heights" da economia. Freqüentemente, como acontece no Japão, na Coréia e em algumas nações do Oeste Europeu, essa situação não resultou em empresas de propriedade governamental. Em vez disso, criou-se uma aliança firme entre o governo e a empresa, onde o governo favorece certas empresas ou grupos de empresas para o sucesso. Obviamente, ser "abençoado" pelo governo é um caminho fácil em direção à complacência – e freqüentemente resulta em um chocante retorno à realidade. Vejamos alguns exemplos.

Japan, Inc.

A rápida industrialização do Japão antes da Segunda Guerra Mundial foi marcada pela ascensão dos *zaibatsu* ao poder, aqueles enormes conglomerados industriais organizados em volta de uma única família e escolhidos pelo governo para liderar o crescimento econômico. Os *zaibatsu* mais dominantes – Mitsui, Mitsubishi, Sumitomo e Yasuda – provavelmente tinham interesses em todas as áreas importantes da indústria, e todos possuíam seus próprios bancos como meios de mobilizar capital.

No final da Segunda Guerra Mundial, as autoridades de ocupação dos Aliados ordenaram a dissolução dos *zaibatsu*, mas o sistema não desapareceu por completo. Os *zaibatsu* foram substituídos pelos chamados *keiretsu*, grupos menos fechados de empresas industriais e bancárias, com muito do antigo gerenciamento. Mais importante ainda: havia uma estreita colaboração entre empresas e governo na supervisão da reconstrução do país no pós-guerra. No centro da colaboração estava o Ministério de Indústria e Comércio (MITI), administrado por um núcleo de burocratas do governo que conduziam a economia nacional. O MITI regulava virtualmente todos os aspectos dos negócios japoneses no pós-guerra. Ela estabelecia preços e cotas, emitia licenças e determinava padrões de qualidade, lidava com a competição doméstica e controlava incursões de estrangeiros, organizava fusões e apoiava firmemente o crescimento através das exportações.

O sistema funcionou espetacularmente ao longo das décadas de 60, 70 e no início da década de 80, com poucos dissidentes. Um deles foi Masahisa Naitoh, um dos diretores do MITI que percebeu a fraqueza inerente a uma economia excessivamente regulamentada e começou a falar em favor da desregulamentação. Ele foi demitido por isso em 1993, mas já era tarde para impedir uma iminente crise econômica.

Uma imensa bolha especulativa havia começado a estourar no mercado imobiliário em 1990, e à medida que os preços afundavam nos dois anos seguintes, eles levaram consigo os bancos japoneses, sobrecarregados com empréstimos imobiliários. A crise atraiu a atenção para a fraqueza de uma indústria bancária complacente – na qual o favoritismo do governo havia substituído a rigorosa responsabilidade. Durante anos, o "guia administrativo" do MITI havia assegurado que os bancos disponibilizassem dinheiro barato ao crescente setor industrial, com pouca consideração às perspectivas de renegociação das empresas. Quando o mercado imobiliário despencou, os bancos começaram a revelar, repentinamente, enormes portfólios de empréstimos ruins, e apesar disso, os bancos eram considerados grandes demais e importantes demais para quebrarem. Essa crise bancária – e a relutância do Japão em impor uma solução radical – atrasou a economia do Japão pelo resto da década. [69]

De fato, recentemente, em outubro de 2002, com o setor bancário ainda sob o peso de US$ 423 bilhões em empréstimos ruins, o primeiro-ministro Junichiro Koizumi promoveu o ministro Heizo Takenaka à posição de "czar da economia", com a missão expressa de acabar com a crise de longa data. Takenaka autorizou uso do dinheiro do contribuinte para devolver liquidez a alguns bancos do país, bem como forçar alguns bancos mais fracos a fechar. Três anos antes, o governo havia investido US$ 75 bilhões para sustentar um sistema doente – sem exigir reformas substanciais. Aquilo não funcionou, reafirmando a mensagem de 15 anos antes:

a gordura governamental é uma dieta pobre para uma indústria já enfraquecida pela falta de competição vigorosa. [70]

Para uma comparação interessante, considere a Honda. Na década de 60, na tentativa de posicionar a indústria automobilística japonesa na competição internacional, o MITI queria manter controle sobre o número de competidores para assegurar economias de escala. Parte de sua estratégia foi convencer a Honda a ficar de fora do mercado automobilístico e permanecer com motocicletas. A Honda rebelou-se e aventurou-se sozinha, entrando para o campo competitivo sem o auxílio do MITI. Atualmente, a Honda é a terceira maior fabricante de automóveis (depois da Toyota e da Nissan) e a líder mundial na produção de motores a combustão interna. Claramente, ela foi bem-sucedida em sua missão independente. E, aparentemente, a empresa gosta das coisas assim. Quando a febre da fusão atingiu a indústria alguns anos atrás, a Honda declarou publicamente que permaneceria sozinha.

Fiat: a versão européia

Na Europa, da mesma forma, respeitadas empresas familiares foram beneficiadas pelo governo durante a reconstrução pós-guerra. Como no Japão, esses "campeões" eram estimulados a diversificar-se em um número de indústrias-chaves e, conseqüentemente, tornar-se globais. O modelo funcionou na Europa, assim como na Ásia, e, da mesma forma, passado o "milagre econômico", a fraqueza do sistema, do ponto de vista do mercado, estava exposta. Um exemplo perfeito disso é a Fiat.

Fundada por Giovanni Agnelli em 1899, a Fiat já era a empresa automobilística líder na Itália antes da Segunda Guerra Mundial. Após a guerra, com a bênção do governo, a empresa investiu no mercado de jatos, trens, tratores, seguros, construção e jornais, entre outros empreendimentos. Hoje, o conglomerado de US$ 50 bilhões é o maior empregador privado da Itália. Mas está enfrentando sérios problemas.

A Fiat mostra como a parceria empresa-governo, mesmo que comece por necessidade, transforma-se em uma simbiose doentia. É fácil demais (como muitos hábitos autodestrutivos) para o governo proteger a corporação e para a corporação pagar por essa proteção. A competição aberta é minada pelo favoritismo e pela corrupção, a cultura na qual a complacência sente-se em casa.

Na Itália, velhos problemas vieram à tona espetacularmente em 1992, quando magistrados de Milão começaram a investigar pagamentos de propinas em uma casa para idosos. Dentro de um ano, a "Operação Mãos Limpas" havia alcançado a maioria dos partidos políticos da nação, e julgamentos de corrupção estavam em andamento em 21 cidades. Vários ministros renunciaram, e alguns dos maiores executivos das maiores corporações da nação foram presos, incluindo dois da Fiat.

Para a Fiat, períodos impactantes estavam por vir. A sua parcela do mercado de automóveis domésticos estava em acentuado declínio – de mais de 60%, no início da década de 80, para 45%, no início dos anos 90. Um declínio de 27% em vendas de 1991 a 1992 exigiu uma fundo emergencial de US$ 2,5 bilhões, dado pelos bancos para recapitalizar a empresa. A Fiat enfrentava uma nova realidade: não existia mais o conceito de carros "estrangeiros". A empresa não podia mais depender do subserviente mercado doméstico para comprar os seus carros apenas porque eram "feitos em casa".

Em 1997, a "Operação Mãos Limpas" havia finalmente limpado a Fiat. Cesare Romiti, que havia sucedido Giovanni Agnelli como presidente um ano antes, foi condenado por fraude nas contas da empresa, fraude fiscal e pagamentos ilegais aos partidos políticos. O CFO da empresa também foi condenado. O ponto crítico da alegação contra ambos foi que, entre 1980 e 1992, eles haviam aprovado caixas dois para contribuições políticas ilegais e haviam falsificado contas para encobrir os pagamentos. (A corrupção estava profundamente arraigada na nação italiana. Entre os condenados estava o antigo presidente da Olivetti Carlo de Beneditti e o magnata da moda Giorgio Armani. O futuro primeiro-ministro – e magnata de negócios – Silvio Berlusconi também foi investigado.)

O mercado protegido da Fiat era a sua muleta. Ela nunca aprendeu a caminhar sozinha. Em 2002, uma nova crise rondava. A Fiat Auto havia perdido US$ 1,3 bilhão em 2001, e uma nova reestruturação estava em andamento – o fechamento de 18 fábricas e o corte de 6 mil empregos fora da Itália. A participação de mercado na Itália havia caído outros 12 pontos percentuais na década anterior, ficando em 32%. Jack Welch, trazido para oferecer consultoria nas questões de recursos humanos, disse à empresa que ela tinha muitas camadas de gerenciamento e uma "cultura de consenso" que protegia o desempenho insatisfatório de seus funcionários. [71] Ele estava certo. Era também uma cultura antiga e profundamente arraigada, formada ao longo das décadas durante a qual Agnelli foi capaz de persuadir os políticos a proteger o mercado doméstico da Fiat da real competição.

Com a renúncia do CEO da Fiat Auto, Paolo Cantarella, e com as perdas acumuladas, a *Business Week* refletiu sobre a situação do primeiro-ministro Berlusconi. Um defensor do mercado livre, Berlusconi não estava em posição de oferecer "uma grande resgate governamental, ao velho estilo", mas também não poderia assistir a crise do ícone industrial mais venerado da nação. Percebendo que o problema fundamental do fabricante de automóveis era a sobrecapacidade, a recomendação sensata da revista era que o primeiro-ministro encorajasse um *downsizing* radical, alinhando a capacidade à produtividade baseada no mercado. "A Fiat é uma lição sobre os perigos de um protecionismo italiano à moda antiga. Ao ajudar a Fiat a reduzir a sua capacidade de vender automóveis a um tamanho adequado, Berlusconi escreveria um novo capítulo da problemática história da fabricante de automóveis, em vez de seu epílogo." [72]

No outono de 2002, a crise havia se aprofundado. A Fiat anunciou que demitiria 8 mil funcionários; as vendas estavam caindo e as perdas para o ano estavam projetadas em aproximadamente US$ 2 bilhões. Berlusconi isolou-se em sua propriedade privada com a alta administração da Fiat, ainda considerando a possibilidade de um resgate total. Então, em janeiro de 2003, Giovanni Agnelli morreu. A morte do antigo patriarca da empresa e neto do fundador tirou as tentações das dificuldades da Fiat Auto momentaneamente, mas não as resolveu. Conforme mencionado no longo obituário do *Independent* de Londres, os problemas da Fiat eram, em grande parte, resultado da incapacidade da empresa "de produzir uma nova geração de automóveis que pudesse atender às demandas do competitivo mercado europeu... Outrora incrivelmente fiéis a seus inconfiáveis Fiats..., recentemente os italianos começaram a exigir qualidade". [73]

Em 2004, com a morte repentina de Umberto, irmão de Giovanni e presidente da Fiat, a empresa tomou algumas decisões atípicas. Trouxe o especialista em reviravoltas Sergio Marchionne como o novo CEO do grupo, e ele, por sua vez, rapidamente demitiu os gerentes que haviam resistido à mudança e contratou alguns dos principais talentos da indústria internacional. A Marchionne foram entregues responsabilidades adicionais no ano seguinte, quando se tornou também o CEO da Fiat Auto. Pela primeira vez em um século, o indivíduo responsável pelo *holding* da empresa era o mesmo responsável pela unidade de automóveis. Poderá ele salvar a Fiat Auto? É possível. No final de 2005, a empresa anunciou que a sua unidade de automóveis tinha obtido lucro pela primeira vez em 17 trimestres. De qualquer maneira, nada como a ameaça de um fim iminente para tirar uma empresa da complacência.

QUANDO O NEGÓCIO É DE PROPRIEDADE OU DE CONTROLE DO GOVERNO

A queda para a complacência é acelerada quando, em vez de apenas dar sua bênção a uma empresa, o governo, na realidade, controla ou é proprietário da mesma. Poderíamos falar sobre os Correios dos Estados Unidos ou sobre as empresas públicas da Inglaterra, como estradas de ferro, companhias aéreas, aeroportos e portos marítimos – indústrias com infra-estruturas tipicamente financiadas com o dinheiro dos contribuintes. Mas vamos analisar a Índia, onde uma paixão pelo modelo comunista no pós-guerra permitiu que a propriedade estatal fosse muito mais penetrante e prejudicial.

Enquanto a maior parte do mundo abandonava a economia "mista" em favor dos mercados livres, a Índia ia na direção oposta. Entre as décadas de 60 e 90, o setor público cresceu de 8% para 26% do Produto Interno Bruto (PIB). O governo central tinha aproximadamente 240 empresas, fora as tradicionais indústrias estatais, tais como as de serviços públicos, as estradas de ferro e as companhias aéreas. Assim como as empresas favorecidas examinadas na seção anterior, essas empresas de propriedade do Estado deleitavam-se com os mercados protegidos, esquecidas do competitivo mundo externo. Conseqüentemente, elas estabeleceram um novo padrão de ineficiência, passividade e, é claro, complacência.

Daniel Yergin cita o exemplo "verdadeiramente brilhante" da Hindustan Fertilizer Company, que tinha 12 anos quando a economia da Índia atingiu o ápice da crise, em 1991. Os 1.200 funcionários da empresa bateram o ponto fielmente todos os dias durante aqueles anos, mas a fábrica não produziu um único saco de fertilizante. A fábrica fora construída, com considerável custo público, com máquinas vindas da Alemanha, Tchecoslováquia, Polônia e de vários outros países – aquisições feitas porque podiam ser financiadas com créditos de exportação. "Resultado:", escreve Yergin, "as máquinas não se encaixaram e a fábrica não pôde operar. Todos apenas fingiam conta que ela estava funcionando". [74]

Desde a ascensão de P.V. Narasimha Rao a primeiro-ministro da Índia, em 1991, o país está em reformas. Mas isso nunca é fácil, principalmente quando você procura empurrar empresas não-competitivas e de propriedade governamental para a arena impiedosa do mercado livre. A história da Air India ilustra as transformações ambiciosas, porém problemáticas, da Índia.

Air India

Conhecida como "a companhia aérea do marajá", foi fundada em 1932 por J.R.D. Tata, da ilustre família comercial indiana. Desde o início, Tata concebeu a sua companhia como uma das melhores do mundo, e não poupou dinheiro para concretizar a sua visão. Ele insistia nas melhores aeronaves, e em 1962 a Air India conquistou a distinção de ser a primeira companhia do mundo só com aviões a jato, com uma frota de seis 707s. A intenção de Tata era combinar a eficiência ocidental com a hospitalidade oriental, e o resultado foi um excelente serviço com uma vasta gama de atributos únicos. As aeronaves tinham uma decoração elegante, cozinha refinada (incluindo refeições vegetarianas) e aeromoças vestindo saris. O mascote cativante, com o bigode desproporcional e o turbante com listras, fez sua primeira aparição em 1946, e logo veio a simbolizar tudo o que havia de gracioso e sofisticado na companhia aérea.

A Air India passou a propriedade do Estado em 1953, mas Tata permaneceu como presidente por mais 25 anos. O seu status e prestígio foram tais que, durante a maior parte desse tempo, foi capaz de isolar a companhia de interferência governamental excessiva. Mas tudo o que é bom dura pouco. No devido tempo, a companhia, à qual havia sido concedida o monopólio das viagens internacionais, sucumbiu à ineficiência e ao inchaço. Na virada do século, quando foi à venda em mais um passo no programa de privatização, ela apresentava prejuízo há cinco anos.

Quão ruim era a sua situação? Em 2000, a empresa empregava 17.700 pessoas, ou 770 por aeronave, comparado com a média global de 250 funcionários por aeronave. Além disso, a idade média das 23 aeronaves na sua frota era de 14 anos, comparada a menos de cinco anos na altamente competitiva Singapore Airlines e apenas três nas 30 aeronaves da Jet Airways, de propriedade particular indiana. Um correspondente estrangeiro do *Wall Street Journal* deu à Air India o título de "pior companhia aérea da Ásia", com "serviços notoriamente ruins", aeronaves que "às vezes parecem estar coladas com fita isolante", e "funcionários que parecem considerar suas posições como sinecuras". Com a sua pequena frota de aeronaves antigas, a outrora respeitada companhia aérea voava para apenas 19 dos 90 destinos para os quais estava licenciada. [75]

Como parte do programa de desinvestimento, o governo lançou um plano para vender 40% da companhia, manter 40% e dividir os 20% restantes entre os funcionários e as instituições financeiras. Parece que uma parceria entre a Tata Group (de propriedade da mesma família que fundou a companhia aérea) e a Singapore Airlines estava prestes a fazer uma oferta, mas então a SIA desistiu, explicando que havia muita oposição social e política à negociação na Índia. Tata procurou outra parceria aérea, mas eis que o 11 de Setembro abalou a indústria e nenhuma das grandes companhias aéreas animou-se a investir. Conseqüentemente, Tata desistiu da idéia.

Desde então, a economia em expansão da Índia, junto com a recuperação das viagens aéreas no mundo, deu esperança à Air Índia, ainda de propriedade do governo. Em abril de 2005, ela anunciou a compra de 50 novos jatos da Boeing a um preço de US$ 6,9 bilhões – a sua primeira expansão de frota em 15 anos. A companhia ainda disse que aumentaria o número de vôos para os Estados Unidos, acrescentando San Francisco e Houston a seus itinerários.

Em um movimento mais promissor, a Air Índia está planejando uma fusão com uma companhia doméstica estatal, a Indian Airlines. Neste caso, o inteiro será maior que a soma das duas metades, pois a companhia aérea combinada poderá conectar com vôos internacionais partindo qualquer aeroporto dentro do país, algo que as companhias aéreas individuais não conseguiam fazer.

Conseguirão esses movimentos fazer com que a companhia aleijada voe novamente? É possível, mas existem grandes obstáculos a serem superados. A fusão India-Indian Airlines deverá unir duas organizações entrincheiradas no governo. Ela deve também desenvolver um processo de serviço de atendimento ao consumidor envolvendo toda a empresa. E não dá para esquecer: em 1990, a Air India tinha 40% do tráfego de entrada e saída do país. Em 2005, essa participação havia caído para 18%. Uma porção relativamente grande foi para as companhias aéreas européias e algumas asiáticas. E no lado doméstico, a Jet Airways, criada em 1992, é hoje a companhia n° 1. Ela começou tomando alguns negócios da Indian Airlines, a companhia doméstica estatal, e hoje expandiu para rotas internacionais. Assim como aqueles que surgiram do nada na América e na Europa, a Jet Airways está fora do alcance das regulamentações governamentais, é livre para escolher as rotas mais lucrativas e conquistar os clientes com excelentes serviços e pequenos confortos. Exatamente como a Air India fez 50 anos atrás.

OS SINAIS DA COMPLACÊNCIA

É como a qualidade: você reconhece a complacência quando a vê. Eis aqui alguns sintomas.

Você não tem pressa para tomar decisões

Seus ciclos de tempos são longos e vagarosos. Os Baby Bells são um grande exemplo. Levaram anos para entrar no negócio de banda larga e Internet. Toda a sua cultura está ajustada para andar lentamente. Acelerar é algo que vai contra os princípios. Toda ação ou idéia é sujeita a duas ou três vistorias. A GM sofreu dessa síndrome ao extremo. Ela levava 60 meses para passar do conceito ao mercado. A Honda abalou a indústria com seu ciclo de tempo de 36 meses, e a Toyota seguiu o caminho da Honda.

Seus processos são excessivamente burocráticos

A sua tomada de decisão é frustrada por uma tirania de comitês, como vemos nas organizações não-governamentais (ONGs) e grandes organizações voluntárias. Todos os membros do comitê têm poder de veto, e as diferenças culturais entre eles são irreconciliáveis. Por exemplo, o seu comitê tem representantes das áreas de finanças, marketing, vendas, engenharia, compras e assim por diante, e todos trazem a sua cultura para a mesa. Voltarei ao ponto das diferenças culturais no Capítulo 8, "O Impulso Territorial: Conflitos Culturais e Guerras Territoriais". Por ora, vou apenas sugerir que as diferenças culturais entre um alemão, um francês e um britânico são menos flagrantes do que aquelas entre um engenheiro, um vendedor e um contador.

Isto é um problema burocrático, e é dever do líder quebrar as muralhas da burocracia. Ao fazer isso, ele deve aproveitar para livrar-se dos outros obstáculos

– não apenas da cultura, mas dos processos, das estruturas, dos sistemas, dos regulamentos – que são as marcas características da organização "sem pressa" e complacente.

Você tem uma cultura descentralizada, estruturada de baixo para cima, baseada em consenso

Você precisa envolver todos, como no famoso estilo de "gerenciamento por consenso" japonês. Este estilo estava em voga anos atrás, mas no ambiente atual de rápidas mudanças isso é contraproducente. Isso tornaria as mudanças muito difíceis em nossa arena global. Ainda vemos isso em organizações sem fins lucrativos e universidades onde, por exemplo, cada "procura" leva um ano inteiro. Por que não três meses? Assim que o novo presidente ou o vice-presidente assume o comando, ele gasta outro ano "criando consenso". Isso está bem – desde que o mundo permaneça previsível.

Para mim, existem três coisas que você nunca deveria fazer de baixo para cima:

- **Visão.** As pessoas sempre terão visões diferentes. Você nunca terá consenso; você irá debater para sempre. Se você é o líder, o seu papel é decidir para onde vai a empresa. Se as pessoas não estiverem envolvidas, dispense-as, como está fazendo o novo líder da Fiat, Marchionne.
- **Design da infra-estrutura de tecnologia de informação (TI).** Nem tente. Existem muitas soluções diferentes, muitos sistemas diferentes de *hardware* e *software*. Em fusões e aquisições, o maior pesadelo é a possível incompatibilidade entre o seu sistema de TI e o meu.
- **Marcas.** Procure construir marcas por consenso, e logo você estará por todos os cantos. Como líder, você é quem decide qual a sua marca.

O custo da sua estrutura é alto

Você tem uma maneira muito cara de fazer as coisas. Excesso de bagagem – gastar em luxos, sem responsabilidade – arrasta a competência principal da empresa para baixo. Você vive em um ambiente protegido, então você esbanja. A Pan Am era um exemplo clássico. As suas salas VIPs pareciam desenhadas para reis e imperadores. O seu impulso ideal é "o melhor de sua classe". As suas despesas gerais são exorbitantes, mas, no interior da fortaleza, subsídios cruzados ajudam a encobrir o problema. À época do desmembramento do sistema Bell, o seu orçamento total em treinamento e educação era cinco vezes maior do que o do MIT: US$ 1 bilhão *versus* US$ 200 milhões, em valores de 1980. Tal obsessão pelo excesso de volume é uma marca da cultura complacente. (Nota: não são apenas as empresas complacentes que têm problemas em controlar os seus custos. Na verdade, o hábito autodestrutivo da "obsessão por volume" é o tema do Capítulo 7.)

A estrutura de sua empresa é uma integração vertical completa

Você faz tudo internamente. Um amigo executivo na divisão de produtos de consumo da AT&T levou-me para conhecer a fábrica da Western Electric em Indianápolis. Era uma instalação absolutamente enorme, linda e *top* de linha. Ele me mostrou o forno e explicou que era utilizado para fabricar o carvão especial da empresa, da jazida vinda da própria mina da empresa. Além disso, a empresa tinha a sua própria linha de caminhões dedicada à busca do carvão nas minas para levá-los à fábrica. Tudo isso para fornecer carvão para os aparelhos telefônicos da empresa. Eis o que chamamos de fazer tudo em casa. Certamente posso adquirir o carvão no mercado por um preço quatro a cinco vezes mais barato, mas a integração vertical é uma oportunidade para os subsídios cruzados, permitindo o uso de mecanismo de preços internos.

A evidência sugere que quanto mais verticalmente integrado você for, mais provavelmente se tornará uma empresa legada – e complacente. Pense na GM. Ou pense na Lucent e na sua produção de telefones, e em como a Cisco arrasou a competição com a chamada "integração virtual" – um sistema que não controla toda função, mas meramente coordena toda função. (Veja a seção do Capítulo 7 intitulada "Mude da Integração Vertical para a 'Integração Virtual'".)

Você conta com enormes subsídios cruzados por funções, por produtos, por mercados e por clientes

Custos e preços médios predominam em sua empresa. Você tenta parecer bem ao agregar os custos, mas os números são traiçoeiros. Você acaba escolhendo os segmentos mais lucrativos do seu próprio negócio. Ao mesmo tempo, você fica vulnerável a ataques competitivos. Recorde-se de como os Baby Bells instalaram telefones ao lado dos banheiros nos restaurantes de toda a nação. Isso nunca gerou dinheiro. Os Bells ganhavam muito mais com telefones em aeroportos, prisões e shopping centers. Foi então que aconteceu o ataque. A competição não estava interessada no telefone público do posto de gasolina; as companhias de telefone alternativas procuravam áreas de alta lucratividade. Então, é claro, os telefones celulares praticamente acabaram com a indústria do telefone público. A mensagem que as empresas complacentes não conseguem compreender é que o mundo de amanhã não é o mesmo de ontem.

COMO LIVRAR-SE DO HÁBITO DA COMPLACÊNCIA

Como mencionado, é mais provável que a complacência floresça em empresas antigas e tradicionais. Também é geralmente uma condição crônica, de difícil solução. Eis algumas sugestões.

Reengenharia

Esta é a sugestão de Mike Hammer em *Reenginering Corporation*. Você percebeu que, depois de anos de complacência, os seus processos são malprojetados, ineficiências foram construídas junto ao sistema, os seus ciclos de tempos são muito lentos e a qualidade de seu produto já não é a mesma. É hora da reengenharia. [76]

Mesmo com todos os seus problemas, a Motorola tem o mérito de desenvolver o programa Seis Sigma*, um processo de reengenharia para alcançar alta qualidade, eliminar desperdícios e controlar a ineficiência. Quando a empresa percebeu o alto custo dos produtos defeituosos, o CEO Bob Galvin e o engenheiro Bill Smith instituíram o agora famoso programa projetado para reduzir os defeitos a 3,4 por milhão de partes fabricadas. O programa, com a sua metodologia DMAIC (Defina, Meça, Analise, Melhore, Controle)*, tem sido adotado por outras empresas, entre elas a GE. Esta ênfase em controle de qualidade, na verdade, vem dos japoneses, mestres da eficiência, da fabricação *just-in-time* e da tolerância zero a defeitos.

Reorganize-se

Tipicamente, o caminho é a centralização em nome do controle mais rígido, eficiência e economia. Considere a Hewlett-Packard, cuja organização descentralizada contava com subsidiárias ao redor do mundo, cada um com a sua própria estrutura gerencial para vender todos os produtos HP em determinado mercado. Até recentemente, este modelo fazia sentido por questões políticas. Mas, conforme percebeu Carly Fiorina, não faz sentido na economia global. Então ela reorganizou em responsabilidades de gerenciamento de produto global. Se você é responsável pelas impressoras, você tem o mercado global, não apenas o país. Esse tipo de reorganização também lança luz sobre os subsídios cruzados, e faz-se com que seja mais difícil escondê-los.

* N. de. T.: No original, *Define, Measure, Analyze, Improve, Control.*

Livre-se dos negócios secundários

A General Electric foi pioneira nisso. Conforme mencionado no Capítulo 7, quando Reginald Jones começou o desmembramento, a GE possuía centenas de negócios. Dando continuidade ao processo, Jack Welch reduziu para 14. Sua frase tornou-se famosa: "Se você não é o n° 1 ou n° 2, você deve consertar, vender ou fechar" o negócio. Ele inclusive livrou-se de seu negócio de bens de consumo eletrônicos, que estava em primeiro lugar, pois ele sabia que não *permaneceria* em primeiro lugar.

A diversificação esteve em voga algumas décadas atrás. As empresas de energia se entusiasmaram e diversificaram-se para uma gama de interesses não relacionados a energia, e mais tarde foram forçados a renunciar a eles. Vimos em capítulos anteriores como a Xerox afastou-se do núcleo de seu negócio, e mais tarde retrocedeu. Até recentemente a Beatrice Foods era a proprietária de um grande conjunto de empresas. Não fazia sentido. Na Europa, da mesma forma, o antigo modelo do conglomerado diversificado baseado na família não é mais sustentável, conforme estão descobrindo o Grupo Philips, o Grupo Shell e a ThyssenKrupp.

Uma idéia melhor para o ambiente atual é retornar ao seu negócio principal e avançar globalmente. Isso forçará você a tornar-se realmente criativo, em vez de complacente, e também o proibirá de utilizar um negócio lucrativo para ocultar a fraqueza de outro.

Terceirize as funções secundárias

O motivo pelo qual a terceirização é tão controvertida hoje é porque muitas empresas a estão utilizando. A razão por que muitas empresas estão utilizando a terceirização é porque ela faz muito sentido. Se não é uma atividade principal, terceirize-a, seja para a Índia, para a Irlanda ou para outra empresa próxima à sua sede. Armazenagem, distribuição e inclusive produção – produção por contrato – é agora o padrão da indústria.

É uma solução maravilhosa para o inchaço, a indolência e a ineficiência que caracterizam as empresas complacentes. O fato de eu fabricar computadores não significa que preciso contratar milhares de pessoas para prestar auxílio ao consumidor. O fato de eu pilotar aviões não significa que preciso fazer reservas. O *Business Process Outsourcing* (BPO) veio para ficar, e as empresas competitivas estão tirando vantagem disto. Conforme veremos no Capítulo 7, a terceirização é também uma ótima maneira de reduzir custos.

Reenergize a empresa

Um líder novo e forte com uma visão positiva e orientada para a oportunidade pode ser o que você precisa para transformar a cultura de sua empresa. Isso pode funcionar. Gordon Bethune sacudiu a Continental Airlines (e escreveu um livro sobre o assunto, chamado *From Worst to First*). A IBM era um monstro enorme e inchado antes da chegada de Lou Gerstner. Na 3M, um longo histórico de sucesso parecia induzir à complacência, até que Jim McInerney foi trazido da GE. Na Home Depot, a cultura criada pelos fundadores Bernie Marcus e Arthur Blank era muito lenta para reagir ao desafio competitivo da Lowe. Bob Nardelli mostrou ser a solução deste problema.

* * *

Por outro lado, por que esperar que seus hábitos autodestrutivos ameacem a sua existência? Por que esperar que você tenha câncer pulmonar para parar de fumar, ou que você sofra um ataque cardíaco para mudar a sua dieta? A melhor proteção contra a complacência é olhar para o futuro em vez de para o passado, se apegar à verdade de que o futuro não é previsível, e focar seus pensamentos naquilo que consegue fazer e não naquilo que foi feito.

Complacência

Motivos que levam à complacência:

- O seu sucesso passado foi construído com um monopólio regulado.
- O seu sucesso passado foi baseado em um monopólio de distribuição.
- Você foi "escolhido" pelo governo para o sucesso.
- O negócio é de propriedade ou de controle do governo.

Os sinais de alerta da complacência:

- **Você não tem pressa de tomar decisões:** Toda a sua cultura está ajustada para andar lentamente, e acelerar é algo que vai contra os princípios.
- **Os seus processos são excessivamente burocráticos:** A sua tomada de decisão é frustrada por uma tirania de comitês.
- **Você tem uma cultura descentralizada, com decisões estruturadas de baixo para cima, baseada em consenso:** Você precisa envolver todos antes de tomar uma decisão.
- **A estrutura de sua empresa é uma integração vertical completa:** Você faz tudo internamente.
- **Você conta com enormes subsídios cruzados por funções, por produtos, por mercados e por clientes:** Custos médios e preços médios.

Como livrar-se do hábito da complacência:

- **Reengenharia:** Use a reengenharia para alcançar alta qualidade, eliminar os desperdícios e controlar a ineficiência.

- **Reorganize:** Descentralize lucros e perdas ao criar negócios e unidades em volta de produtos e geografias.
- **Terceirize as funções não-fundamentais:** Se não é uma atividade principal, terceirize-a.
- **Reenergize a empresa:** Um líder novo e forte com uma visão positiva e orientada para a oportunidade pode ser o que você precisa para transformar a cultura de sua empresa.

CAPÍTULO

5

DEPENDÊNCIA DA COMPETÊNCIA: A MALDIÇÃO DA INCUMBÊNCIA

A maioria da empresas depende de uma competência central para o sucesso, mas a "dependência da competência" torna-se um hábito autodestrutivo quando limita a sua visão e a cega para outras oportunidades. A empresa dependente da competência é como o sapo de Mao Tsé-tung no fundo do poço. Ele acredita que o céu é do tamanho da boca do poço. Se ele saísse para a superfície, teria uma visão completamente diferente.

O que fazer quando a competência central tornou-se obsoleta ou não-competitiva? O que fazer quando alguém (como uma empresa no estrangeiro) faz um trabalho melhor, e todos os clientes estão abandonando você? Se você não sabe o que fazer e sente-se encurralado, então você está dependente da competência.

Quando você está no comando, é preciso cuidado em particular com esse hábito autodestrutivo. É difícil mudar quando você é o nº 1. A sua competência está profundamente arraigada na sua cultura; é o que você é, no que você acredita, o significado de seu logotipo. A GM é o Chevy. A Coca-Cola é a coca. Isso é difícil de mudar, mesmo quando o mercado daquele produto símbolo está em declínio. A Digital Equipment *era* o minicomputador – até que a missão da empresa tornou-se a sua maldição e ela entrou em colapso.

Quando você é dependente de sua competência, a sua força torna-se a sua fraqueza – assim como a lâmpada de Aladim ou o cabelo de Sansão. De repente, parece que você está sem opções. Vamos analisar alguns exemplos.

Máquinas de costura Singer

Se você é um *Baby Boomer*, sua mãe provavelmente tinha uma máquina de costura, e existe uma chance igual de que você ou seu cônjuge não possuam. Se você pertence a uma geração mais jovem que a dos *Baby Boomers*, talvez nunca tenha visto uma máquina de costura.

Foi uma idéia genial há 150 anos, quando I. M. Singer começou vendendo suas máquinas em Boston. Uma idéia tão boa que, em 1913, ele havia vendido 3 milhões de máquinas. Singer inclusive criou o crediário para que os pobres das zonas rurais, que mais precisavam das máquinas, pudessem comprá-las. Mas em 1970, quem sabia costurar? E, mais do que isso: com varejistas de descontos por todos os lados, por que aprender? Nos Estados Unidos, ao menos, o mercado das máquinas de costura havia desaparecido.

Na verdade, Singer procurou reinventar a si mesmo. Quando Joseph Flavin veio da Xerox em 1975, ele viu o futuro da empresa em tecnologia de defesa. Uma década depois, a unidade de máquina de costura foi desdobrada para a Singer Sewing Machine Company (SSMC), deixando a Singer original como fabricante de eletrônicos aeroespaciais.

Em 1989, a SSMC – que na época empregava 24 mil pessoas em suas fábricas na Itália, Taiwan e Brasil – foi adquirida pela empresa Semi-Tech Microelectronics do empresário nascido em Xangai James Ting. Utilizando o nome famoso como alavancagem, ele chamou a empresa de Singer N. V. e transferiu-a para as Antilhas Holandesas, onde começou a construir um conglomerado de eletrodomésticos. A crise asiática no final dos anos 90 foi além das expectativas de Ting. A empresa perdeu US$ 238 milhões em 1997 e outros US$ 208 milhões em 1998. Ela entrou com um pedido de falência em 1999. Nessa época, tinha US$ 25 milhões em dinheiro e dívidas de US$ 1,25 bilhão. A grande empresa americana de máquinas de costura estava, enfim, morta.

Então o que aconteceu com a Singer original após o desdobramento da divisão de máquinas de costura em 1986? Ela também não se saiu muito melhor. Em 1987, alguns meses após a morte inesperada de Joseph Flavin, a Singer foi adquirida em uma aquisição hostil pelo caçador de empresas baseado na Flórida Paul Bilzerian. Flavian pode ter visto o futuro; mas Bilzerian, aparentemente, via apenas o dinheiro. Ele renomeou a empresa de Bicoastal e rapidamente vendeu oito das suas 12 divisões, incitando uma onda de processos judiciais de funcionários e outros litígios. Em junho de 1988, ele foi condenado por fraude de valores mobiliários, entre outros crimes, e foi sentenciado a quatros anos de cadeia e multado em US$ 1,5 milhão. Em 1989, a Bicoastal pediu a falência.

Enciclopédia Britannica

Se você acha que vender uma máquina de costura Singer hoje seria difícil, que tal um conjunto de enciclopédias de 32 volumes e 68 quilos?

A enciclopédia líder do mundo foi publicada pela primeira vez na Escócia, em três volumes, entre os anos de 1768 a 1771. Benjamin Franklin e John Locke estavam entre seus primeiros colaboradores. Na nona edição, um século depois, Thomas

Huxley e James Clerk Maxwell contribuíram com seus conhecimentos. Um século depois, o conteúdo da Britannica permanecia magnífico, mas o formato enfrentava um sério desafio.

Algo engraçado aconteceu no caminho para a era digital. Em meados da década de 70, a Britannica adquiriu a sua rival, a Enciclopédia Compton. Em 1989, a divisão da Compton lançou a Enciclopédia Multimídia Compton em CD-ROM, a primeira da indústria. Mas o mercado de CD-ROM ainda estava na sua infância, e a Britannica, em uma falha de visão, vendeu a divisão NewMedia da Compton para a Tribune Company de Chigago em 1993. Pior, em um pacto de não-competição, a Britannica também concordou em não publicar a sua própria enciclopédia em formato multimídia por mais dois anos. A empresa ainda apostava em volumes encadernados – uma aposta que perdeu.

Eis um mercado que acabou! Em 1991, a Britannica vendeu 400 mil unidades no mundo todo; no final da década, esse número havia sido reduzido para 25 mil. Em 1998, uma era havia chegado ao fim com a demissão dos últimos 70 vendedores de porta em porta da Britannica.

No ano seguinte, em uma tentativa furiosa de se atualizar, a Britannica.com foi criada para oferecer a enciclopédia completa na Internet, grátis, na esperança de uma receita substancial advinda de publicidade no *site*. Este plano foi abortado em 2001, quando os anúncios fracassaram em materializar receitas e os custos continuaram a subir. O novo plano seria cobrar dos clientes o acesso. Ao mesmo tempo, a empresa, quebrada, estava oferecendo à venda a Merriam-Webster, de que fora proprietária durante 40 anos.

A empresa sinalizou a sua retirada quando a ferida Britannica.com voltou a ser a Enciclopédia Britannica. Em 2002, em um incrível exemplo de dependência da competência, a empresa publicou uma versão concisa da enciclopédia Britannica, com 2 mil páginas.

* * *

Geralmente, a competência de uma empresa cresce além de sua área funcional núcleo, além da função que guia a empresa. Em empresas de alta tecnologia, é provável que seja a engenharia. Na indústria hoteleira, as operações. Na Avon, são as vendas; na Nike, é o marketing. Conforme mencionado no capítulo anterior, as diferenças culturais entre as áreas funcionais podem ser vastas e virtualmente insuperáveis, então é previsível que uma função se torne dominante.

O ponto é que, com essa dominância, vem a possível dependência da competência. Se as áreas funcionais de uma empresa fossem mais bem integradas e mais cooperativas, a sua visão seria naturalmente mais ampla e as suas opções, mais abertas. A força de vendas seria capaz de comunicar à Pesquisa e Desenvolvimento (P&D) que a nova linha de produto está mofando nas prateleiras. Alternativas poderiam ser discutidas e novas estratégias, criadas. Mas quando as culturas funcionais estão em guerra, a função vitoriosa dita a tendência da empresa. Esta função dominante guia a empresa, independentemente – mesmo que seja em direção a um muro.

Vamos analisar diversos panoramas (P&D, Design, vendas e serviços) e considerar como a tendência funcional pode causar dependência da competência.

DEPENDÊNCIA DA P&D

Os produtos farmacêuticos são um exemplo dramático de uma indústria cuja competência principal é a pesquisa e desenvolvimento, e, nos Estados Unidos, uma indústria que flerta com o perigo devido à sua dependência da competência. O motivo é o alto custo da P&D americana, seriamente atingida pelas florescentes indústrias farmacêuticas da Índia e da China. Estudos realizados na Índia demonstram que, enquanto nos Estados Unidos os custos associados ao desenvolvimento de uma droga de sucesso aproximam-se dos US$ 900 milhões, a indústria farmacêutica indiana consegue produzir a mesma droga por cerca de US$ 20 milhões. A Índia já é um dos maiores produtores de medicamentos genéricos no mundo. Quando o seu plano de saúde pedir que compre medicamentos genéricos, certamente você encontrará um fabricante indiano no rótulo.

Além disso, se a P&D é o que você faz, e se você o faz às custas de outras funções, como marketing ou vendas, você corre o risco de desenvolver produtos para os quais não existem mercados. Em *The Innovator's Dilemma*, Clay Christensen conta a história de Eli Lilly e o desenvolvimento de uma insulina "100% pura". Em grande parte graças aos persistentes esforços de Lilly ao longo das décadas, a pureza da insulina melhorou de 50 mil partes impuras por milhão (ppm), em 1925, para 10 ppm, em 1980. Mesmo assim, apesar da melhoria drástica, o fato de que a insulina extraída de animais é levemente diferente da insulina humana significou que uma fração da percentagem dos pacientes criou uma resistência em seus sistemas imunológicos. Lilly atacou esse problema com um esforço de US$ 1 bilhão em P&D (em parceria com a Genetech) para criar uma bactéria geneticamente alterada que produziria proteínas de insulina que fossem o equivalente estrutural das proteínas de insulina humanas, e, portanto, 100% puras.

O projeto foi tecnicamente bem-sucedido, e Lilly introduziu a sua insulina de marca Humulin com um preço 25% superior à insulina extraída de animais. O problema era que, devido ao preço significativamente mais alto, o produto não tinha demanda. Conforme um pesquisador da Lilly disse a Christensen: "Hoje vemos que o mercado não estava tão insatisfeito com a insulina de porco. Na verdade, estava bem satisfeito com ela". O desenvolvimento da insulina pura foi um triunfo da P&D, mas foi em vão. Como disse Christensen: "Lilly gastou um capital enorme e uma energia organizacional que excedeu a demanda do mercado por pureza de produto". [77]

Aqueles que vivem pela P&D, morrem pela P&D. O que acontece quando o esforço de P&D do concorrente resulta em um produto que ultrapassa o seu no mercado? Uma resposta seria desenvolver outro hábito autodestrutivo – a negação – e fingir que nada está acontecendo. Ou, se você possui bons pesquisadores e uma boa fonte financeira, a sua resposta poderia ser retornar ao laboratório e desenvolver o produto da próxima geração. O mais difícil de tudo, se você vive e respira uma cultura de P&D, é quebrar o hábito da dependência da competência. Vamos analisar como isso aconteceu na indústria do adoçante.

Tempestade em uma xícara de açúcar

Benjamin Eisenstadt e seu filho Marvin inventaram o Sweet 'N Low em 1957, e trabalharam na sua distribuição desde então com a Cumberland Packing Corp. Ninguém confundia o gosto do adoçante baseado em sacarina com o açúcar verdadeiro, mas era o único substituto de baixa caloria existente. Duas décadas depois, uma suposta conexão entre a sacarina e o câncer de bexiga em ratos de laboratório quase levou o adoçante a ser banido pelo governo. O FDA satisfez-se com um rótulo de advertência nos pacotinhos rosados. Mesmo assim, sem um competidor à vista, o negócio prosperou.

Tudo isso mudou com a aparição do aspartame em 1981. Retrocedendo um pouco, o aspartame foi, na verdade, descoberto por um pesquisador da G. D. Searle em 1965, mas ele também passou por muitos obstáculos de regulamentação. Foi preciso um novo comissário do FDA nomeado pelo Presidente Reagan para aprovar o produto como adoçante de mesa e aditivo para alimentos. Naquele mesmo ano de 1981, a Searle vendeu a fórmula do aspartame para a Monsanto, que introduziu a marca NutraSweet no mercado. Quando o FDA aprovou o uso do aspartame em refrigerantes, dois anos depois, a influência da sacarina como adoçante de baixa caloria estava em declínio.

Primeiramente, a Coca e a Pepsi começaram a adoçar suas bebidas dietéticas com uma mistura de sacarina e aspartame. Mas, em 1984, a Pepsi inovou com uma mistura apenas à base de aspartame. O aspartame era mais caro, mas preferido pelos consumidores, conforme uma pesquisa da Pepsi. Além disso, a Pepsi Diet podia livrar-se do rótulo de advertência e promover-se como "sem sacarina". A Coca logo seguiu seus passos. Ao mesmo tempo, o Equal do NutraSweet ultrapassou o Sweet 'N Low como primeiro adoçante de mesa.

Em 1992, em termos de vendas em dólares, o Equal possuía 54% de um mercado que, uma década atrás, pertencia totalmente ao Sweet 'N Low. Eis que as patentes do NutraSweet expiraram. De repente, o preço do NutraSweet – duas ou três vezes mais por porção do que o Sweet 'N Low – tornou-se um problema. Para reduzir os custos, a empresa cortou a sua mão-de-obra em 15%. Ao mesmo tempo, para manter os seus clientes-chave, ela assinou com a Pepsi e a Coca novos contratos que reduziram o preço do produto.

Em um claro caso de dependência da competência, o NutraSweet e o Sweet 'N Low começaram imediatamente um processo de canibalização. O Sweet 'N Low atacou o Equal com o NatraTaste, à base de aspartame, pela metade do preço do Equal. Como retaliação, a NutraSweet criou um adoçante à base de aspartame mais barato, chamado SweetMate, esperando atrair os consumidores do Sweet 'N Low. Conforme um executivo da NutraSweet disse ao *Wall Street Journal*, o SweetMate "possui um perfil de gosto diferente muito semelhante ao Sweet 'N Low, mas retiramos a sacarina e o rótulo de advertência". A pergunta era: por que os usuários do Sweet 'N Low não o abandonariam pelo NatraTaste, e os usuários do Equal, pelo SweetMate? A resposta, disseram os analistas da indústria, é que eles provavelmente o fariam. "O que vai acabar acontecendo é a canibalização de seu produto original", disse um consultor de mercado ao *Wall Street Journal*.[78]

Ainda assim, as duas marcas dominaram o mercado ao longo dos anos 90. A NutraSweet, fortemente financiada (ainda uma divisão da Monsanto), continuou atacando o segmento mais barato do Sweet 'N Low ao mostrar uma série de porta-vozes famosos – Cher, Lauren Hutton, Tony Bennett, Jamie Lee Curtis – freqüentemente vistos preferindo os pacotinhos azuis aos rosados. Nem mesmo as acusações de fraude contra o presidente da empresa, Marvin Eisenstadt, por supostamente influenciar o Congresso para continuar a banir a sacarina, parecia soar como um mau presságio para o teimoso Sweet 'N Low. Então, 20 anos depois da entrada do aspartame, outra mudança dramática ameaçou o panorama.

Em setembro de 2000, um novo adoçante entrou no mercado: o Splenda, um substituto do açúcar, sem calorias, desenvolvido pelo Tate & Lyle de Londres e distribuído pela McNeil Nutritionals, divisão da Johnson & Johnson. Dois anos e meio depois, ela havia disparado para nº 1 na categoria, com 33% de participação no valor total do mercado. Mais um ano e o Splenda havia capturado 48% do mercado de adoçante de mesa, levando o antigo líder Equal a uma queda súbita. Na verdade, a queda do Equal foi tão dramática que a Merisant Worldwide, que havia adquirido o Equal da Monsanto em 2000, trouxe um forasteiro da Sara Lee, Paul Block, para tentar uma volta por cima.

O Splenda, feito de sucralose, procurava seu espaço nesse meio tempo. A equipe de P&D da Tate & Lyle criou um produto com prazo de validade duas vezes mais longo do que o do aspartame e que, ao contrário deste, não reage ao calor e pode ser utilizado na cozinha. Havendo ou não propaganda enganosa quando se disse que o produto era "feito do açúcar, portanto tinha gosto de açúcar", os consumidores aceitaram o Splenda em meio à obsessão nacional com a obesidade epidêmica. O fato de que o Splenda foi apoiado pelo Dr. Arthur Agatson, cujos livros de culinária da Dieta de South Beach venderam milhões de cópias, também ajudou. Os pacotinhos amarelinhos não apenas estão vendendo substancialmente mais que os pacotinhos azuis e os rosados, como o número de produtos que incluem sucralose entrando no mercado está disparando, de cerca de 600 em 2003 para o dobro disso em 2004. Na verdade, o único problema do Splenda no final de 2004 era o fato de que sua única fábrica não conseguia mais atender a crescente demanda.

De que forma os fabricantes tradicionais foram atingidos? Enquanto a participação do Splenda subia de 37% para 48% durante os anos de 2003 e 2004, a do Equal caía de 24% para 19%, e a do Sweet 'N Low, de 18% para 15%. A tendência continuava. Em 2005, as vendas de varejo do Splenda superaram de longe aquelas do Equal e do Sweet 'N Low juntos.

Das reações à dependência da P&D mencionadas anteriormente, o NutraSweet (que vende aspartame à Merisant e outros) optou pela segunda: desenvolver o produto da próxima geração. A empresa retornou ao laboratório e está agora desenvolvendo um novo produto chamado neotame, supostamente muito mais doce do que quaisquer um de seus competidores e por cerca da metade do preço da sucralose. O Sweet 'N Low aparentemente optou pela primeira: a negação. Ignorando a sua decrescente participação em um mercado em mudança, a empresa contou os pacotinhos rosados nas mesas ao redor do mundo, declarou que continua sendo nº 1, e investiu muito dinheiro em uma campanha publicitária para enviar essa mensagem a um público que provavelmente não esta nem aí.

DEPENDÊNCIA DO DESIGN

Outra função principal que pode vir a definir a cultura da empresa é o design. A indústria das roupas é um belo exemplo. Afinal, as roupas têm tudo a ver com design, principalmente nos segmentos mais caros. O componente de fabricação é insignificante. As vendas são guiadas pela comunicação boca-a-boca e pela pressão de "prestígio". É o perfeito exemplo de dependência da competência. O que fazem essas pessoas quando seus estilos não estão mais em voga e seus nomes não importam mais? Onde estava Tommy Hilfiger ontem? Onde estará ele amanhã? Não que eu esteja preocupado com isso. Ele provavelmente estará em um iate no Mediterrâneo. Mas quando a sua competência deve se submeter aos caprichos da moda, a dependência da competência certamente é um hábito autodestrutivo.

Em muitas outras indústrias, da mesma forma, a escolha do consumidor é guiada não pelo produto mais bem feito (produção) ou mais avançado (tecnologia), mas sim pela combinação de forma e função que chamamos de "bom design". Obviamente, a indústria automobilística é um exemplo, e a "competência" de Detroit nessa área – a certeza de que os sedans quadrados seriam o automóvel ideal para sempre – teve um papel significativo na perda da participação de mercado dos fabricantes de automóveis americanos.

Outro exemplo interessante acontece na indústria de brinquedos, o que nos traz uma história do norte da Europa.

Lego

A famosa empresa "construtora de brinquedos" começou em 1932 em Billund, na Dinamarca, quando o carpinteiro Ole Kirk Christiansen começou a esculpir brinquedos de madeira. Dois anos depois, Christiansen realizou um concurso entre seus funcionários para que dessem um nome para a empresa, e "Lego" (uma combinação das palavras dinamarquesas "leg" e "godt", significando "brinque bem"), foi o vencedor. O plástico começou a substituir a madeira após a Segunda Guerra Mundial, com a entrada dos "Tijolos de Ligação Automática" no mercado. Mas somente no final da década de 50 a empresa introduziu as suas primeiras coleções com os revolucionários tijolos de construção com encaixe, e então as vendas decolaram e o Lego tornou-se um dos brinquedos mais populares na Europa. Através de um acordo exclusivo com a Samsonite Luggage, a Lego chegou aos Estados Unidos em 1961. Doze anos depois, quando a Samsonite recusou-se a renovar o contrato, a Lego instalou uma unidade de produção e vendas em Connecticut e os negócios nos Estados Unidos decolaram. A Lego pareceu realmente ter descoberto como construir lucro. Era uma empresa com umas das margens mais altas do mundo, e oferecia um produto que ninguém podia copiar. Em 1999, a revista *Fortune* citou o Lego como "o brinquedo do século".

Nos anos 90, as coisas começaram a dar errado. Em 1994, por exemplo, as vendas caíram pela primeira vez em 20 anos. A empresa pôs a culpa do declínio no excesso de plagiadores que inundavam o mercado durante o pico das vendas no período natalino. (A patente do tijolo da Lego havia expirado no início dos anos 80, mas as exigentes especificações da Lego continuaram a desestimular os plagiadores.) Na época, a mídia especializada de negócios mencionou, no entanto, que a mão-de-obra da Lego, composta de funcionários extremamente fiéis, não foi afetada pelo declínio e que a empresa havia cortado horas de trabalho em vez de empregos e preservara os benefícios totais.

Em 1996, com os negócios de volta à normalidade, a Lego abriu o seu segundo parque temático, a Legoland, perto de Londres, e anunciou um plano ambicioso de abrir mais 14 parques no mundo inteiro em um intervalo de três anos. Mas em 1998 a empresa relatou a sua primeira perda desde a depressão mundial da década de 30. A mão-de-obra "fiel" foi cortada em 10% (de 10 mil para 9 mil), com planos para uma renovação de operações mundial. A perda foi atribuída, em parte, à mudança geral da indústria da construção de brinquedos em direção a computadores e videogames, mas um porta-voz disse ao *Wall Street Journal* que a empresa também teve culpa: "Não temos sido bons em lidar com custos. Deixamos as coisas crescer sem pensar, e agora temos trabalho dobrado." A reestruturação esperava economizar US$ 150 milhões e tirar a Lego do vermelho em 1999. [79]

É importante mencionar que o mau desempenho de 1998 também incitou Kjeld Kirk Kristiansen, neto do fundador da empresa, a ceder o seu lugar ao especialista em reviravoltas Poul Plougmann, o primeiro membro não-familiar a liderar a empresa. Plougmann prometeu um aumento de 10% em vendas anuais, e, de fato, conseguiu impulsioná-las ao empurrar a empresa para produtos mais eletrônicos e contratos de licenciamentos caros. Mas os lucros estagnaram, e em 2000 a empresa informou uma perda de US$ 105 milhões. Os analistas se perguntaram se a empresa havia se perdido sob a nova liderança.

Em 2002, a Lego sofreu a sua maior perda, e Plougmann foi demitido antes que o ano chegasse ao fim. As suas iniciativas, como os desdobramentos de merchandising com Harry Potter e Star Wars foram um fracasso, e Kristiansen reassumiu o controle. Conforme ele disse a um grupo no Lego Learning Institute da MIT: "Diversificamos para muitas categorias [e fizemos] produtos diferentes demais sem realmente perceber quem somos ou o que a nossa marca representa". Era hora de voltar ao básico e devolver o brilho à marca Lego. [80]

Isso não aconteceu ainda. As perdas continuaram em 2003, atingindo a quantia de US$ 170 milhões. Prevendo perdas ainda maiores para 2004, Kristiansen saiu do cargo no final do ano e nomeou uma pessoa de dentro, o vice-presidente sênior Vig Knudstorp, para assumir a empresa. Os parques temáticos Legoland (que agora eram quatro – na Dinamarca, Alemanha, Inglaterra e San Diego) foram colocados à venda para pagar a dívida. Com a pressão contínua dos fabricantes de brinquedos eletrônicos, o ano de 2006 resultou no fechamento de uma unidade na Suíça, e, o mais significativo, importantes cortes de empregos na fábrica de produção original em Billund.

Para mim, é uma triste história sobre um grande produto – e um clássico caso de dependência da competência. A cultura da empresa foi formada em volta da atenção e da habilidade com as quais o fundador projetou aqueles primeiros tijolos de construção, e o design daquele produto único permaneceu o ponto forte da empresa. Nas décadas de 80 e 90, tudo mudou – incluindo uma enorme mudança no tipo de diversão infantil – mas a Lego não mudou.

DEPENDÊNCIA DAS VENDAS

Certamente, toda empresa depende das vendas, mas nem toda empresa desenvolve uma abordagem de vendas ou uma técnica que se torna a sua competência principal. Alguns produtos, gerados durante uma moda, "vendem-se sozinhos". Muitos outros, como os automóveis, são simples necessidades. Embora os esforços de vendas de uma empresa possam ser mais agressivos que os de outra, a função de vendas não costuma ser o elemento definitivo na cultura da empresa.

Também existem as empresas exclusivamente orientadas a vendas, as chamadas "vendedoras diretas" – empresas cuja força de vendas é o seu ativo-chefe. Essas empresas – fornecedoras de aspiradores de pó, enciclopédias e seguros de vida, entre outros produtos – transformaram o "vendedor" em um arquétipo da pessoa de negócios americana, e isso deu vida à expressão "Nada acontece até que alguém venda alguma coisa a alguma pessoa". A venda direta floresceu durante a prosperidade na América pós-guerra, quando a classe média estava em expansão e os consumidores podiam comprar coisas que nunca haviam. Mas era também uma época mais inocente e mais esperançosa – uma época de vizinhanças abertas em vez de comunidades encarceradas, uma época em que as pessoas estavam dispostas a abrir sua casa e dar um momento de atenção ao discurso de um caixeiro-viajante.

Conseguiriam essas empresas sobreviver hoje? Vimos o que aconteceu com a Enciclopédia Britannica, mas vamos analisar outra empresa cuja abordagem de vendas é claramente sua competência principal.

Avon

O primeiro "vendedor direto" da Avon foi seu fundador, David McConnel, que começou vendendo livros de porta em porta. Ele ganhava a simpatia das donas-de-casa de Nova York dispostas a escutar o seu discurso presenteando-as com uma pequena garrafa de perfume, e, um dia percebeu que o perfume era mais popular do que seus livros. Em 1886, ele criou a California Perfume Company e começou a contratar uma força de vendas baseada em um percepção adicional: as mulheres provavelmente comprariam mais perfumes de outras mulheres. Em 1939, retornando de uma viagem da Inglaterra durante a qual ele havia se encantado com a beleza de Stratford-on-Avon, McConnel modificou o nome de sua empresa em homenagem ao famoso rio.

Após a Segunda Guerra Mundial, muitas das donas-de-casa que haviam se juntado à mão-de-obra no lugar de seus maridos soldados não estavam mais satisfeitas em apenas fazer a janta e lavar a roupa. Elas queriam continuar trabalhando, ganhar uma renda extra. Para milhares, a Avon ofereceu um meio de concretizar esse desejo, e essas mulheres, ao vender os produtos de porta em porta, transformaram a Avon na maior empresa de cosméticos do mundo.

Mas se a emancipação das donas-de-casa permitiu a ascensão da Avon, o mesmo fenômeno parece ter sido a ruína da empresa. Em meados da década de 70, ser uma "moça da Avon" já não tinha o mesmo encanto. As moças mais jovens freqüentavam a faculdade e estavam indo em busca de "verdadeiras" carreiras, e as donas-de-casa cada vez mais estavam também voltando a estudar. Além disso, à medida que a mulher de meia-idade mudava a sua imagem, o mercado para os produtos da Avon começava a encolher. Conseqüentemente, nos 10 anos seguintes, o negócio principal da Avon – vender cosméticos de porta em porta – manteve-se em queda e levou os preços das ações junto. De uma cotação máxima de US$ 140 no início da década de 70, as ações haviam caído para US$ 20 em 1985.

Se você, em 1985, adquiriu um lote de ações da Avon por US$ 20, ainda assim fez um bom negócio. O que a Avon percebeu, então, era que a sua plataforma de venda nunca se recuperaria – nos Estados Unidos – mas que as mulheres em outros países eram demograficamente semelhantes às mulheres americanas das décadas de 50 e 60. Em outras palavras, a Avon podia continuar "chamando" em outros países. Não que as dificuldades da empresa tivessem chegado ao fim. Ela perdeu US$ 400 milhões em 1988, embora tivesse cortado quase 200 funcionários de sua equipe corporativa. No início da década de 90, as vendas nos Estados Unidos continuavam em queda, mas um crescimento estável no negócio internacional trouxe a empresa de volta à lucratividade em 1993.

Analisemos melhor a Avon na América Latina, onde a "amigável tática da venda de porta em porta é perfeita", de acordo com Fernando Lezama, chefe das divisões no México e na América Central. Primeiramente, Lezama chama a atenção para o fato de que o número médio de habitantes de uma residência mexicana é de 5,2, o dobro do que nos Estados Unidos, então sempre haverá alguém para abrir a porta. Também porque virtualmente não existe outra presença de varejo nas remotas cidades e vilas do México, a Avon é freqüentemente o único discurso de vendas que as pessoas escutam – o que explica por que a empresa está se dando bem com aparelhos e produtos domésticos, e não apenas com cosméticos. Assim como nos Estados Unidos há 40 anos, a Avon representa uma das poucas oportunidades de emprego para mulheres, principalmente em áreas rurais.

Em 1995, quando o peso mexicano desvalorizou em 50%, a Avon esperava uma queda acentuada nas vendas. Em vez disso, porque essa desvalorização significou demissões na mão-de-obra masculina, uma quantidade maior de mulheres inscreveu-se para serem representantes da Avon, e as vendas aumentaram em 10%. "Existe uma maneira de compensar a perda do poder aquisitivo", explica Lezama. "A demanda diminui, então aumentamos a força de vendas e alcançamos mais consumidores." Dez anos atrás, as vendas da Avon na América Latina já totalizavam US$ 1,2 bilhão dos US$ 4 bilhões no mundo todo. [81]

Cinco anos depois, a receita mundial da Avon havia atingido US$ 6 bilhões, graças, em parte, à ascensão de Andrea Jung ao cargo de CEO (e, subseqüentemente, a presidente), uma promoção que trouxe uma mulher ao cargo mais alto da empresa pela primeira vez em seus 115 anos de história. Apesar do sucesso contínuo da abordagem tradicional de vendas diretas da Avon em seus mercados internacionais, Jung claramente viu o perigo potencial da dependência da competência. A sua estratégia era fortalecer as outras funções da empresa. No marketing, ela abandonou o antigo *jingle* da empresa "Ding-dong... É a Avon chamando!" e o substituiu com a campanha mais contemporânea "Vamos Conversar". No design, ela pediu uma revisão da embalagem dos produtos para que ficassem com uma aparência mais elegante, como as marcas Lâncome e Estée Lauder. À P&D, ela exigiu a descoberta de um grande produto no prazo de dois anos, e o laboratório respondeu com "Retroactive", um creme anti-rugas que é um grande sucesso. Os analistas creditam às suas iniciativas uma melhoria no crescimento ao ano de vendas de 1,5% para 6% . [82]

Mesmo assim, os mercados internacionais permaneceram os motores de crescimento da Avon, como Jung percebeu. Em 2005, a empresa vendia em 143 países, incluindo no Cazaquistão e Vietnã. É o líder de mercado na Hungria, Polônia, Rússia e Eslováquia. As vendas nos mercados estrangeiros têm crescido em 15% ao ano, e hoje são responsáveis por aproximadamente dois terços da receita de US$ 7 bilhões da Avon no mundo todo. O melhor de tudo é que a China começa a chamar.

Com medo de correntes piramidais e outras formas de corrupção, Pequim baniu a venda de porta em porta em 1998, e os esforços da Avon na China estão limitados a butiques de varejo de beleza e a vendas em balcões nas lojas de departamento. Entretanto, as vendas têm sido impressionantes, subindo de US$ 157 milhões em 2003 para US$ 220 milhões em 2004. Mas, para a Avon, o varejo não é tão rentável ou útil à construção da participação de mercado quanto o modelo que tem se provado tão eficaz em outras economias em desenvolvimento – no qual o seu exército "moças da Avon" percorrem a zona rural, levando a Avon para onde não existem outras marcas.

Em abril de 2005, a empresa recebeu a notícia de que a proibição fora revogada "como experiência", e a Avon podia começar seus esforços de vendas diretas nas províncias de Pequim, Tianjin e Guangdong. "Estamos inteiramente preparados", Jung disse aos investidores. [83]

DEPENDÊNCIA DOS SERVIÇOS

Quando foi a última vez que alguém encheu o seu tanque e checou o seu óleo em um posto de gasolina? Provavelmente pouco antes do fechamento do último posto de propriedade independente de sua vizinhança. Algo engraçado está acontecendo com o que costumávamos chamar de indústria de serviços. Não se encontram mais pessoas no local. Na verdade, é difícil encontrar a palavra em si sem o modificador contemporâneo na frente: "auto". Vamos analisar um exemplo.

Agentes de viagem

Até recentemente, agências de viagem eram parte da clássica indústria de serviço. Fazer reservas de viagem era algo que qualquer um podia fazer ("Eu quero ir para Nassau. Tenho certeza que se eu enviar uma carta à câmara de comércio, conseguirei uma lista de hotéis entre os quais poderei escolher..."). Mas por que se preocupar com isso? Eis o propósito do agente de viagem. E o agente de viagem não era apenas útil e orientado para o serviço: ele recebia por comissão, e o seu serviço ao consumidor era gratuito.

Hoje, se os serviços do agente de viagem não são obsoletos, ao menos ele não são tão atrativos como eram no passado. Lógico, existe a Internet. Com portais como Expedia e Travelocity, os indivíduos acostumados a fazer compras e a pagar contas *online* provavelmente planejarão sua viagem da mesma forma. O setor está crescendo rapidamente. As receitas de viagem *online* atingiram US$ 54 bilhões em 2004 – um quarto de toda a indústria de reservas. US$ 24 bilhões disso foram para agências por Internet em vez de sites de companhias aéreas e hotéis. Quanto às receitas dos agentes *online*, espera-se que cresçam outros 50% em 2009.

Além disso, os serviços do agente de viagem tradicional – aquele para quem você costumava ligar pelo telefone – não são mais gratuitos. Desde que as companhias aéreas não pagam mais comissões aos agentes de viagem, os agentes agora cobram um pagamento no início da operação, na forma de uma taxa de serviço, normalmente na faixa dos US$ 25.

"Há uma mudança acontecendo", William Mahoney, o vice-presidente executivo da Associação de Agentes de Viagem disse ao *New York Times*. "Durante muito tempo, os agentes de viagem tiveram o monopólio sobre duas coisas. Uma era a informação. Eles possuíam os computadores das companhias aéreas. Segundo, eram documentos. Se você queria uma passagem, você ia até uma agência de viagens." Estes monopólios não existem mais. Previsivelmente, adicionou Maloney, novas adesões à Associação estava em constante declínio, caindo 25% nos últimos três anos.

Parece que as agências de viagens independentes tem duas escolhas. Uma, elas podem desistir e fechar as portas. Muitas fizeram exatamente isso. Os analistas da indústria prevêem uma queda no número de agências, de 32 mil em meados dos anos 90, para cerca de 15 mil, quando o terremoto passar.

A outra opção, paradoxalmente, seria oferecer serviços cada vez mais especializados. O primeiro passo poderia muito bem ser uma melhoria de vocabulário, de "agente de viagem" para "consultor de planejamento de férias". O ponto é fazer com que seu consumidor saiba que você está oferecendo algo que não pode ser duplicado na Internet. [84]

Um crescente número de agentes está pressionando esse mercado de serviço ao transferir os seus negócios para suas próprias casas, dessa forma acomodando-se aos horários do cliente. Muitos, de fato, estão oferecendo serviços de atendimento em casa. Um deles, David Thrower, disse ao *Boston Globe* que está pronto para servir a seus clientes "a todas as horas", e que é uma vantagem para o cliente o fato de ele não estar restrito a um negócio das nove às cinco. Ele está satisfeito em encontrar clientes em suas casas ou, se necessário, no aeroporto com seus documentos de viagem em mãos. "Irei para quase qualquer lugar para ajudar um cliente", diz Thrower. Em termos mais gerais, a metamorfose da indústria, disse outro agente ao *Globe*, vai de "anotadores de pedidos a profissionais de viagem vendendo serviços pessoais".[85]

É um caso espantoso de dependência da competência. Parece que para o antigo agente de viagem, cujo serviço encontra-se em demanda decrescente, o caminho para a sobrevivência está na oferta de *mais* serviços. Suspeito que o ponto de retorno encontra-se no horizonte.

OS SINAIS DA DEPENDÊNCIA DA COMPETÊNCIA

Quais são os sintomas da dependência da competência? Não é difícil perceber quando a sua força tornou-se a sua fraqueza e quando a sua liderança tornou-se uma maldição. Eis algumas coisas que é preciso procurar.

Os seus esforços para transformar a empresa têm sido em vão

Você tentou a reengenharia e a reorganização, mas o seu problema permanece. Você trouxe assessores que o aconselharam a reorganizar os seus processos e as suas funções, mas nada aconteceu. Você acabou com os custos, mas continua encurralado. Você não encontra o arco-íris que indica o fim da tormenta.

A emoção acabou

Dentro da empresa, existe uma sensação de mal-estar, de desamparo e de inevitabilidade. A empresa parece sofrer de uma doença terminal – como um fumante que já desenvolveu um câncer pulmonar e diz: "Por que parar agora?". Os seus funcionários estão desistimulados e desiludidos, mas não sabem como sair disso. (Certamente, é função do líder tirá-los dessa situação.)

Os acionistas estão abandonando o barco

A lealdade à empresa não existe mais. Os primeiros a saírem são os investidores, que percebem que é o momento de apostar em outra pessoa. Os segundos a saírem são os fornecedores, que percebem a necessidade de fazer negócio em outro lugar. Os últimos a saírem são os clientes; eles têm sido fiéis a marca, mas finalmente enxergam a luz.

A indústria têxtil no Sudeste americano é um grande exemplo. Para ilustrar, considere a conhecida empresa baseada na Geórgia, WestPoint Stevens. Nas duas últimas décadas, o segundo maior fabricante de roupas de cama e de toalhas da nação tem visto a sua competência (fabricação têxtil) crescentemente ameaçada por produtos internacionais. Resurgindo de uma falência em 1992, a WestPoint era controlada pelo investidor Holcombe Green. Entre os anos de 1997 e 2001, conforme o *Atlanta Journal-Constitution*, Green gastou quase US$ 600 milhões em um esforço para atualizar as tecelagens da empresa (reengenharia). Ele também fechou instalações e demitiu centenas de funcionários para manter-se competitivo (reestruturamento para impulsionar os custos para baixo).

Tudo isso foi em vão. Em junho de 2003, enterrada sob uma dívida de US$ 2 bilhões, a empresa estava de volta na falência. Os investidores haviam fugido tão rapidamente que os preços das ações haviam caído para três centavos o lote. Green estava fora; o presidente e COO "Chip" Fontenot estava dentro, mas os problemas da empresa permaneceram. Como disse um analista ao jornal de Atlanta, a WestPoint precisava de mais do que um alívio da sua dívida. O fato de que a Kmart, o seu maior cliente, estava falida também não ajudou, mas o problema central continuava sendo a competição com os importados.[86] É um problema que não estava prestes a ir embora. A força da empresa havia se tornado a sua fraqueza.

Em junho de 2005, a WestPoint havia demitido 2.500 funcionários, um pouco mais de um quinto de sua mão-de-obra. Foi quando o investidor Carl Icahn decidiu adquirir a empresa por US$ 700 milhões – uma negociação que alocaria mais de US$ 500 milhões para pagar os credores e deixar a empresa sem dívidas. Icahn, que enxergou valor nas marcas ainda populares da WestPoint, como a Martex, provavelmente irá deslocar as operações no exterior, ignorar as obrigações históricas da empresa com a comunidade, restituir a sua lucratividade e então vendê-la.

É possível que isso funcione – para Icahn – mas para a WestPoint, assim como para a indústria têxtil do Sudeste, em termos mais gerais, o fim já chegou.

COMO LIVRAR-SE DO HÁBITO DA DEPENDÊNCIA DA COMPETÊNCIA

Em alguns dos casos que analisamos, a dependência da competência transformou-se de hábito autodestrutivo em uma doença fatal. Mas não precisa ser dessa forma. Para livrar-se do hábito, procure um dos seguintes remédios.

Procure novas aplicações

Fuja da armadilha da competência ao procurar por novas aplicações onde essa mesma competência produz a um novo valor.[87]

Para um exemplo perfeito considere o que fez a Church & Dwight Co. com o bicarbonato de sódio da marca Arm & Hammer. O Dr. Austin Church fundou a empresa em 1846 para fazer bicarbonato de sódio para assar pães, e essa permaneceu sendo a sua missão durante 100 anos. Mas nos últimos 50 anos, o pão feito em casa deu lugar às padarias comerciais, deixando o cliente de alta margem – a dona-de-casa – sem a necessidade pelo produto.

Isto é, sem a necessidade pelo produto como ingrediente para assar. Na realidade, a empresa havia começado a investigar outras utilidades para o seu produto desde a década de 20, e esse esforço intensificou-se após a Segunda Guerra Mundial. As propriedades de limpeza e de espuma do bicarbonato de sódio fizeram que fosse ideal para a escovação dental, e então a empresa comercializou-a como creme dental. Quando produtos mais contemporâneos como Crest e Colgate empurraram-no para fora do mercado, o bicarbonato de sódio enxergou um novo futuro como detergente para roupas. Poderia ainda ser elogiado como um produto "natural" (não-fosfato), bom para o meio-ambiente e benéfico aos indivíduos alérgicos a detergentes tradicionais. De fato, a eficácia da Arm & Hammer em limpeza foi exibida espetacularmente em 1986 ao ser utilizada na limpeza das paredes internas da Estátua da Liberdade em preparação ao aniversário de 100 anos do monumento.

O próximo item a ser explorado foi a eficácia do produto na neutralização de odores. Certamente, os consumidores informados há muito tempo já mantinham uma caixa aberta de bicarbonato de soda na geladeira; a empresa simplesmente comercializou essa idéia. O mercado deste produto como desinfetante não apenas é enorme (geladeiras, caixas de areia para gatos, carpetes), mas as caixas de tamanho grande (e mais caras) tornaram-se padrão hoje.

Mais recentemente, os benefícios à saúde estão vindo a tona. A empresa produz um bicarbonato de sódio para uso médico em diálises, e relatórios de pesquisa na medicina do esporte relatam que é possível ganhar energia ao beber uma colher de bicarbonato de sódio dissolvida em água ou suco. E a empresa de 160 anos continua prosperando.

O nylon é outro produto cuja versatilidade tem proporcionado uma fuga da dependência da competência. Quando o abastecimento de seda da China foi interrompido pela revolução comunista, os cientistas da DuPont rapidamente começaram a criar uma versão sintética da mesma. A empresa vendeu o seu primeiro par de meias de nylon em 1940. Alguns anos depois, quando o setor de produção focou os seus esforços na produção de materiais bélicos, as fábricas que produziam as meias começaram a fabricar pára-quedas de nylon. Durante os anos pós-guerra, outros materiais, principalmente o poliéster, assumiram o mercado de meias, e o nylon encontrou uma nova utilidade como tecido para estofados. Após, ele encontrou um enorme mercado em carpetes para assoalhos; e então em grama artificial; e finalmente, no mercado mais improvável de todos, em rampas de esqui artificiais. Hoje, o nylon está substituindo o metal na indústria de partes humanas – válvulas de coração e próteses para quadris.

O bicarbonato de soda e o nylon são exemplos de "novas aplicações" de um mesmo produto. Às vezes, no entanto, a sobrevivência exige um redirecionamento da competência da empresa para um produto ou categoria de produto inteiramente diferente. Considere a visionária Monsanto.

Prevendo um mercado crescente para o adoçante artificial, John Queeney fundou a Monsanto Chemical Works em 1901 para produzir a sacarina. Muito antes que o uso da sacarina fosse relacionado com o câncer em ratos de laboratório, a empresa já havia ingressado na indústria de químicos têxteis e fibras sintéticas. E mesmo antes que a indústria têxtil atingisse a Ásia, a Monsanto estava entrando no mercado de agroquímicos, mais notavelmente com as herbicidas Lasso (em 1969) e a Roundup (em 1973). E a empresa parou de produzir a sacarina em 1972.

O seu interesse no desenvolvimento de sementes que tolerassem a Roundup ao mesmo tempo em que resistissem aos insetos levou a empresa a reenfocar novamente – desta vez, na bioengenharia de plantações como soja, milho, algodão e canola. Apesar da resistência pública às culturas biotecnológicas, a Monsanto está apostando o seu futuro na necessidade de aliviar a fome mundial. A sua competência principal – química – vem sendo aplicada no aumento de plantações através da biotecnologia e da geonomia.

Procure novos mercados

Uma segunda maneira de quebrar esse hábito é procurar novos mercados onde a mesma competência permaneça sendo um ativo. Esses mercados são provavelmente externos, principalmente em economias emergentes tais como a Índia, a China, o bloco da Associação de Nações do Sudeste Asiático (ASEAN), a Rússia, e o Leste Europeu. Essa foi a estratégia utilizada com êxito pela Avon – capitalizando a idéia de que muitas dessas economias emergentes possuem populações semelhantes à americana de antigamente.

A Amway seguiu o exemplo da Avon, empurrando o seu cosmético Artistry e as suas linhas de vitaminas Nutralite para mercados no mundo todo. A empresa estabeleceu uma base de operações na Ásia quando criou os seus primeiros distribuidores em Hong Kong em 1974, e nunca mais voltou atrás. Hoje, a maior parte das vendas da empresa são feitas fora da América do Norte, e dois terços dessas vendas são na Ásia. A empresa está fazendo grandes negócios no Japão, na Coréia e na Tailândia, mas é na China que se encontra o movimento. Diferentemente da Avon, a Amway não ficou confusa quando a China baniu a sua venda direta em 1998, uma vez que o país permitiu que seus distribuidores entrassem como representantes de vendas. Conseqüentemente, a China é hoje o maior mercado individual da Amway. Somente em 2004, as vendas atingiram US$ 2 bilhões, e em 2005 a empresa abriu lojas-conceito em Taipei e Kaohsiung.

À medida que China, Índia e outras economias asiáticas crescem, empresas de assessoria internacionais estão encontrando nova vida ao ajustarem a sua competência a esse mercado explosivo. A Ecco, baseada em Paris, por exemplo, mudou-se para a Ásia em meados dos anos 80, abrindo escritórios em Tóquio, Cingapura e Hong Kong. Ela encontrou uma enorme demanda asiática por serviços temporários, mas também está sendo bem-sucedida na colocação de executivos à medida que os negócios estabelecidos se expandem e novos aparecem. Outro grande *player*, o Drake International, baseado em Toronto, chegou às margens do Pacífico em 1988, e desde então tem tido lucro com o recrutamento de executivos. A Korn/Ferry, o líder mundial em recrutamento de executivos, relatou um enorme crescimento em suas operações asiáticas 10 anos atrás quando abriu o seu segundo escritório na Índia. Após uma diminuição durante a Crise Asiática de 1999, os seus negócios estão crescendo novamente.

Na verdade, a assessoria na Ásia está tão em voga que está atraindo empresas jovens demais para terem desenvolvido dependência da competência. Por exemplo, a DSS Software, empresa de assessoria de alta tecnologia que abriu em Oakland em 1996. O seu fundador, Atul Parikh, viu uma crescente necessidade por profissionais de alta tecnologia e também viu um grupo de profundo talento na Índia, onde rapidamente abriu uma filial. O crescimento da empresa foi tão explosivo (350% em 2000) que foi adquirida pela Diversinet em 2002.

Existe ainda a história do empresário indiano Ranjan Marwah, que chegou a Hong Kong para visitar seu pai em 1969 e nunca mais retornou. Após tentar a sorte em vários negócios, ele achou a sua vocação como caça-talentos. Ele fundou a Executive Access em 1988, uma das maiores empresas de recrutamento de executivos na Ásia.

Mova-se para cima, mova-se para baixo

Uma terceira fuga da armadilha da competência é expandir a gama de competências ao mover-se para cima ou para baixo dentro da cadeia de valor.

Talvez o melhor exemplo disso seja a IBM, que foi para ambos os lados com êxito. Quando o seu modelo de negócio não tinha mais para onde se expandir, a empresa percebeu que poderia utilizar a sua experiência com outras finalidades. A estratégia fez com que saísse na frente como um grande fornecedor, vendendo servidores, *chips* e *software* para outros fabricantes de computadores, como a Dell e a HP. O movimento contra a corrente foi fortalecido por aquisições (a Lotus em 1995 e a Tivoli em 1997, entre outros), e hoje a IBM vende mais *software* do que qualquer outro, exceto a Microsoft. Na "origem da corrente", a IBM permanece na vanguarda nas áreas de alta tecnologia, como nanotecnologia e processamento de células, desenvolvendo tecnologias que arrenda para a Hitachi, Sony e outros fabricantes globais.

Enquanto isso, a empresa tem se movido para baixo dentro da cadeia de valor ao desenvolver o seu negócio de serviços, hoje responsável por quase metade de suas vendas. O estímulo nessa direção é geralmente creditado a Louis Gerstner, o forasteiro que chegou em 1993 e que compreendeu que a fonte não secava uma vez feita a venda. Os produtos poderiam ser lucrativamente gerenciados e assim mantidos. Para expandir o braço de serviços para consultoria de gerenciamento de segmentos mais caros, a IBM adquiriu a Price WaterhouseCoopers em um enorme acordo de US$ 3,5 bilhões, e, no segmento mais econômico, ela adquiriu a Daksh eServices, um dos maiores negócios de central de atendimento telefônico na Índia. Propaganda pesada tem apoiado o movimento para baixo dentro da cadeia de valor – veja as campanhas de TV com alta visibilidade para a IBM Global Services e as "Soluções de E-Business".

Na maioria dos casos, mover-se para baixo é a opção viável para fabricantes de grande escala como a GE, ABB, Westinghouse, Siemens, Lucent, Alcatel, Nortel e outros. A GE é um exemplo ilustrativo relevante. A empresa não fabrica mais geradores de energia, por exemplo, mas ela faz a manutenção de enormes instalações de energia – incluindo instalações nucleares. Nas mesmas linhas, o famoso fabricante de motores a jato hoje gera receita ao manter e reparar os motores quanto em fabricá-los.

Aproveitando o momento, a GE criou a GE Capital para financiar a venda de todos os seus principais empreendimentos manufatureiros. Historicamente, o financiamento para uma instalação de energia ou para motores de aeronaves era realizado por bancos de importação/exportação, mas a GE decidiu envolver-se na sua própria corrente de receita. Desse esforço veio o surpreendente fato de que a GE é hoje a maior empresa de *leasing* para companhias aéreas. Os grandes fabricantes, tais como a Boeing e a Airbus, vendem as suas aeronaves à GE, e a GE as aluga às companhias aéreas. Esse acordo é mais fácil para o cliente restrito pela verba do que uma compra direta. Por exemplo, com o orçamento militar sob olhar atento do Congresso, o Pentágono pode preferir pagar US$ 5 bilhões por vários anos do que US$ 100 bilhões hoje.

A GE Capital cresceu de tal forma que, em 2002, Jeff Immelt, o sucessor de Jack Welch, dividiu-a em quatro unidades – a GE Commercial Finance, a GE Consumer Finance, a GE Equipment Management e a GE Insurance. Somente a GE Commercial Finance, hoje, representa 15% da receita total da empresa.

Desenvolva uma nova competência

Uma solução mais drástica para o hábito da dependência da competência é criar uma nova competência e desenvolver a sua empresa a partir daí. Esta estratégia provavelmente exigirá um desconfortável período de transição durante o qual você canibalizará o seu antigo negócio para investir no novo. Mas quebrar hábitos autodestrutivos – principalmente aqueles arraigados há muito tempo – nunca é fácil.

Considere as atuais dificuldades da Kodak, por exemplo. A sua competência principal, é há muito tempo a produção do filme fotográfico, e ela permanece a nº 1. Mas o pessoal de Rochester não precisava ser genial para ver que a dependência da competência se tornaria uma doença terminal. Agora a empresa está em meio a uma difícil transformação para ser a líder em fotografia digital. Isto tem custado caro. A empresa anunciou um investimento de US$ 3 bilhões na nova tecnologia, muito da qual seria gerada para continuar a vender filmes tradicionais e câmeras em mercados emergentes como a China, a Índia, o Leste Europeu e a América Latina – ao explorar a sua antiga competência ao máximo. A empresa também foi forçada a levantar dinheiro cortando o dividendo de suas ações em 70%.

A nova estratégia também tem sido difícil para a mão-de-obra. Em julho de 2005, a Kodak anunciou outra demissão de 10 mil funcionários, além dos 12 a 15 mil anunciados um ano antes. Originalmente, o plano de reestruturação da empresa havia pedido a eliminação de 25 mil empregos até 2007, mas agora parece que a estimativa foi muito baixa.

A empresa tinha poucas opções. Ela deve desenvolver essa nova competência e está movimentando-se agressivamente para tal. Ela tem feito negociações com a Intel e a Adobe Systems que permitem a seus consumidores editar, imprimir e enviar fotos de seus PCs. Um empreendimento conjunto com a HP produzirá equipamentos de retoque para fotografias digitais. Negociações com empresas de telefonia celular americanas e européias também permitiram a entrada da Kodak no mercado de câmera-telefone. Outros inúmeros acordos e aquisições têm feito da empresa uma protagonista na produção de imagens na área da saúde, onde ela vê um futuro robusto. Este é um momento difícil, mas são poucas as empresas que sofreram tanto com a dependência da competência quanto a Kodak.

Um exemplo contrastante é proporcionado pela Wipro Limited, baseada na Índia, que tem evitado um redemoinho ao estilo da Kodak ao desenvolver novas competências antes que a dependência se instalasse. O fundador da empresa, Hasham Premji, trabalhava no ramo de moinho de arroz em Burma. Ele retornou à Índia em 1946 para abrir uma empresa distribuidora de gordura vegetal (Western Indian Products, ou Wipro). Como a gordura animal, ou banha, não é utilizada na Índia, existe um mercado enorme para a gordura vegetal, e Premji entrou nesse mercado ao cortar o intermediário. Ele comprava a granel, reembalava o produto em pequenas unidades, colocava sua marca e vendia diretamente aos camelôs. Em outras palavras, a sua competência principal foi a distribuição.

Antes que morresse de um ataque cardíaco em 1966, Premji já havia ido contra a corrente ao cortar o intermediário. Como ele mesmo fabricava a gordura, ele havia descoberto outras utilidades para a mesma, como barras de sabonete e fluido hidráulico. Com o falecimento de Premji, seu filho Azim largou os estudos de engenharia em Stanford para retornar à Índia e gerenciar os negócios. Familiarizado com computadores como engenheiro, e tendo herdado um negócio de distribuição, ele acrescentou impressoras Epson à operação Wipro. Quando a IBM recebeu o pedido para retirar-se da Índia em 1977 por questões de disputas de investimentos e propriedade intelectual, Azim viu a oportunidade para a distribuição de computadores. No entanto, como a Índia ainda era uma economia fechada na época, com taxas de importação muitas altas, os fabricantes preferiam que a Wipro montasse os computadores na Índia. Eles simplesmente venderiam os componentes a Azim e, portanto, evitariam as taxas onerosas. Logo, os computadores Wipro tornaram-se uma marca de liderança nacional.

Um movimento em direção ao *software*, no início dos anos 80, foi seguido, no final da década, pelo desenvolvimento da competência que constitui o crescimento dos negócios da Wipro hoje: serviços de *software*. Uma aliança com a GE em 1989 para formar a Wipro GE Medical Systems atraiu um fluxo contínuo de clientes globais, incluindo a AT&T, Lucent, Cisco, Hitachi e a Alcatel. Hoje, mais de 75% da receita da Wipro advém de serviços de *software*, uma arena na qual compete com êxito com a IBM. Aquisições recentes têm expandido as ofertas de serviços da Wipro, tornando-a líder global em BPO.

A Wipro foi bem-sucedida, mas, como mostra a experiência da Kodak, desenvolver uma nova competência pode ser uma estratégia difícil. E também não deve ser confundida com uma simples diversificação. A mania da diversificação que se apoderou dos negócios americanos nos anos 70 e 80 desgastou-se e deixou muitos corpos mutilados ao longo do caminho. Beatrice, Coca-cola, Xerox, Alcoa, Sears e todas as três principais redes de televisão americanas são algumas das empresas americanas que foram machucadas, e não beneficiadas, pela diversificação.

A idéia é não diversificar de qualquer jeito, mas identificar e desenvolver uma única competência principal. A opção deveria vir naturalmente do sucesso anterior da empresa, de sua cultura e de seus valores.

Redirecione os seus recursos

Por outro lado, é possível que você não necessite de uma nova competência. Você pode simplesmente redirecionar os seus esforços e recursos para áreas com maior crescimento e potencial de lucro.

Aqui, a BellSouth oferece um exemplo instrutivo. A empresa acompanhou a revolução do celular em virtualmente todos os cantos do mundo – na Argentina, Nova Zelândia, Alemanha, Israel, China – antes de decidir focar os seus esforços internacionais na América do Sul. Seguindo essa estratégia, ela comprou várias participações em telecoms na Nicarágua, Equador, Peru e Venezuela, enquanto retirava-se da Europa e de Israel. No final, a BellSouth se manteve em dez países da América Latina. Posteriormente, ela mudou de foco e vendeu o seu Latin America Group para a gigante espanhola Telefonica.

Convenientemente, a nova estratégia fez com que a empresa reenfocasse seu território original, composto por nove estados. Foi a primeira Baby Bell a oferecer o serviço de longa distância em sua área de serviço local, e isso com certeza não a prejudicou. Mas, à medida que a demanda por linhas fixas diminui, a BellSouth planeja oferecer a seus clientes um espectro completo de serviços de comunicação. A sua junção com a SBS para formar a Cingular Wireless e a subseqüente aquisição da AT&T Wireless transformou-a na operadora de telefonia celular nº 1 dos

EUA. No seu esforço para oferecer pacotes de serviços e dar aos clientes a conveniência de apenas uma conta, ela inclusive aliou-se à DirectTV. Ao mesmo tempo, a BellSouth está trabalhando com a Dell para oferecer PCs equipados com DSL e está trazendo a tecnologia de Voice over Internet Protocol (VoIP) para seus clientes. (Existe uma história interessante por trás disso. Durante a regulamentação inicial da indústria do telefone celular, o governo permitia que as supostas "operadoras A" – empresas que não fossem as Baby Bells – entrassem no mercado baseado em uma loteria. No entanto, esse sistema permitia a entrada de muitos *players* incompetentes, então o governo restringiu o campo ao cobrar enormes taxas de licença dessas operadoras A. Em contraste, todas as Baby Bells receberam uma licença gratuita para operar as suas empresas de telefone celular, com seus devidos territórios. A BellSouth e as outras Baby Bells foram lentas em reconhecer essa vantagem – até que viram a tremenda expansão na demanda pelo telefone celular, ao ponto em que a BellSouth e a SBS rapidamente decidiram juntar forças.)

Conseqüentemente, a BellSouth levou toda a receita de suas linhas fixas (incluindo 6,5 milhões de clientes) e, como esse negócio estava destinado ao encolhimento, ela investiu o dinheiro em *wireless*. Não seria tanto uma questão de mudança de competência, mas sim um realinhamento dos recursos. De fato, a BellSouth fez um serviço tão bom na remodelação e na expansão de suas competências nesse mundo de rápidas mudanças das telecomunicações que acabou tornando-se uma irresistível parceira para casamento. O pretendente? Ninguém mais do que a AT&T, o que deve ter sido confuso para muitos fora da indústria. É claro que, conforme mencionado no Capítulo 4, não existe nenhuma Ma Bell hoje em dia. A AT&T é, na realidade, a SBS, o filho que canibalizou o pai (mas manteve o seu nome famoso).

* * *

A dependência da competência é um hábito fácil de desenvolver. Afinal de contas, ser competente – fazer algo bem feito – faz você sentir-se bem. Isto é especialmente verdade quando você sente-se na obrigação, quando você não é apenas bom – você é o melhor. Você gosta da sensação. Você viciou-se nela. Você é como o drogado que não consegue ver ou pensar em nada além da sua próxima dose. Ou como alguém cuja visão é limitada por sua própria concepção restrita do que é possível.

Lembre-se de que há um amplo mundo lá fora. A sua empresa pode ter grande potencial em áreas subtilizadas. Quem sabe o que poderia acontecer se os seus engenheiros aceitassem um pouco de *feedback* do departamento de marketing ou se o seu braço de produção descesse em direção aos serviços? Como vimos, é possível que existam novas utilidades para o produto fabricado por sua empresa ou novos mercados para o seu produto na economia global.

Uma visão clara e ampla, que abra novas possibilidades, é o primeiro passo para quebrar o hábito da dependência da competência. O tempo para abraçar a mudança virá mais cedo ou mais tarde.

Dependência da competência

Motivos que levam à dependência da competência

- Dependência da P&D
- Dependência do design
- Dependência das vendas
- Dependência dos serviços

Os sinais da dependência da competência

- **Os seus esforços para transformar a empresa têm sido em vão:** Você tentou a reengenharia, a reorganização, a reorganização dos processos e das funções – e nada aconteceu.
- **A emoção acabou:** A sua empresa parece melancólica.
- **Os acionistas estão abandonando o barco:** A lealdade do investidor, do fornecedor e do cliente desapareceu.

Como livrar-se do hábito da dependência da competência:

- **Novas aplicações:** Procure novas aplicações onde a mesma competência produza um novo valor.
- **Novos mercados:** Procure novos mercados onde a mesma competência permaneça sendo um ativo.
- **Mova-se para cima, mova-se para baixo:** Procure expandir a gama de suas competências ao mover-se para cima ou para baixo dentro da cadeia de valor.
- **Reenfoque os seus recursos:** Redirecione os seus esforços e recursos para áreas com maior crescimento e potencial de lucro.

CAPÍTULO

6

MIOPIA COMPETITIVA: A VISÃO DISTORCIDA DA COMPETIÇÃO

Você sofre de "miopia competitiva" quando comete o erro de definir seus competidores de forma muito restrita, quando reconhece apenas os concorrentes que estão à sua frente, cujos desafios são diretos e imediatos. Você não possui a visão periférica que discerniria os competidores menos óbvios – aqueles cujas ameaças não são, por algum motivo, evidentes hoje, mas que são, entretanto, verdadeiras e perigosas.

É fácil pensar em exemplos de empresas globais icônicas que têm esse hábito autodestrutivo: a Coca preocupa-se com a Pepsi; a Caterpillar está de olho na Kamatsu; a Boeing aflige-se com a Airbus, enquanto a Bombardier e a Embraco planejam suas manobras de flanco. Mais notoriamente, enquanto a GM, a Ford e a Chrysler competiam entre si, o Japão invadiu e conquistou o mercado. Vemos esse problema mesmo em competições entre nações. Durante quatro décadas, os Estados Unidos estiveram envolvidos em conflitos militares e econômicos com a União Soviética. Somente após a queda do Grande Urso o país percebeu no Oriente Médio uma ameaça que crescera silenciosamente ao longo dos anos.

Em um momento ou outro, praticamente toda empresa sucumbe à miopia competitiva. Por que esse hábito é tão difundido? Eis quatro razões.

A EVOLUÇÃO NATURAL DA INDÚSTRIA

Nos primórdios de uma indústria típica, os competidores surgem aos montes. Vimos isso no começo da indústria automobilística, quando 500 empresas entraram no jogo. Um século depois, o mesmo aconteceu com as empresas ponto com. Competidores aglomeravam-se feito moscas, e, como elas, muitos tinham vida curta. Uma analogia melhor seria uma corrida, onde, na largada, milhares de corredores estão na mesma posição. Nesse ponto, você ainda não tem idéia de quem são os seus verdadeiros competidores. No devido tempo, conforme o grupo for diminuindo, você verá quem são seus adversários e entrará em compasso com os mesmos. Você se foca na pessoa correndo ao seu lado, ou talvez naquela um pouco adiante. Quem você provavelmente não percebe é o azarão, aquele concorrente sequer mencionado pelos apostadores, mas que se aproxima sorrateiramente.

Uma vez que a indústria em desenvolvimento completar a sua fase de "seleção natural"*, apenas alguns competidores sérios terão sobrevivido. É minha teoria (conforme resumido em *The Rule of Three*[88]) que as indústrias geralmente apóiam três jogadores dominantes, mas seja esse número três, dois ou quatro, a premissa é a mesma: as empresas dominantes competem entre si. Elas ignoram os jogadores de nicho; elas ignoram os principiantes. Elas tendem a ignorar inclusive os consolidadores da indústria, como a Ford imprudentemente ignorou a General Motors – até que seja tarde demais. Em outras palavras, eles desenvolvem a miopia competitiva.

Esse padrão é perfeitamente ilustrado na história da Firestone, uma das Três Grandes na indústria de pneus nos Estados Unidos.

Firestone: quando o pneu saiu da estrada

Após o *shakeout* da indústria doméstica de pneus, os três grandes sobreviventes foram a Goodyear, a Firestone e a BF Goodrich. Todos possuíam uma integração vertical completa, com controle sobre materiais brutos, produção e distribuição. A Goodyear era a nº 1, e a Firestone, a arrogante desafiadora nº 2, estava determinada a assumir a primeira posição. A Firestone se focou unicamente na Goodyear, praticamente ignorando a nº 3, a BF Goodrich. Mais importante – e muito comum – as três falharam em perceber as mudanças que vinham do outro lado do Atlântico. Elas não prestaram atenção à Michelin que, com o seu novo pneu radial, tornava-se o líder europeu e procurava entrar no mercado americano.

Mas por que prestar atenção? Eles haviam tomado conta da distribuição, assim como a indústria automobilística norte-americana havia feito. Eles não deixariam a Michelin entrar. Solucionando o problema. Mas eles não prestaram atenção a um fato: com a sua plataforma de pneus, baterias e acessórios (PBA), a Sears havia se tornado o maior varejista de pneus da América, controlando cerca de 25% do mercado. Os Três Grandes haviam ignorado esse fato porque todos disseram "não" à Sears. Eles não queriam que o varejista gigante vendesse seus produtos,

* N. de T.: No original, *shakeout*. Daqui em diante, será utilizado o termo em inglês.

pois a Sears colocaria a sua própria marca nos pneus e, portanto, eles estariam competindo contra si mesmos. Mas a Sears tinha os seus próprios fornecedores exclusivos e estava vendendo muitos pneus.

A Sears não possuía pneus radiais, no entanto, e negociou com satisfação com o fabricante francês Michelin. Como a marca Michelin não tinha presença na América e a Sears não tinha presença na Europa, a empresa francesa não viu problema com a marca particular da Sears. De fato, foi um casamento perfeito, e a Sears introduziu a empresa francesa na América. Logo, a Sears estava vendendo pneus radiais tanto com a sua marca particular, quanto com a marca da Michelin. Com a estratégia de duas marcas, a Sears começou a destruir a consolidada plataforma de produção americana – o pneu diagonal e o pneu cintado. De repente, o pneu radial estava em ascensão e os fabricantes americanos estavam bailando na curva.

A Firestone passou por sérias dificuldades. A histórica empresa, que foi fundada em 1900 e onde se criou uma boa amizade entre o seu fundador, Harvey Firestone, e Henry Ford, atrapalhou-se na transição para a tecnologia radial. Os radiais foram problemáticos para a indústria norte-americana como um todo, pois o novo processo acarretou enormes custos com o reequipamento de ferramentas e ainda afetou os fabricantes ao prejudicar o mercado de pneus substitutos. Mas a Firestone agravou os seus problemas ao precipitar-se no mercado com um produto defeituoso, o Firestone radial 500, um equívoco com conseqüências devastadoras. Em 1980, o National Highway Traffic Safety Administration* multou a Firestone em um valor recorde de US$ 500 mil por não ter feito o *recall* de 400 mil pneus fabricados entre 1973 e 1974 – pneus que, conforme a NHTSA, a Firestone sabia serem defeituosos. Como resultado de uma subseqüente investigação da NHTSA em 1978, a empresa concordou em retirar outros 14 milhões de pneus, o maior *recall* de pneus da história. A Firestone precisou alocar US$ 234 milhões para cobrir esse desastre.

Em 1979, a empresa contratou o especialista em reviravoltas John Nevin, que havia se tornado perito enquanto trabalhava na Zenith. No período de um ano, ele havia fechado sete fábricas nos Estados Unidos e eliminado aproximadamente oito mil empregos. Mas era tarde demais para recuperar a posição da Firestone como fabricante de pneus; e Nevin sabia disso. Ele impulsionou a empresa para o lado da manutenção e da venda a varejo em vez de produção, e também estava à procura de um comprador. Eis que a Pirelli bateu na porta em março de 1988, oferecendo US$ 58 por ação da empresa, sendo que ações estavam sendo comercializadas na faixa dos US$ 35. Era tudo o que a Bridgestone, a líder de pneu japonesa, precisava escutar. A Bridgestone, interessada em uma fatia do mercado

* N. de T.: Agência do ramo executivo do governo dos Estados Unidos, parte do Departamento de Transporte. Tem como missão "salvar vidas, prevenir ferimentos e reduzir colisões relacionadas a automóveis".

americano, porém tímida até então, entrou com a oferta de US$ 80 por quota. O trabalho de Nevin estava feito.

Durante a venda da Firestone, a miopia competitiva que havia afetado as três principais empresas de pneus nos Estados Unidos foi colocada em perspectiva por um executivo da Goodyear. "Não temos mais uma competição americana", Dennis Rich disse ao *Los Angeles Times*. "São todas marcas estrangeiras agora. Elas estão crescendo rapidamente e são muito capazes." [89]

O resultado disso é que a Firestone não tem sido um parceiro ideal. Primeiro, dentro de algumas semanas após o anúncio da negociação, a GM eliminou a Firestone como fornecedora, imediatamente tirando da empresa 10% de seu negócio. Dois anos depois, tendo a Bridgestone/Firestone uma dívida de US$ 3 bilhões, ficou claro que a Bridgestone havia pagado demais. Uma década depois, veio a catástrofe do Ford Explorer, que começou com reportagens na mídia sobre colisões causadas pelo rompimento nas ranhuras do pneu. No final do ano 2000, a Bridgestone/Firestone fez um *recall* de 6,5 milhões de pneus, a maioria deles de Fords. No ano seguinte, a Ford retirou preventivamente outros 13 milhões de pneus Bridgestone/Firestone, fazendo que a mesma dispensasse a Ford como cliente, pondo um fim infeliz à aliança de 100 anos entre as duas empresas. No final de 2001, a Bridgestone/Firestone concordou em pagar US$ 500 mil para cada um dos 50 estados para evitar processos judiciais originados de centenas de acidentes que poderiam ter sido causados por pneus defeituosos.

O presidente da Bridgestone Corp., Yoichiro Kaizaki, sugeriu que a empresa passaria a "depender mais da vendas de pneus Bridgestone nos Estados Unidos". [90] Foi assim que se deu o presságio da morte de outra venerável marca americana.

Aliás, a história do pneu é irônica. O inventor da tecnologia radial foi BF Goodrich. Como é típico do modelo de P&D germano-americano, Goodrich queria escolher os clientes mais rentáveis para sua nova invenção, então se dirigiu primeiro ao seu cliente de margem mais alta – a indústria aeroespacial. Como a produção de pneus para automóveis era uma *commodity*, com muita pressão de preço e margens pequenas, havia pouca motivação para a aplicação da tecnologia ali. Ao mesmo tempo, em vez de reorganizar as ferramentas de suas fábricas para acomodar a fabricação de pneus radiais, Goodrich licenciou a tecnologia e a Michelin comprou a licença. O fabricante francês teve sorte de possuir a tecnologia quando a Europa adotou totalmente a tecnologia radial, por lei, pois os pneus radiais são, de fato, comprovadamente mais seguros. Essa história chegou ao fim em 1989, quando a Michelin adquiriu a Uniroyal Goodrich Tire Co. por US$ 1,5 bilhão.

De Zenith a Nadir

O que os franceses fizeram à indústria de pneu norte-americana, os japoneses fizeram à indústria de televisão norte-americana. As semelhanças são impressionantes.

Assim como a BF Goodrich licenciou a tecnologia radial à Michelin, a RCA – acreditando que as suas concorrentes eram a Zenith, a Magnavox e a GE – licenciou a tecnologia de TV aos japoneses. Durante uma visita à indústria japonesa e aos líderes do governo em 1960, o lendário líder da RCA, David Sarnoff, recebeu o prêmio Ordem do Sol Nascente por seu auxílio à indústria de eletrônicos do Japão.

Quando a direção da empresa passou para o filho de Sarnoff, Bob, a queda da RCA foi espetacular. Em 1974, a participação no mercado de TV a cores, a categoria que a RCA havia desenvolvido em grande parte e dominado completamente, havia caído para 20%. Empresas japonesas, lideradas pela Matsushita, possuíam a mesma participação. A Zenith, com 24%, havia se tornado a líder nos Estados Unidos. Logo, a RCA sairia do mercado, vendendo aparelhos fabricados por outros sob a marca RCA. "Um sinal gráfico de sua humilhação", escreve Robert Sobel em *When Giants Stumble*. "A RCA havia se tornado um licenciado – da Matsushita." [91]

O conselho da RCA dispensou Bob Sarnoff em 1975, mas a essa altura não era mais possível administrar os problemas da empresa altamente diversificada e sem foco. No início da década de 80, o CEO Thornton Bradshaw renunciou a inúmeros empreendimentos e liquidou as dívidas da empresa. Em 1986, ele vendeu a RCA para a GE por US$ 6,3 bilhões. O aparelho de televisão fabricado pela RCA saiu do cenário norte-americano, mas a nossa história não acaba aqui. Jack Welch da GE vendeu as marcas de televisão RCA e GE para a Thomson SA da França em 1987. A Philips Electronics NV dos Países Baixos já havia comprado a Magnavox e a Sylvania. Isso fez da Zenith a última fabricante de televisão restante nos Estados Unidos.

A Zenith liderou o mercado de vendas de TV em cores de 1972 a 1978. Enquanto aproveitava esse momento, em 1974, o controlador da empresa disse: "Somos uma empresa americana e provavelmente permaneceremos assim". [92] A Zenith não previu a surra que levaria dos competidores asiáticos. Em 1984, obrigada a cortar preços devido aos importados mais baratos, a Zenith parou de lucrar de uma vez por todas. Nos dez anos seguintes, sob a liderança de Jerry Pearlman, a empresa executou um plano de sobrevivência ao cortar a folha de pagamento e transferir grande parte da produção para o México. Em 1995, 58% da empresa foi vendida por US$ 351 milhões. O comprador? O LG Group da Coréia (antes, Lucky-Goldstar, um das antigas gerações de *chaebols**).

Isso não ajudou. A Zenith teve um prejuízo recorde de US$ 300 milhões em 1997, o mesmo ano em que reduziu a sua mão-de-obra em 25%. Em 1998, ela fechou a sua última instalação de produção nos Estados Unidos, a famosa

* N. de T.: O *chaebol* é um tipo de conglomerado comum na Coréia do Sul. São grupos de empresas controlados por grandes famílias, financiados pelo governo com um papel importante na economia sul-coreana desde a década de 60. Alguns se tornaram marcas de renome internacional, como Samsung, Hyundai e LG.

instalação de tubos para televisores coloridos em Melrose Park, Illinois. No ano seguinte, ela entrou com um pedido de proteção contra falência. Como parte do processo, o LG Group anulou US$ 200 milhões em dívidas da empresa em troca de 100% de propriedade. A sua transformação em uma entidade de marketing e distribuição, a empresa vendeu o que restava de suas operações de produção, incluindo a sua instalação de TV em Reynosa no México. A Zenith não havia apenas deixado de ser uma empresa americana; ela não era mais nem uma fabricante de TV.

No caso dessa indústria e, mais amplamente, dos bens eletrônicos de consumo, as conseqüências da miopia competitiva têm sido impressionantes. Como diz Robert Sobel: "Hoje não é mais possível comprar uma TV produzida por uma empresa norte-americana e baseada nos Estados Unidos. A vitória japonesa no setor de bens de consumo eletrônicos foi mais completa e surpreendente do que aquela no de automóveis". [93]

O FENÔMENO DO *CLUSTERING**

O *clustering* em uma localidade de empresas de uma determinada indústria é um fenômeno natural. Nos primórdios, era simplesmente uma questão de disponibilidade dos recursos naturais. Pittsburgh tornou-se a capital do aço devido aos ricos depósitos de carvão e minério de ferro na área. Engenhos de algodão proliferaram no Sul onde se cultivava o algodão. Da mesma forma, os engenhos de papel localizavam-se no Sul, pois caulim, o branqueador, era abundante ali. Transportar tais matérias-primas para fábricas distantes seria, em muitos casos, mais caro do que a extração, assim, a economia ditava que a indústrias se instalassem onde os recursos fossem abundantes.

O *clustering* oferece outros benefícios além do uso eficiente de recursos naturais. Localizar-se próximos uns dos outros é vantajoso para os competidores. As linhas de acesso aos recursos já foram estabelecidas na área e é provável que haja um grupo de trabalho qualificado e motivado disponível. Existe uma divisão sinérgica de idéias e informações, e os avanços de um competidor estimulam inovações de outro. A competição faz a indústria evoluir, e isso é saudável – até certo ponto.

Em inúmeras grandes indústrias americanas, esse ponto já foi alcançado. A indústria de automóvel, num *cluster* em Detroit, encontra-se agora em declínio. O mesmo acontece com a indústria de pneus em Akron e a indústria de aço em

* N. de T.: Concentração de várias empresas de um mesmo setor numa zona geográfica relativamente definida, que constitui um pólo produtivo especializado com vantagens competitivas. Esse termo foi popularizado por Michael Porter em seu livro *Competitive Advantages of Nations*, de 1990.

Pittsburgh, assim como com a indústria da defesa (Hughes, Boeing) em Los Angeles. Se a indústria da alta tecnologia no Vale do Silício irá prosperar ou não, é um caso a ser visto.

Sejam quais forem as vantagens, o *clustering* contribui para a miopia competitiva. Ele faz com que a empresa enfoque na competição em seu próprio pátio. Como poderia ser diferente, se os executivos de empresas concorrentes são membros dos mesmos clubes e seus filhos estudam nas mesmas escolas? Ninguém quer perder participação de mercado para o vizinho. Isso seria pior do que ser traído por seu parceiro. O *clustering* cria uma sociedade fechada e proporciona uma visão muito restrita da competição. [94]

Certamente, problemas criam oportunidades. A empresa situada em meio aos seus competidores pode continuar a competir com seus vizinhos. Mas se ela conseguir ignorar o barulho e erguer os olhos sobre os muros, poderá obter uma enorme vantagem global.

QUANDO O Nº 1 TAMBÉM É O PIONEIRO

Se você está no topo da indústria na qual foi a pioneira, tome cuidado. Se você se concentra nos dois competidores logo atrás que estão roubando a sua participação de mercado e tentando levar a sua coroa, você está propenso a ser vítima da miopia da competitividade. Vamos analisar o exemplo do McDonald's.

A guerra dos hambúrgueres

O apetite nacional pelo que o McDonald's criou – o *fast food* – tornou-se tão voraz que não foi possível para uma simples empresa suprir a demanda. Os competidores proliferaram-se – alguns locais, alguns regionais, outros nacionais. Muitos faliram. Após o *shakeout*, o McDonald's estava focado no Burger King e, com uma ênfase menor, no Wendy's. Primeiramente, vamos admitir que o McDonald's fez muitas coisas certas. Ele transformou a integração vertical em uma arte, e, como resultado disso, as suas operações são maravilhosas. A adoção rígida da sua filosofia principal de "Qualidade, Serviço, Limpeza e Valor" continua atraindo milhões de clientes e mantendo a posição da empresa como nº 1 da indústria. Conforme disseram Peters e Waterman ao exaltar o McDonald's como uma de suas empresas "exemplares", "o McDonald's é, acima de tudo, melhor nas coisas básicas". [95]

É verdade, também, que o McDonald's tinha bons motivos para se preocupar com o Burger King. O Burger King reparou como o McDonald's manteve um controle rígido sobre seus franqueados, limitando o número de lojas para cada um, pois dessa forma nenhum deles se tornaria muito poderoso. Quando começou o seu próprio esforço de franquia, em 1959, o Burger King tomou o rumo oposto, oferecendo grandes territórios para seus franqueados, às vezes estados inteiros, o que promoveu uma rápida expansão. O Burger King também usou a campanha "Como Você Quiser", iniciada em 1974, para disputar com o McDonald's. Ao declarar que "Pedidos especiais não nos incomodam", o Burger King levou vantagem em relação ao preparo regulamentado dos hambúrgueres do McDonald's. Em 1982, o Burger King havia claramente se estabelecido como o nº 2, e atraído a atenção do McDonald's.

No entanto, enquanto se focava em seu desafiante direto, o McDonald's negligenciava a competição periférica e não-tradicional. Mais especificamente, esqueceu que o hambúrguer não era a única forma de *fast-food*. De repente, o panorama do *fast-food* estava repleto de frango frito, Taco Bells, pizzarias e Chick-fil-A. Essa última empresa, com a sua atrativa campanha publicitária "Coma mais frango", é um exemplo perfeito do desafiante não-tradicional. Ele surge de forma inesperada na categoria que antigamente só tinha carne de gado; oferece uma alternativa mais contemporânea e mais saudável, enquanto a carne de gado atinge um nível estável; e ele não se importa em importunar os inimigos grandes. Ele também se insere em lugares onde outros não penetraram, como praças de alimentação universitárias, *shopping centers* e prédios comerciais.

É importante mencionar que a plataforma do McDonald's sempre foi ser proprietário do imóvel e alugá-lo aos franqueados. Freqüentemente, a empresa conseguia comprar terrenos a preços mais baratos como concessão dos governos locais, pois provavelmente ajudaria a desenvolver o comércio na área. Até recentemente, o McDonald's era o maior proprietário de imóveis comerciais. Jogadores de nicho como a Chick-fil-A não tinham condições de seguir esse caminho; por necessidade, eles alugavam os imóveis de outras pessoas – em aeroportos, shoppings, e assemelhados. Isso pode ser vantajoso se o tráfego a pé for alto. Para o McDonald's, casado com a cultura automobilística, a propriedade própria tornou-se uma faca de dois gumes.

Com cerca de 1.200 pontos de venda, a Chick-fil-A sozinha não pode ser considerada uma ameaça direta ao McDonald's, que possui 31 mil lojas em 100 países. Mas quando você adiciona a isso os outros competidores "não-hambúrgueres" – os KFCs, os Taco Bells e os Pizza Huts – você tem uma ameaça. E somar essas três grandes marcas foi exatamente o que a Pepsi fez ao criar a empresa Tricon ("*three brand icons*") em 1997.

Cinco anos depois, em 2002, a Tricon adicionou a Long John Silver's e os restaurantes A&W ao seu portfólio, modificando o seu nome para Yum! Brands. A essa altura o McDonald's deve ter se dado conta, pois a Yum!, com seus 33 mil restaurantes no mundo inteiro, era agora a nº 1 em lojas totais de *fast-food*. Além disso, enquanto o McDonald's sente-se ameaçado pela sua falta de diversidade, a Yum! está ativamente capitalizando ao dar uma opção aos consumidores. A sua nova estratégia é "unidades multimarcas", localidades individuais onde diversos restaurantes da Yum! Brands encontram-se disponíveis. Aproximadamente três mil dessas localidades foram abertas, e a reação dos clientes tem sido altamente favorável. No que é hoje um verdadeiro banquete de *fast-food*, o foco do McDonald's somente sobre a ameaça do Burger King constitui um sério caso de miopia competitiva.

Outra área onde o McDonald's está sendo superado por seus desafiantes periféricos é na redução da margem de seus hambúrgueres. A única oferta de margem grande do McDonald's é sobre os seus produtos da Coca-Cola. O custo total por porção de uma bebida é aproximadamente cinco centavos, mas a empresa cobra cerca de um dólar (e inclui muito gelo). Embora não se comparem às bebidas, as batatas fritas também possuem uma margem relativamente alta. Isso explica a ênfase nas promoções numeradas, que incluem ambos. É o mesmo princípio da câmera descartável, onde uma câmera muito barata com o filme pré-instalado é a atração principal para o cliente, mas os lucros estão na revelação.

Enquanto isso, os competidores de nicho estão cuidando das margens de seus pratos principais, e ninguém faz isso melhor do que os fornecedores de pizza. O custo total de uma pizza de US$ 10 (incluindo ingredientes e preparo) é de aproximadamente um dólar e meio. E pense nas outras formas utilizadas pelo negócio de pizza para cortar os custos. Alguns fazem apenas entrega em domicílio, sem a despesa de alugar o metro quadrado para mesas e cadeiras, e a entrega é feita por garotos com carros próprios que dependem mais de gorjetas do que de salário. (São por esses motivos, certamente, que proprietários de lojas individuais – principalmente em cidades universitárias – persistem no negócio de pizza.)

Finalmente, enquanto o McDonald's estava focado em seus rivais principais, os vendedores de hambúrgueres, os gostos dos consumidores começaram a mudar. Hambúrgueres gordurosos em pães brancos com alto índice de carboidrato começaram a ser rejeitados por uma geração mais saudável que passou a exigir saladas frescas e frango grelhado. Assim como gigantes de outras indústrias, o McDonald's foi lento em reagir à essa tendência, oferecendo uma abertura a jogadores de nicho como a Subway e a sempre inovadora Wendy's.

A visão estreita do McDonald's quanto à competição, sem dúvida, contribuiu para o declínio da empresa em 2000. Após três trimestres consecutivos de lucros decrescentes, a empresa anunciou uma grande reestruturação em 2001, cortando 700 empregos e reorganizando os seus serviços regionais. Essas ações não parecem ter ajudado. Após o corte de mais 600 empregos e o fechamento de 175 lojas com desempenho abaixo da média, o McDonald's relatou o seu primeiro prejuízo trimestral, no final de 2002.

Em meio a todo esse tumulto, o McDonald's estava engajado em uma furiosa guerra de preços com a sua rival tradicional, o Burger King. No início de 2002, o Burger King introduziu um cardápio especial de 11 itens por 99 centavos. O McDonald's respondeu com o seu cardápio de um dólar. A ironia foi captada pela mídia especializada em negócios. "Guerras de hambúrgueres foram declaradas nos Estados Unidos", relatou o *Knight Ridder Tribune*, "mas as primeiras baixas parecem ser próprias cadeias de *fast food*. Apesar da voraz competição de preços, os consumidores parecem ter perdido seu apetite pelos grandes do *junk food**, como o Burger King e o McDonald's. Ambos passaram por uma queda nas vendas este ano". [96]

No entanto, o McDonald's está finalmente enxergando além da carne e do pão. A cadeia procura reconquistar seus clientes com um produto mais saudável, incluindo uma linha de saladas *premium* e uma promessa para remover gorduras trans de seus óleos de cozinha. Talvez por causa do debochado filme *Supersize Me*, a venda de batatas fritas em tamanho super foi suspensa. A empresa também está cogitando comercializar bebidas de café espresso, planeja reintroduzir o conceito do McCafe, e está trabalhando em uma estratégia de marketing para a introdução nacional de cafés *premium*. Essa tentativa de base ampla para responder ao mercado em mudança e evoluir além da mentalidade "só carne de gado" parece estar produzindo resultados. O negócio começou a dar a volta por cima em 2003, e as vendas de *same-store*** aumentaram 14% em 2004. Essa tendência ascendente continuou, e quando a empresa publicou os resultados para o primeiro trimestre de 2005, ela percebeu que as vendas *same-store* haviam aumentado durante 24 meses consecutivos. O lucro da empresa no último trimestre de 2005 subiu 53%, e a receita para aquele ano subiu 8%.

Dada a intensidade – e a variedade – da competição no mercado *fast food*, isso é uma façanha e tanto. Talvez o McDonald's não seja mais míope.

O CENÁRIO OPOSTO: QUANDO O Nº 2 PERSEGUE O Nº 1

Talvez esse seja o caminho mais fácil para a miopia competitiva: quando você é o nº 2 e está se aproximando. Se o nº 1 está na sua mira, se você é visto como o único desafiante viável, é natural que foque todas as suas energias competitivas no líder de mercado, a ponto de excluir todos os outros.

* N. de T.: Alimento rico em calorias de baixo valor nutritivo, porém de rápido e fácil preparo.

** N. de T.: Estatística utilizada para analisar a indústria de varejo. Ela compara as vendas em lojas abertas há um ano ou mais.

Esforçando-se mais

A Hertz foi, indiscutivelmente, a pioneira no aluguel de automóveis e a líder na indústria durante muito tempo. Fundada em 1918, ela já havia introduzido um cartão de crédito para aluguel de automóvel em 1926 e havia se estabelecido no aeroporto Midway de Chicago em 1932. Ela iniciou o primeiro plano "alugue aqui/ deixe ali" no ano seguinte. Quando a Avis chegou, três décadas depois, o que ela poderia fazer além de "esforçar-se mais"?

A campanha construída em volta do lema "esforçando-se mais porque é preciso", um *slogan* que, encontrou virtude em ser o nº 2, tem hoje 40 anos. Robert Salerno, o atual o CEO da Cendant Car Rental Group, o pai da Avis, mudou-se para a Avis 20 anos após a estréia da campanha. Ele diz "ainda admirar a campanha que violou todas as regras e é creditada pelo aumento de lucro da empresa da noite para o dia em 1963". A campanha foi bem-sucedida, diz Salerno, pois "éramos o nº 2 [e] dissemos isso, e a nossa honestidade ecoou em todos os clientes e proprietários de negócios que alguma vez já se sentiram o azarão". [97]

Enquanto a Avis esforçava-se mais para alcançar a líder da indústria Hertz, e enquanto ambas as empresas competiam focando-se no executivo que viajava de avião, nenhuma deu muita atenção à emergente Budget. A Budget não se esforçou mais; ela tentou algo diferente. Ela percebeu um novo mercado para o aluguel de automóveis: a família em férias, ou os turistas que desejam dirigir para uma variedade de destinos. Para entrar nesse mercado, ela criou um conceito novo: milhagens ilimitadas. A milhagem não importava ao executivo viajante que alugava o carro no aeroporto, dirigia-o até sua conferência no centro da cidade e devolvia-o ao aeroporto. Mas a Budget viu que o "mercado do prazer", principalmente entre os turistas de férias em locais populares como a Flórida e a Califórnia, poderia ser maior do que o mercado de negócios, e foi em busca disso.

Hoje sob a marca Cendant, a Budget está praticamente empatada com a Avis em termos de localizações totais nos Estados Unidos e em receita anual. Mas, estranhamente elas não estão empatadas no nº 2. E o que é ainda mais surpreendente: a Hertz deixou de ser a nº 1. A Budget foi bem-sucedida ao fazer com que os outros grandes jogadores ficassem a par do mercado de lazer, mas existia ainda outro mercado – o maior de todos – que nenhuma viu. Conforme explicou a *Fortune*, enquanto a Hertz, a Avis, e a Budget "procuravam superar-se uma à outra para ganhar alguns pontos no mercado de 'ternos e calções' dos viajantes de aeroportos, fossem eles a negócios ou em férias, a Enterprise invadiu o interior com uma estratégia completamente diferente". Uma estratégia tão brilhante, de fato, que em pouco mais de 40 anos a Enterprise ultrapassou todos na indústria.

O que é essa estratégia? Proporcionar um automóvel adicional para a família. Se o seu automóvel pifou, ou se houve um acidente e o seu carro precisa ficar no mecânico por alguns dias, ou se está numa autorizada para uma manutenção de rotina, você pode recorrer à Enterprise. Algumas décadas atrás, a sua esposa poderia levá-lo para onde quisesse. Mas agora ela também trabalha e não pode mais ser sua motorista. Esse é o ponto da campanha "Nós buscamos você". Focados umas nas outras e nos mercados tradicionais, a Hertz, a Avis e a Budget perderam o despertar desse oceano de oportunidades.

Hoje, a Enterprise também busca uma participação no mercado de aeroporto, mas a sua grande inovação foi estar em todos os lugares. Em vez de concentrar a sua frota nos aeroportos principais, ela abriu lojas baratas em distritos comerciais por todo o país. Andy Taylor, o atual CEO e filho do fundador da empresa, gaba-se de que "90% da população americana mora a 15 minutos de uma loja Enterprise". Quando as equipes da Enterprise não estão trabalhando no escritório, elas estão na rua conversando com os proprietários de ferros-velhos, operadores de guincho e revendores de automóveis. Conseqüentemente, o negócio boca-a-boca é crucial. Taylor não teme que haja uma redução do negócio porque, cada vez mais, as pessoas estão alugando da Enterprise mesmo quando os seus próprios automóveis estão funcionando. Isso inclui o pequeno executivo que necessita de um automóvel melhor do que o seu próprio para buscar seus clientes, ou as pessoas que não confiam ou que simplesmente preferem não utilizar o automóvel da família. Nesses casos, diz ele, a Enterprise fornece o "automóvel virtual". [98]

É espantoso. Em 2005, a frota total da Enterprise era superior a 600 mil veículos, quase o dobro da Hertz, e a empresa também assumiu uma boa liderança em faturamento total. Enquanto permanecer abrindo mais de 400 novas localizações por ano, como tem feito desde 2000, a sua participação de mercado provavelmente continuirá crescendo.

Quanto à Avis, ela pode ter se esforçado mais, mas claramente sofreu da miopia competitiva que parece ter afetado os grandes jogadores de tantas indústrias. Mais uma vez, os líderes da indústria foram superados por um intruso que, em vez de se focar restritamente na competição, focou em uma estratégia inovadora.

OS SINAIS DA MIOPIA COMPETITIVA

Como é possível saber quando nos tornamos míopes? Com um hábito tão fácil de ser adquirido, existem vários sintomas a serem observados.

Você permite que competidores de pequenos nichos coexistam com você

Porque está focado nos grandes jogadores, você não considera as empresas de nicho como uma ameaça. Não se trata de uma questão de arrogância ou de negação; você simplesmente não acredita que sejam um desafio. Elas são pequenas demais, não possuem as capacidades ou os recursos necessários, e nem mesmo estão na sua categoria. Além disso, você acredita que a coexistência está funcionando a seu favor, como vemos no exemplo da Sears e The Limited.

A Sears olhou para o futuro e viu automóveis e estradas. Ela ajudou a modelar esse futuro ao construir shopping centers ao longo dessas estradas – shoppings onde se instalaria. Era uma visão magnífica, mas manter uma infra-estrutura de shopping centers é uma proposta cara. Portanto, a Sears convidou os varejistas especializados para ajudarem a pagar esses custos fixos – empresas como The Limited. A competição da Sears eram outras lojas de departamento; ela não considerava The Limited uma ameaça.

Agora era a vez da The Limited ver o futuro. Quando Leslie Wexner abriu a primeira loja Limited em Columbus, Ohio, em 1963, sua ambição – de onde a loja levou o nome – era limitada. Ele queria apenas uma linha de produto bem-feita: roupas na moda para mulheres jovens, com preços moderados. Em 1976, The Limited possuía 100 lojas de fábrica (a maioria em shoppings suburbanos), e os dados demográficos estavam ao lado de Wexner. Ele havia explorado uma base de clientes – jovens mulheres profissionais – que expandia-se rapidamente. Enquanto isso, o mercado-alvo das roupas femininas da Sears – a tradicional dona-de-casa de classe média – estava encolhendo à medida que as mulheres trabalhavam cada vez mais. A Sears demorou para reconhecer essa tendência.

O conceito "limitado" deu certo. A cadeia foi em busca das mulheres dos 18 aos 30 anos de idade – mulheres que haviam freqüentado ou que freqüentariam a universidade, mulheres que precisariam de roupas estilosas para trabalhar, mulheres cujas visões da vida eram mais amplas do que o modelo "marido/ganha-pão, esposa/dona-de-casa". The Limited levou o conceito um pouco mais adiante ao contratar vendedoras que se assemelhavam às clientes – jovens, estilosas, profissionais. Ela inclusive vendia uma variedade limitada de tamanhos.

Depois, a The Limited expandiu os limites de seu mercado ao adquirir ou criar marcas adicionais. Para suprir os jovens adolescentes, ela criou a Express em 1980. Para mulheres maiores, ela adquiriu a Lane Bryant em 1982. Para mulheres mais econômicas, ela adquiriu as Lerner Stores em 1985. A Limited Too, para garotas, abriu em 1988. Para cobrir o segmento de roupas íntimas, ela adquiriu a empresa de catálogo Victoria's Secret, em 1985, e a levou ao varejo. A esse ponto, a sua influência era tanta que podia ditar que suas diversas lojas ficassem agrupadas próximas umas às outras no shopping. Não havia mais razão para as mulheres comprarem roupas nas lojas de departamento. Conforme disse um executivo de shopping de Chicago ao *Crain's Chicago Business*: "Uma por uma, de loja em loja, Les Wexner está redefinindo o negócio de loja de departamento". [99]

Nos meados dos anos 90, a grande corrida da The Limited havia arrefecido, e a sua estratégia mudou da expansão para a contração. Dela desdobraram-se algumas marcas (Victoria's Secret, Limited Too), venderam-se outras (Abercrombie & Fitch, Lane Bryant, Lerner), e fecharam-se algumas lojas. Mas a revolução do varejo de especialidade estava completa. Quanto à Sears, The Limited havia acabado com a categoria de roupas femininas.

Além disso, deixar os jogadores de nicho entrar em seus shoppings prejudicou a Sears em outras categorias de produtos também. Um bom exemplo são os sapatos, pois a história possui um final irônico. À medida que a Sears prosperava no fenômeno do shopping suburbano, a sua antiga concorrente, a Woolworth, desmoronou. A Sears deve ter rido em silêncio ao ver o fim do barateiro, confinado a um ponto no centro decadente da cidade, próximo à estação de trem abandonada. Mas a Woolworth ainda não havia acabado. Ela escutou o conselho oferecido no capítulo anterior e modificou a sua competência para um negócio semelhante – o de varejo de especialidade. Ela explorou a marca Woolworth e investiu os retornos no negócio de calçados, primeiro ao adquirir a Kinney e então, espetacularmente, ao introduzir a Foot Locker. Isso ajudou a criar a agora gigante categoria de calçados atléticos.

Então imagine a Sears, limitada a seu modelo de loja de departamento. Dentro dela encontra-se o centro de calçados familiar – um empreendimento geral que vende calçados para homens e mulheres, formais e informais, sandálias e tênis. Os calçados atléticos são uma pequena parte do negócio, portanto a Sears não está preocupada com a Foot Locker. No entanto, a Foot Locker expandiu-se com a Lady Foot Locker e a Kids Foot Locker, e, ao mesmo tempo, o mundo começou a comprar calçados esportivos para uso diário. Ninguém comprava esses calçados na Sears. Outra categoria havia sido liquidada pelos varejistas de especialidade.

O mesmo aconteceu com os brinquedos com a chegada da Toys R Us – não dentro do shopping, mas no terreno do shopping. A loja de departamento perdeu outra categoria. (Agora a estratégia da Wal-Mart – sozinha em sua grande caixa – faz muito sentido. Se você está concorrendo em qualquer categoria em que a Wal-Mart esteja presente, você não entra no terreno.)

A lealdade do seu fornecedor é conquistada por um competidor não-tradicional

Não perceber que o seu fornecedor pode se tornar seu competidor é outro sinal de miopia competitiva. Digamos que você esteja tão focado na sua competição imediata que procura uma vantagem ao exigir um preço mais baixo do seu fornecedor. Você acredita que pode conseguir isso por ser um grande cliente. Mas você não tem valorizado a lealdade do seu fornecedor, e agora ele diz: "Espere um pouco. Não estou gostando disso. Vou vender a minha capacidade para outra pessoa". De repente, o seu fornecedor tornou-se o seu competidor. (Em seu valioso livro *Competitive Strategy*, Michael Porter aponta que a competição direta entre os principais jogadores é apenas uma das cinco "forças competitivas" que impulsionam qualquer indústria. As outras são o poder de barganha dos fornecedores, os poder de barganha dos compradores, a ameaça dos novos competidores, e a ameaça dos novos produtos ou serviços substitutos.) [100]

Novamente, a lição é que precisamos ter uma visão ampla e periférica da competição. Se estivermos dentro do ramo de varejo, nossos fornecedores não estão procurando competir ali. Eles não querem trabalhar no varejo. Mas o que eles fazem com sua capacidade é uma "força competitiva" da qual precisamos ter conhecimento. Como um exemplo, vamos observar o que aconteceu na relação entre a Procter & Gamble, o fornecedor, e os supermercados que tradicionalmente eram os maiores clientes da empresa.

O que aconteceu nessa relação, em uma palavra, foi a Wal-Mart. Os supermercados não esperavam por essa. Eles consideravam a Wal-Mart uma loja de bens confeccionados – têxteis, roupas, móveis para casa, e não previram a expansão de suas linhas de produtos. Eles também não perceberam a crescente aliança entre o seu fornecedor preferido e o varejista mundial nº 1. Os supermercados não entendiam como os "negociantes gerais" poderiam se tornar a sua competição, mas aconteceu – de verdade. Em 1990, a Wal-Mart realizou US$ 500 milhões em negócios com a P&G; 15 anos depois, esse negócio valia mais de US$ 10 bilhões ao ano, e 18% dos produtos da P&G ia para o monstro de Bentonville, Arkansas.

Os supermercados deveriam ter sentido essa "força competitiva" desde 1992. A habilidade da P&G em desviar uma crescente participação de sua capacidade para a Wal-Mart permitiu que ela exigisse "preços baixos todos os dias" de seus supermercados clientes, ao mesmo tempo reduzindo os descontos utilizados para persuadir as cadeias de *grocery** a estocar suas marcas. Os supermercados não estavam satisfeitos. Os preços mais baixos dos produtos da P&G retiraram as vendas de suas marcas privadas mais rentáveis, e a perda dos descontos da P&G foi um grande golpe. Mas o que poderiam fazer? Com a Wal-Mart oferecendo seu apoio, a ameaça das lojas de liquidar com as linhas P&G ficou sem fundamento, e, além do mais, elas não tinham condições de fazer isso de qualquer maneira. De acordo com os números da indústria na época, a P&G fornecia às lojas de *grocery* 44 categorias diferentes de produtos, e as suas marcas eram a nº 1 e a nº 2 em 32 dessas categorias. A ironia é que a P&G aprendeu o termo "preços baixos todos os dias" da Wal-Mart, que não possuía marcas privadas para proteger e não exigia descontos de grandes fornecedores. Em vez disso, a Wal-Mart possuía volume. [101]

Em 1997, a P&G acabou com sua antiga política de devolução de itens danificados ou descontinuados de seus clientes de supermercados. Em vez disso, ela

* N. de T.: Segmento que envolve mercados, supermercados e minimercados.

ordenou "sem devoluções" e começou a emitir pagamentos globais trimestrais para cobrir o custo de remessas danificadas. A ação parecia trazer uma eficiência estilo Wal-Mart aos processos de pedido e distribuição. Os pagamentos deveriam beneficiar os varejistas com operações mais fluídas e prejudicar aqueles com sistemas de pedidos e sistemas de manuseio desajeitados. De qualquer modo, o ponto é que a P&G, a fornecedora, estava ditando as regras aos supermercados.

Além de serem pressionados pelo "poder de barganha dos fornecedores" como a P&G, os supermercados também são inesperadamente afetados pelos competidores não-tradicionais entrando na arena. No início de 2003, a Wal-Mart anunciou planos de abrir o seu primeiro supercenter de *grocery* na Califórnia e de construir mais 39 no estado em cinco anos. Ralphs, Vons e Albertsons, as maiores cadeias de *grocery* da Califórnia, não ficaram felizes com a notícia. Afinal de contas, a Wal-Mart já possuía a fama de ter levado uma dúzia de cadeias de supermercados nacionais à falência apenas na década anterior. Nos poucos anos desde que expandiu para o negócio de *grocery*, essa gigante que é a Wal-Mart havia se tornado a nº 1 na categoria, com 19% das vendas de *grocery* dos Estados Unidos. Se mantivesse seu plano de cinco anos para inaugurar mil novos supercenters no país inteiro, as projeções da indústria previram que essa participação de 19% cresceria para 35% no mercado de alimentação. [102]

Os supermercados poderiam ter feito algo para manter a lealdade da P&G? Eles poderiam ter feito mais para apoiar as marcas P&G, mas o seu enorme investimento em suas marcas próprias teria dificultado isso. Eles poderiam ter reduzido as taxas que cobravam por espaço de gôndola, mas a Wal-Mart, a iniciante faminta, sem dúvida estaria disposta a cobrar menos. A lição é que, quando se deram conta da dimensão da arena competitiva, já não restavam muitas boas opções.

Um fenômeno semelhante aconteceu quando fabricantes de aparelhos começaram a se mudar das lojas de departamento, como a Sears e a JCPenney, para a Home Depot e a Lowe's. Na perspectiva restrita e competitiva das lojas de departamento, a Home Depot e a Lowe's eram consideradas lojas de "madeira compensada", pouco superiores às lojas de ferragens. Portanto, a sua entrada passou despercebida – até que a ameaça tornou-se real demais.

Essa síndrome é mais comum no varejo, mas também acontece na produção. A IBM, por exemplo, criou dois fornecedores-chave, a Microsoft e a Intel, e presumiu que toda aquela capacidade permaneceria fluindo em sua direção enquanto ela se focava diretamente em competidores como a HP e a Compaq. Eis que, repentinamente, surgiu o jovem empresário Michael Dell. Dell criou um novo paradigma no negócio de informática, e a Microsoft e a Intel, que eram tão leais quanto comerciantes de armamentos, desviaram as suas capacidades em sua direção. Como resultado disso, a Dell tornou-se a nº 1. Novamente, a verdadeira ameaça competitiva para a IBM era a possibilidade de que seus fornecedores levassem as suas capacidades para outro lugar.

A estratégia de seu cliente (ou de seu parceiro de canal) muda de comprador para produtor

Aqui, a competição vem do cliente em vez do fornecedor, mas não é apenas a lealdade do seu cliente que está mudando. Conforme vejo esse panorama, o verdadeiro perigo é quando o cliente vai contra a corrente e começa a fabricar o produto.

O exemplo clássico disso é a American Express, com o seu antigo cartão de crédito de prestígio e seus *traveler's checks*. (Aliás, o negócio dos *traveler's checks* da American Express foram ótimos enquanto duraram. Pense nisso: você entrega o seu dinheiro antecipadamente. Eu entrego uma nota promissória, a qual você pode ou não compensar. Enquanto isso, eu pego o seu dinheiro e empresto-o. Para você! Em seu próprio cartão de crédito! Eis o que chamamos de um negócio altamente sinérgico.)

A American Express fez um trabalho admirável ao destruir os antigos negócios dos cartões Diner's Club e Carte Blanche. Em primeiro lugar, ela investiu pesado na tecnologia *mainframe* e compilou uma tremenda base de dados. Nesse único movimento, ela basicamente ultrapassou os antigos competidores. Depois, a empresa descobriu que o mercado executivo (o alvo de todas as antigas empresas de cartões) gasta dinheiro não apenas em refeições, mas também em viagens aéreas e hotéis, então ela insistiu nesse segmento do negócio. E, como se isso não fosse o suficiente, a empresa também criou um número de campanhas publicitárias memoráveis e altamente eficazes (como, "Você me conhece?" e "Não saia de casa sem ele").

No entanto, é preciso lembrar que os verdadeiros clientes da American Express eram bancos. Os *traveler's checks* eram vendidos através dos bancos, e todo o processamento de cartões – desde os comerciantes que aceitavam o cartão – passava pelos bancos. De fato, esses comerciantes – com suas empresas de pequeno e médio porte, como revendedoras de automóveis, restaurantes e lojas – representam uma grande parte da base de clientes dos bancos.

Como era de se esperar, os bancos finalmente decidiram entrar para os negócios de cartão de crédito. Primeiro, na costa oeste, surgiu o Visa, do Bank of America, que recrutou a ajuda de outros bancos. Na costa leste, o Citibank trouxe o Mastercard, também com a participação de outros bancos. Logo, as redes participantes expandiram-se tanto que ambos os cartões tornaram-se praticamente universais. Hoje, até mesmo o cliente executivo, que antigamente teria personificado o prestígio e a influência do cliente American Express, possui muitas outras opções atraentes. E ele não quer pagar as altas taxas da American Express.

Dessa forma, os clientes da American Express foram direto para a arena competitiva. A American Express contra-atacou com algum sucesso ao lançar o cartão corporativo. É claro que essa estratégia foi criada para levar esse cartão a todos os funcionários da empresa, e a American Express tornou a proposta ainda mais irresistível ao oferecer um controle e uma classificação de todas as cobranças. Isso era um verdadeiro serviço de valor agregado, e a American Express possuía um sistema de computador para executá-lo. Depois, a empresa ofereceu um gerenciamento de tesouraria – em outras palavras, ela cuidaria de todo o dinheiro vivo em caixa dos clientes. Obviamente, a American Express estava contra-atacando ao oferecer não apenas serviços de cartão, mas serviços bancários. Se os bancos podiam competir nos negócios de cartão de crédito, a American Express era capaz de devolver na mesma moeda.

O Visa e o Mastercard foram direto ao ponto oferecendo taxas reduzidas aos comerciantes que aceitassem seus cartões. Isso explica a proliferação de estabelecimentos – principalmente de empresas de pequeno e médio porte – onde o American Express não era aceito. Os proprietários não queriam pagar a alta percentagem da American Express (uma situação sobre a qual Visa capitalizou na sua propaganda agressiva). Além disso, enquanto o Visa e o Mastercard cobravam taxas reduzidas de seus comerciantes, eles permitiam que seus usuários pagassem um "mínimo mensal" em vez de um balanço total – o que era a prática da American Express. Essa aparente conveniência para os consumidores expandiu a popularidade dos cartões entre a classe média adoradora de crédito, mesmo quando as taxas de juros tornaram-se um grande centro de lucro para as empresas de cartões. Para permanecer no jogo, a American Express introduziu o Optima, o seu primeiro cartão com limite de crédito pré-estabelecido, em 1987.

À medida que a competição acirrada reduziu as margens dos negócios de cartão de crédito, a American Express sobreviveu à adaptação e à diversificação. Ela tornou-se mais uma instituição financeira de serviço total (oferecendo inclusive hipoteca *online* e serviços de corretagem), e seus serviços de cartão, atualmente, são menos distintos dos de seus rivais. Hoje, ironicamente, até mesmo o Citigroup distribui cartões American Express.

Enfim, enquanto os seus antigos clientes transformavam-se em competidores, a American Express mudou para responder à altura ao desafio.

Você subestima os novos competidores, principalmente aqueles vindos de economias emergentes

Novos competidores ameaçam entrar à força em praticamente todas as indústrias, mas a sua miopia torna-se aparente quando você não percebe essa ameaça. Você possui uma tendência natural a focar na competição existente, e se você é um dos jogadores principais, é possível que seja um pouco arrogante.

De qualquer maneira, a sua última preocupação é com um novo competidor de uma nação emergente.

A Sony, por exemplo, possuía muita competição direta com a qual se preocupar. Vindo de fora da antiga organização *keiretsu* de empresas "abençoadas", ela primeiramente precisava enfrentar seus rivais japoneses, como a Matsuhita, a Hitachi e a Sharp. Expandindo para a Europa, ela enfrentou rivais estabelecidos, como a Thomson e a Philips. Na América, a Zenith e a GE a aguardavam. À medida que entrava para o mercado global e tornava-se uma das marcas mais conhecidas no mundo, talvez a Sony pudesse ser perdoada por não reparar na humilde Coréia.

Mesmo que tivesse olhado para trás, ela poderia ter tido dificuldade em discernir a Samsung, que teve suas origens no processamento de arroz e no comércio de peixe seco. A sua entrada na indústria eletrônica em 1969 foi despretensiosa. Ela simplesmente desmontava TVs, videocassetes e fornos de microondas projetados no Ocidente e descobria como fabricá-los de maneira barata. Ela nem sequer preocupava-se em colocar a sua própria marca; em vez disso, vendia os aparelhos a fabricantes ocidentais como a GE e a varejistas como a Sears. Mas, em meados dos anos 90, o presidente Lee Kun Hee, o filho do fundador, decidiu transformar a Samsung de um fabricante de segmento mais barato em uma marca de segmento mais caro, e de repente o jogo começou.

"Queremos ganhar da Sony", declarou Eric Kim, o chefe de marketing global da Samsung, em 2001. "A Sony possui a mais forte memória de marca; queremos ser mais fortes do que a Sony até 2005." Os diretores da empresa acreditavam que a revolução digital daria a oportunidade para a empresa. Já líder mundial na produção de *chips* de memória DRAM (ironicamente, incluindo aqueles utilizados no Sony PlayStation 2), a Samsung fez um esforço enorme para estabelecer-se como a empresa "digi-tudo" – a fabricante de mecanismos eletrônicos de *chip* inovadores, atraentes e baratos. Ainda uma empresa que copiava tecnologias, ela daria ênfase ao design. Em 2001, seus tocadores de MP3, câmeras digitais e monitores de tela plana já estavam ganhando prêmios. [103]

O sonho de Eric Kim realizou-se um ano antes do que o previsto. Embora talvez ainda não fosse a marca mais reconhecida, no final de 2004 a Samsung havia se tornado a empresa de bens de consumo eletrônicos mais lucrativa do mundo, liderando o mercado global em TVs em cores, videocassetes, telas de cristal líquido e aparelhos de memória digital. Ela perdia apenas para a Nokia em matéria de telefones celulares, e estava se aproximando rapidamente da Sony em DVDs. Além de um design moderno, ela adicionou outro elemento à sua estratégia de era digital: a rapidez. O *modus operandi* da empresa é atacar a nova tecnologia, imediatamente melhorá-la, e então distribuir produtos mais rápido do que os outros. "Até mesmo o peixe caro torna-se barato em alguns dias", explicou o CEO Yun Jong Yong à *Newsweek*. "Para as lojas de sashimi e para a indústria digital, o estoque é prejudicial. A rapidez é tudo." Por exemplo, embora a Samsung não tenha inventado o telefone celular, ela introduz 100 modelos novos ao ano, comparado às duas dúzias da Nokia.

O modelo de negócio da Sony estava adaptado a uma época mais antiga, quando podia introduzir um item de grande impacto como o Walkman a cada poucos anos e gradualmente reduzir o preço à medida que o mercado se expandia. A Samsung, conforme menciona a *Newsweek*, é o mestre da nova era, na qual "as empresas precisam criar um onda constante de novos produtos que vendam imediatamente em grande volume por um preço relativamente baixo, [e que então] são rapidamente substituídos pela próxima novidade". [104]

Com a Samsung lucrando um recorde de US$ 12 bilhões em 2004 e ofuscando a sua concorrente principal em capitalização na bolsa, a Sony teve que admitir que o termo "made in Korea" tinha um significado completamente novo.

Outro gigante global que corre o risco de ser cegado pela competição de uma economia emergente é a francesa Lafarge S.A., a maior fabricante de cimento do mundo. Não que a empresa de 170 anos esteja fraquejando devido à sua idade. Pelo contrário, desde 1970 ela tem se expandido constantemente. Ela criou um perfil formidável na América do Norte com a aquisição da Canada Cement e da General Portland, e nos últimos 15 anos as suas operações expandiram de 12 para 70 países. Ela adquiriu as instalações de cimento da Tisco, localizadas na Índia, em 1999, e entrou na China ao adquirir uma participação da Chongqing Cement, em 2003.

Mas quando a sua enorme instalação na Indonésia foi destruída pelo tsunami, em 2004, que empresa agiu rapidamente para enviar produtos e ganhar participação de mercado? Não os concorrentes europeus tradicionais da Lafarge, como a HeidelbergCement e a Holcim da Suíça, mas a CEMEX do México. Em 1976, a CEMEX tornou-se a maior fabricante de cimento do México, mas a sua visibilidade internacional permaneceu baixa até que Lorenzo Zambrano, o neto do fundador, assumiu a empresa em 1985. Zambrano fez a empresa crescer através de inúmeras aquisições na América do Sul e Central, e em 1996 ela havia se tornado a nº 3 no mundo. Ela adquiriu a grande produtora americana Southdown por US$ 2,8 bilhões em 2000, mas o seu movimento mais audacioso estava por vir. Em 2005, a CEMEX fez a sua entrada na Europa ao adquirir o gigante Inglês RMC group por US$ 5,8 bilhões. A negociação não apenas tornou a CEMEX a fabricante de cimento nº 2 no mundo; ela desafiou a Lafarge ao fazer da Europa o maior mercado da CEMEX.

Quando você tornou-se impotente contra a tecnologia substituta

É uma ameaça que está sempre presente. Talvez aprendamos a discerni-la a tempo de nos adaptarmos, mudarmos a estratégia ou introduzirmos a tecnologia da próxima geração. Mas se sofremos de miopia competitiva, talvez ergamos nossos braços e nos rendamos.

O capítulo anterior discutiu a dificuldade da Kodak em acompanhar uma indústria que mudou diante de seu nariz. Será que ela esperou demais para se dedicar à revolução digital? A sua sólida injeção de capital e *know-how* técnico pode ter chegado bem a tempo. De qualquer forma, que perfeito exemplo de uma indústria sendo ofuscada pelo aparecimento de uma tecnologia nova ou "substituta"!

Talvez um exemplo melhor ainda seja a revolução acontecendo na indústria das telecomunicações. Os Baby Bells devem ter acreditado que a época de vacas gordas havia chegado quando os reguladores permitiram que se mudassem para a franquia de serviços de longa distância da Ma Bell. Mas então surgiu o telefone celular, que, dependendo do seu plano, não fazia distinção alguma entre ligação local e de longa distância. Pegue os números recentes da Qwest como exemplo. No segundo trimestre de 2005, a empresa relatou um prejuízo líquido de US$ 164 milhões. A única boa notícia é que foram muito menos que os US$ 776 milhões perdidos um ano antes. As perdas não são um mistério. As pessoas estão desistindo de suas linhas fixas – uma tendência estimulada por duas decisões recentes da FCC. A primeira permitiu que os consumidores mudassem para provedores *wireless* sem que modificassem seus números de telefone. A segunda, um golpe mais forte na indústria tradicional, permite que os clientes com linhas fixas mudem para o *wireless* e ainda mantenham o mesmo número. Hoje, os Baby Bells estão lutando como nunca para entrar nos negócios de telefone celular – freqüentemente adquirindo ou incorporando um provedor estabelecido.

Mas, uma vez que seu negócio de telefone celular esteja instalado e funcionando, mesmo assim os problemas das empresas de telefone não terão chegado ao fim. Agora existe o VoIP*. É a plataforma de comunicação mais barata que existe, e as empresas iniciantes estão oferecendo o serviço com taxas 30% menores do que as das empresas de linhas fixas. Isso também reduz drasticamente o tamanho da lista de funcionários da provedora. A Vonage, de Nova Jersey, oferece a VoIP para 70 mil clientes por US$ 24,99 ao mês, e faz isso com somente 220 funcionários.

Agora, todos os Baby Bells estão lutando novamente. A Qwest, a Verizon, a SBC e a BellSouth anunciaram planos para introduzir o serviço VoIP. "As grandes empresas de telefone seriam idiotas em não fazer isso", conforme um analista de telecom disse ao *Wall Street Journal*.

É o "mais recente exemplo do quão rápido uma nova tecnologia pode ajudar na remodelação de uma indústria", diz o *Journal*.[105] De fato, a mudança parece ter acontecido em um piscar de olhos. De repente, se você está no negócio de linhas fixas, você está fora dos negócios.

---

* N. de T.: No original, Voice over Internet Protocol. É um roteamento de conversas humanas através da Internet ou de qualquer outra rede de computador baseada em um protocolo de Internet.

COMO LIVRAR-SE DO HÁBITO DA MIOPIA COMPETITIVA

Os sinais estão ali. Você esteve focado em seus competidores diretos, ignorando os desafiantes periféricos e, ainda mais importante, a indústria como um todo. Você foi míope e agora está perdendo participação de mercado. Você falhou em reconhecer e se adaptar à capacidade total das forças competitivas que modelam o panorama da sua indústria. Como abrir os olhos e enxergar todo o cenário? Eis algumas sugestões.

Redefina o panorama competitivo

Você finalmente entendeu, talvez após perder repentinamente a sua posição, que é preciso ampliar a sua definição de competição. Você precisa checar todo o perímetro e descobrir onde está vulnerável.[106] A IBM oferece um exemplo ilustrativo.

Como você viu, a Big Blue tomou o rumo certo e reinventou-se como uma empresa de serviço. Mas essa atitude criou um problema: ela modificou o panorama competitivo. Porque era uma antiga estrutura de negócio, os competidores da IBM eram os outros fabricantes locais. Devido ao enorme investimento de capital necessário para tornar-se um competidor, a IBM não precisou preocupar-se com qualquer ameaça de nações emergentes. Mas nos negócios de serviços as coisas são bem diferentes. O enorme desafio da Índia surgiu no horizonte, e a IBM precisou mudar seu foco. A empresa de consultoria de tecnologia Infosys, por exemplo, possui hoje operações em 15 países, incluindo a América do Norte, responsável por 65% de suas vendas. A TCS (Tata Consultancy Services, parte da Tata Group) é outra que está crescendo rapidamente e que hoje opera em 30 países e continua a expandir-se por meio de aquisições. Existe também a Wipro Technologies, a divisão de consultoria da Wipro Limited, com escritórios em 35 nações. Ela está fazendo um negócio potente com empresas americanas, procurando reduzir os custos através da terceirização. Estes e outros se deslocaram para o início da fila na indústria, competindo com a IBM por clientes-chave em seu próprio território.

A IBM não apenas reconheceu a ameaça; ela decidiu contra-atacar ao estabelecer uma sólida presença na Índia. Parte de sua estratégia é dizimar a liderança das empresas indianas ao atrair seus executivos seniores. A Big Blue também começou a recrutar na Índia, oferecendo salários altos para alunos recém-graduados e técnicos e engenheiros de níveis iniciais. A IBM mantém esses novos recrutas em seus escritórios na Índia, onde os salários são mais baixos do que os das posições equivalentes nos Estados Unidos, porém mais altos do que aqueles tipicamente pagos pelas empresas indianas. Dessa maneira, a IBM está pressionando as margens da concorrência indiana, pois eles também serão pressionados a elevar os salários. Finalmente, a IBM está indo atrás dos clientes baseados na Índia. Na

Índia, assim como em outros lugares, o governo é geralmente o maior cliente, e a IBM, no momento, está apostando agressivamente nos contratos do governo indiano. À medida que a IBM redefine o panorama competitivo, os outros grandes jogadores americanos na indústria – a EDS, a Accenture, a Oracle e outros – então seguindo o mesmo rumo.

É claro, nem todos os desafiantes não-tradicionais vêm de economias emergentes. A crescente preocupação da Home Depot em relação ao Wal-Mart, a atenção da Hertz à Enterprise, o reconhecimento da Cadillac em relação à ameaça dos fabricantes de automóveis de luxo alemães e japoneses – todos ilustram a necessidade de redefinir o panorama competitivo.

Amplie o escopo de seu produto ou mercado

Quando você mantém seus produtos existentes em seus mercados existentes, a sua estratégia básica é defender-se. Mas ganhar da competição provavelmente exigirá uma estratégia mais agressiva. Você pode expandir o mercado de seus produtos, ou, inversamente, pode expandir a sua linha de produtos em seus mercados existentes. A opção final é diversificar – oferecer produtos nunca vendidos em mercados onde você nunca esteve.

O HSBC (Hong Kong & Shanghai Banking Corporation) mostra como aumentar a sua visão competitiva ao ampliar o escopo de seus produtos e mercados. Fundada em 1865 para financiar o crescente comércio de ópio, seda e chá entre a Grã-Bretanha e a Ásia, o banco permaneceu focado no negócio de importação-exportação até quase recentemente. Mas as mudanças que estremeceram a indústria bancária nas últimas duas décadas – a desregulamentação, a globalização, as mega-fusões – convenceram o HSBC de que precisaria evoluir e expandir-se para sobreviver. Em vez de um banco para comércio internacional, ele tornaria-se um banco "universal".

O seu primeiro grande passo foi a compra da Midland, o terceiro maior banco da Inglaterra, em 1992. A aquisição ampliou as linhas de produtos do HSBC para incluir o *banking* corporativo e para o consumidor. O próximo passo foi para operações de varejo com foco em pessoa física, com a enorme aquisição de US$ 14,8 bilhões da Household International (a antiga Household Finance) em 2003. Esse movimento impulsionou o HSBC para o centro do negócio de cartão de crédito, ao mesmo tempo que expandia imensamente as suas operações americanas. Um ano depois, ele comprou uma participação de 20% do banco de propriedade estatal da China, o Bank of Communications, o maior investimento estrangeiro já existente em um banco chinês. Naquele mesmo ano de 2004, ele focou seus interesses no banco comercial e de investimento iraquiano Dar es Salaam, com a esperança de tornar-se o primeiro banco estrangeiro no Iraque, desde que Saddam Hussein expulsou todas as instituições financeiras estrangeiras, 35 anos antes. De todos os serviços bancários, os investimentos permanecem sendo o seu fraco, mas ele está buscando melhor essa situação. Em 2004, ela contratou 700 especialistas em investimento, e boatos circularam de que o HSBC estava interessado em adquirir uma grande empresa americana, a Morgan Stanley.

Seja por qual meio, o progresso do banco tem sido extraordinário, na medida em que se transformou de um tranqüilo banco de negócios em um audacioso competidor global. Hoje ele possui 9.800 escritórios em 80 países no mundo, oferecendo serviços bancários de natureza comercial e para pessoa física, serviços de cartão de crédito, gerenciamento de ativos, *private banking**, comércio de valores imobiliários e seguros, juntamente com seu crescente investimento em negócios bancários. Não é à toa que em 2004, *The Banker* nomeou o HSBC o "Banco Global do Ano" pelo terceiro ano consecutivo, e a *Euromoney* citou-o como o "Melhor Banco do Mundo".

Consolide para reduzir o excesso de capacidade

Isso tem sido uma estratégia-chave utilizada na indústria das companhias aéreas, principalmente entre as empresas européias. Um exemplo perfeito é a aquisição da companhia aérea holandesa KLM pela Air France em 2004. Esse movimento beneficiou a Air France de duas maneiras. Primeiro, fez com que a Air France tomasse a posição de nº 1 da British Airways na Europa. Talvez mais importante, ela reduziu o excesso de capacidade da indústria. O excesso de capacidade, ao aumentar o poder de barganha dos compradores, torna-se, em si, uma força de competição. Vôos excessivos entre os mesmos destinos e muitos assentos disponíveis impulsionam os preços para baixo e esquentam a competição. A consolidação reduz a capacidade. Juntas, a Air France e a KLM chegavam a fazer 20 vôos ao dia entre Paris e Amsterdã. A empresa fundida, obviamente, pode reduzir o número de vôos e aumentar o número de passageiros de cada um. A Air France também procurou consolidar o mercado doméstico ao adquirir empresas regionais como a Proteus Airlines e a Flandre Air.

Essa história repetiu-se com a aquisição da SwissAir pela Lufthansa no início de 2005. A empresa alemã fortaleceu a sua posição de nº 3 na Europa ao mesmo tempo que, novamente, reduziu a capacidade na indústria altamente competitiva. Logo que a fusão estiver completa (em 2007, conforme as previsões), a Lufthansa transportará cerca de 60 milhões de passageiros por ano, comparado aos 65 milhões da Air France. Enquanto isso, a British Airways parece estar à procura de um parceiro europeu e há boatos de que fez parcerias com a operadora espanhola Iberia.

---

* N. de T.: Banco dirigido a operações pessoais.

Contra-ataque os competidores não-tradicionais

Você viu como a IBM utilizou essa estratégia na Índia, mas a indústria dos eletrodomésticos oferece outro exemplo. Confirmando a "regra dos três", a indústria de eletrodomésticos nos Estados Unidos havia sido dominada pela nº 1, a Whirlpool, a nº 2, a GE, e a nº 3, a White Consolidated. A White Consolidated era um conjunto, nas décadas de 60 e 70, dos fabricantes de eletrodomésticos que haviam fracassado na corrida quando a Whirlpool e a GE batalhavam pela participação de mercado. Edward Reddig, o CEO da antiga White Sewing Machine Co., comprou a Gibson, a Kelvinator, a divisão de eletrodomésticos da Westinghouse, e a Frigidaire, entre outras, e "consolidou" essas marcas de "eletrodomésticos de grande porte" no terceiro maior fabricante de eletrodomésticos nos Estados Unidos.

Era assim que a indústria americana se encontrava quando, em 1986, a Electrolux, a renomada empresa de aspirador de pó, atravessou o Atlântico a partir da Suécia. Graças a inúmeras aquisições iniciadas na década de 70, a Electrolux já havia expandido dos aspiradores de pó a uma linha completa de eletrodomésticos e havia assumido o posto de nº 1 na indústria européia. Agora ela queria atingir uma posição global; mais especificamente, ela queria entrar agressivamente no mercado americano com uma grande aquisição. Essa invasão ao estilo viking culminou numa aquisição bem-sucedida da White Consolidated. De repente, a Electrolux não apenas era a líder européia, mas a empresa líder de eletrodomésticos no mundo. A White Consolidated permanecia um competidor relativamente fraco para a Whirlpool e a GE, mas a ambição clara da Electrolux era ganhar participação de mercado nos Estados Unidos.

Dado o ataque imprevisível advindo da Europa, a Whirlpool não tinha outra opção senão contra-atacar. Como retaliação, criou a Whirlpool Europe, um empreendimento conjunto com a Philips Electronics, em 1989. Em 1991, o empreendimento conjunto havia se tornado um *buyout**, e a Whirlpool, de repente, tornou-se a fabricante de eletrodomésticos nº 2 da Europa (mais forte do que a posição de nº 3 da Electrolux na América). Ela agora dividia a posição de líder mundial com a Electrolux, e, mais importante, ela enfrentou eficazmente o desafio da agressão global da Electrolux.

Redirecione para o principal negócio

Essa estratégia de "entricheiramento" talvez pareça contraintuitiva, mas pode ser bem eficaz. Quando as empresas diversificam-se, elas freqüentemente perdem o controle sobre o gerenciamento, e, em vez de redefinir a arena competitiva, elas às

---

* N. de T.: Compra do controle acionário de uma empresa por outra.

vezes fragmentam-na. A Beatrice Foods é um exemplo clássico, assim como a GE sob a liderança de Reginald Jones.

Alguns dos enormes conglomerados indianos, após décadas de diversificação, também estão reduzindo sua variedade de produtos. A Aditya Birla Group (ABG) está agora voltando às fibras têxteis, ao carvão preto e ao cimento. A sua divisão de Rayon* indiana, por exemplo, relatou lucros crescentes e operações melhoradas, uma vez que desistiu de sua participação na Indo Gulf Fertilizers. Mahindra & Mahindra está reenfocando muito seu negócio principal, com o anúncio de seus planos de tornar-se o maior fabricante de tratores do mundo até o final de 2005. Mas talvez o melhor exemplo seja o maior conglomerado da Índia, o Tata Group. Seguindo uma estratégia geral de livrar-se dos negócios não-fundamentais, o Tata havia dispensado seus negócios para produtos de banheiro e cosméticos, cimento, petróleo, farmacêuticos e indústrias de tintas, e vendeu a sua participação da Tata Honeywell para a Honeywell International. Da mesma forma que Jack Welch fez na GE, Ratan Tata, o atual membro governante da família fundadora, está trabalhando no reenfoque da empresa em suas áreas de maior força – como o chá, o aço, os automóveis, as telecomunicações, a energia e a tecnologia de informação.

* * *

Concluindo, se o seu problema é a miopia, a sua solução é uma visão melhor. Como muitas dessas histórias ilustram, focar a sua concorrência mais forte e mais direta é – como muitos dos hábitos autodestrutivos – uma forte tentação. De modo semelhante, desempenhar bem em relação aos *benchmarks* da indústria é gratificante, reafirmante; faz com que você sinta-se bem. Mas se você não verificar a periferia constantemente, o perigo poderá estar à espreita.

É imperativo que você esteja consciente – não apenas da sua competição imediata, mas de todas as outras forças de competição também – da capacidade de seus fornecedores, da possibilidade de que seus clientes possam ir contra a corrente, da ameaça imposta pelos competidores novos ou não-tradicionais, e dos perigos sempre presentes que as novas tecnologias podem oferecer a você.

Um conhecimento abrangente de todas as funções do panorama competitivo é a melhor cura para a sua miopia. Percorra todo o perímetro de sua indústria todos os dias.

---

* N. de T.: Uma fibra sintética parecida com a seda.

Miopia competitiva

Motivos que levam à miopia competitiva:

- A evolução natural da indústria
- O fenômeno do *clustering*
- Quando o nº 1 também é o pioneiro
- O cenário oposto: quando o nº 2 persegue o nº 1

Os sinais da miopia competitiva:

- **Você permite que competidores de pequenos nichos coexistam com você:** Você está focado nos grandes jogadores e não considera as empresas de nicho como uma ameaça.
- **A lealdade de seu fornecedor é conquistada por um competidor não-tradicional:** Você não percebe que o seu fornecedor pode se tornar o seu competidor.
- **Você subestima os novos competidores, principalmente aqueles vindos de economias emergentes:** Você falha em reconhecer a ameaça de novos competidores.
- **Você tornou-se impotente contra a tecnologia substituta:** A ameaça sempre esteve presente, mas você não reagiu a tempo e deve render-se.

Como livrar-se do hábito da miopia competitiva:

- **Redefina o panorama competitivo:** Você precisa checar todo o perímetro competitivo e descobrir onde está vulnerável.
- **Amplie o escopo de seu produto ou mercado:** Diversifique ao expandir o mercado para seus produtos existentes ou ao expandir as suas linhas de produtos em seus mercados existentes.
- **Consolide para reduzir o excesso de capacidade:** Reduza o poder de barganha dos compradores ao remover o excesso de capacidade da indústria.
- **Contra-ataque os competidores não-tradicionais:** Retalie ao atacar o competidor ímpar no seu território.
- **Redirecione para o principal negócio:** Essa estratégia de "entrincheiramento" pode parecer contraintuitiva, mas permite que você concentre os seus recursos limitados na sua área mais bem-sucedida.

CAPÍTULO

7

OBSESSÃO POR VOLUME: CUSTOS CRESCENTES E MARGENS DECRESCENTES

Talvez um termo mais profissional para esse hábito autodestrutivo seria "ineficiência de custo". Mas tudo se resume à mesma coisa: os seus custos são altos demais para a receita que está sendo gerada, ou, numa formulação mais simples, você está gastando muito dinheiro para fazer dinheiro. Em uma situação não-monopolista, isso acontece quando os preços despencam devido à uma competição intensa ou a um excesso de capacidade industrial, mas os seus custos permanecem os mesmos.

Como a maioria de nossos hábitos autodestrutivos, este normalmente parece ser um efeito secundário do crescimento. A analogia humana seria algo do gênero: após aquele período de "estirão" da puberdade, eu paro de queimar calorias produtivamente e acabo armazenando gorduras sem uso em meu corpo. Estou utilizando minha energia de modo menos eficiente. Os atletas oferecem uma ilustração ainda melhor. Durante as suas carreiras, eles são os protótipos de saúde. Eles consomem enormes quantidades de calorias, mas, dentro de um modelo de eficiência, queimam-nas para alcançar o auge de seu desempenho. No entanto, quando se aposentam, freqüentemente eles continuam a ingerir um excesso de calorias que não são mais queimadas. O que era um componente necessário dentro de um ciclo eficiente tornou-se um hábito autodestrutivo – e, às vezes, perigoso, tendo em vista a forma como vários atletas deterioram-se. De qualquer maneira, a síndrome é a mesma para a empresa e o corpo humano maduros: consumindo demais e produzindo "de menos".

As inúmeras "reestruturações" que constantemente alimentam a mídia especializada em negócios deixam claro que esse desequilíbrio insalubre entre custos e receita é um vasto problema – enfrentado mais cedo ou mais tarde por pequenas ou grandes empresas. Mas por que isso? Por que as estruturas de custo de uma empresa não funcionam corretamente? Vamos examinar alguns cenários típicos onde a proporção custo/receita movimenta-se implacavelmente em direção à zona de perigo.

A PIONEIRA DE ALTA MARGEM

Conforme mencionamos, os negócios e a indústria nos Estados Unidos são influenciados pela predisposição germânica a favor da ciência e da invenção. Nossos gigantes, nossos ícones, têm sido aqueles que realizaram descobertas que despertaram novas indústrias, como fez Alexander Graham Bell. Ou aqueles que executam novos processos (Henry Ford e a linha de produção) ou criaram produtos (John Pemberton, que inventou a Coca-Cola) que alteraram o panorama de negócios permanentemente. Os pioneiros que criam novas indústrias ou novas categorias de produtos, sejam elas refrigerantes ou PCs, consistem numa espécie de realeza, e certos pré-requisitos acompanham esse status elevado.

O benefício que tenho em mente, como pode-se imaginar, é a prerrogativa de cobrar preços altos. Para todos os efeitos, você possui um monopólio; você possui um produto ímpar. Você não possui competidores que o forcem a competir em uma guerra de preços. O seu produto está preenchendo uma necessidade (ou satisfazendo um desejo) como nenhum outro produto jamais conseguiu, e, portanto, você pode cobrar o que quiser. Conseqüentemente, você constrói a sua estrutura de custo baseada em um negócio de alta margem.

Os seus custos são altos de qualquer maneira. Você está construindo uma infraestrutura, contratando funcionários. Você precisa de tudo. É como construir a sua própria casa. Parece que você nunca irá parar de assinar cheques. Além disso, a sua capacidade é limitada, portanto, os seus custos por unidade também são surpreendentemente altos. Mas tudo isso está bem porque as suas margens são ainda mais altas.

O que acontece? À medida que a indústria que você criou começa a amadurecer, eis que a competição começa a vender por preços mais baratos. Logo, você é forçado a baixar seus próprios preços e compensar isso com volumes crescentes. Você expande a sua capacidade (conseqüentemente, tornando-se a sua própria competição, uma vez que a capacidade determina o preço). Mas a expansão em si é cara, e você descobre que os seus custos não estão decrescendo tão rápido como o preço de seu produto no mercado. As suas margens estão despencando enquanto a estrutura de seu custo permanece relativamente alta.

Basicamente, você deve enfrentar uma nova verdade: você não se encontra mais em um negócio de alta margem. No início, quando você era o pioneiro, o monopolista, a estrutura de seu custo fazia sentido. Mas a sua indústria cresceu ao seu redor, e agora você está sendo espremido. Normalmente esse é o destino da empresa pioneira. Mais uma vez, o sucesso gera o fracasso. É uma situação difícil de enfrentar. Você é o criador. Você quer afirmar alguns direitos de propriedade. É difícil admitir que não os tenha mais. Para um grande exemplo desse cenário, considere os negócios de PC da IBM.

IBM *versus* Lenovo

Quando a IBM introduziu o seu "Computador Pessoal" em 1981, ele era um modelo de máquina revolucionária. Ele também foi um sucesso com as empresas, ansiosas por tirar vantagem de seu inédito *mix* de potência, funções e baixo custo. O PC da IBM foi uma bênção financeira para a empresa, que vendeu 500 mil máquinas nos dois primeiros anos, com uma margem de lucro substancial. Desde então, é claro, as margens do PC têm despencado. A IBM licenciou a arquitetura do PC ao mundo ("compatível com IBM"), e fabricantes alternativos se interessaram. O interessante é que, apesar da capacidade de expansão e da presumida economia de escala, os custos não têm caído dramaticamente. Um estudo conduzido pelo Boston Consulting Group explica a razão disso. O que aconteceu é que, nas operações das três indústrias líderes – a IBM, a Compaq e a HP – o valor total adicionado na fábrica era de apenas 11%. Oitenta e nove por cento dos custos vinham da área de compras, e, destes 89%, 79% iam para dois fornecedores, a Intel e a Microsoft. Os escassos 11% de valor simplesmente não poderiam criar margem suficiente para sustentar o negócio. É muito abaixo do limiar de sobrevivência.

A suposição era de que quanto mais você trabalha a favor da corrente – na linha de montagem ou na produção – mais valor você adiciona, mais margem você cria. Neste caso, com a Intel e a Microsoft rindo à toa, essa suposição acabou mostrando-se falsa. Agora entendemos porque a IBM, a pioneira, finalmente hasteou a bandeira branca.

Na verdade, quando a IBM finalizou a venda de sua unidade de PC por US$ 1,75 bilhão para a Lenovo da China, no início de 2005, um fato surpreendente veio à tona. A unidade da IBM estava perdendo dinheiro pelo menos desde 2001, com a tinta vermelha totalizando US$ 965 milhões nos últimos três anos antes da venda. Novamente, essa era a pioneira, a empresa que levou o mérito da criação do mercado corporativo para o PC. Mas quando as margens despencam em seu negócio de alta margem, isso significa que o seu negócio vai fechar.

A pergunta não é por que a IBM vendeu, mas por que a Lenovo estaria tentada a comprá-la. Bem, para ter o nome da IBM (durante cinco anos); para ter a base de clientes da IBM, e, portanto, para catapultar-se no lugar da IBM como terceiro maior fabricante de PC no mundo; e também para conquistar o status de ser um jogador global. Mas ainda permanece a pergunta difícil: se a IBM não conseguiu fazer dinheiro no negócio de PCs, por que a Lenovo conseguiria? Os investidores da empresa tinham sérias dúvidas a respeito disso. Receando que a aquisição da IBM arrastaria o desempenho da Lenovo para baixo, eles venderam ações suficientes para baixar os preços das ações em 24% nos dois meses após o anúncio da negociação.

Na verdade, a resposta é simples: a Lenovo não participará da corrida com a inchada estrutura de custo da IBM pesando em seus ombros.

Semelhantemente, para escapar das garras da Microsoft, a Lenovo provavelmente abraçará o mundo Linux de *software* gratuito e de fonte aberta. A disponibilidade financeira será um tema-chave nos mercados emergentes a serem servidos pela Lenovo, e não o nome da marca, e adotar a plataforma gratuita do Linux será outra forma de reduzir os custos substanciais.

A terceira razão é simplesmente uma diferença na atitude entre o Leste e o Oeste. As empresas asiáticas têm suas origens em culturas de comércio onde as margens – bem como os custos – têm sido historicamente baixas. Não houve uma classe de inventores, nem qualquer atitude mental característica das margens altas. Margens que são inaceitáveis aos ocidentais parecem boas aos asiáticos. É novamente a idéia do restaurante chinês, onde o alto volume e o trabalho duro impulsionam o sucesso em um negócio de baixa margem.

Não estou dizendo que será fácil. A Lenovo terá muitos desafios pela frente. Fundada em 1984 por pesquisadores da Academia de Ciências da China, cuja maior parte ainda é de propriedade governamental, a jovem empresa já sofreu alguns tropeços. Mas voltou ao rumo quando projetou um painel de circuito que permitiria aos PCs da IBM processar caracteres chineses, e em 1990 já montava PCs sob a própria marca Legend. (Impossibilitada de exportar essa marca para os Estados Unidos devido ao conflito de marca registrada com a Acura Legend, ela modificou o seu nome para Lenovo em 1994.) O seu planejamento – customizar os produtos para os mercados asiáticos e manter os inventários e os custos baixos – parece estar funcionando. Antes da aquisição da unidade da IBM, ela havia se tornado a maior fornecedora de PCs na China, e, assim, tem permanecido lucrativa, mesmo que marginalmente, em uma indústria difícil.

Conseguirá a Lenovo alavancar os ativos da IBM e livrar-se de suas dívidas? Eu acredito que sim. Na verdade, eu acredito que o custo da estrutura da Lenovo seja tão vantajoso e a sua filosofia de negócio tão adaptável que a empresa não apenas ganhará dinheiro agora, mas aumentará as suas margens com o tempo.

Certamente, a história da IBM não é exclusiva. Pense na indústria de bens de consumo eletrônicos ou na indústria têxtil. Neste caso, mais uma vez as empresas americanas foram as pioneiras – com estruturas de custo e margens adequadamente altas. Em ambos, as margens despencaram (graças, principalmente, à competição estrangeira) enquanto os custos permaneceram altos demais. Hoje, ambas fugiram disso. A generalização mantém-se: quando você é pioneiro de uma indústria, você comanda um negócio de alta margem. Você estrutura os seus custos na suposição de que o negócio permanecerá com margens altas. Mas, com o amadurecimento de sua indústria, as margens se reduzem mais do que os custos, e você está encurralado.

O FENÔMENO DO CRESCIMENTO RÁPIDO

Já que a taxa de mortalidade das novas empresas é tão alta, não é de se surpreender que aquelas que sobrevivem comecem a sentir-se bem consigo mesmas. Agora é o momento de enfrentar o mundo; é a hora de crescer, rapidamente. Além da confiança excessiva, existe uma lógica aqui. As empresas nesta posição temem que aqueles que foram ultrapassados possam alcançá-las, possam tomar seu lugar. Ou (dando crédito à "Regra dos Três") elas podem acreditar que, para garantir a sua sobrevivência, é preciso desbancar a empresa que está à sua frente adquirindo e consolidando as empresas menores.

De qualquer maneira, a expansão rápida e a capacidade crescente estão entre os programas principais. A expansão pode ser geográfica, como a construção de novas instalações e a colocação do produto da empresa em novos territórios no seu país ou no exterior. Ou a empresa pode crescer ao capturar novos segmentos de clientes. A indústria do computador, por exemplo, expandiu a sua base de clientes do governo às corporações e aos consumidores. E essa indústria é típica no sentido de que a sua expansão de clientes foi da margem mais alta para a mais baixa. Este é um dos perigos inerentes da expansão para novos mercados de clientes – principalmente quando esse crescimento é descontrolado. Oportunidades de crescimento quase sempre acontecem nos setores de margem mais baixos, e as empresas que não se adaptam às margens mais baixas podem acabar com problemas.

Novas linhas de produtos também tendem a ser de margem mais baixa, conforme exemplifica novamente a indústria do computador. O progresso foi dos *mainframes* aos minicomputadores e aos PCs à medida que a indústria procurava produtos com preços acessíveis e uma base de clientes cada vez mais ampla. Não há nada de errado com essa lógica, mas já vimos o que aconteceu com os negócios de PCs da IBM. Empresas com crescimento rápido, em particular, precisam cuidar com suas margens cada vez menores. A expansão virtual de negócios garante receitas mais altas, mas é o resultado líquido final que importa.

Outra advertência é o fato de que o crescimento exige capital – e o crescimento rápido, ainda mais capital. Para juntar uma grande quantidade de dinheiro em pouco tempo, a empresa decide tornar-se aberta. Uma vez que a sua empresa se torna pública através de uma oferta primária de ações (IPO)*, você não é mais o senhor do seu destino. Agora você é dirigido pelos preceitos de Wall Street. Como uma raposa em fuga, você é perseguido por analistas e investidores que uivam: "Mostre-me crescimento ou eu deixarei o seu preço cair". Agora você está sob imensa pressão para crescer ainda mais rápido. Em muitos casos, à medida que

* N. de T.: No original, *initial public offering*, a primeira venda de ações ordinárias de uma empresa no mercado. Daqui em diante, será referido como IPO.

o cerco começa a se fechar, líderes de empresas decidem que a única maneira de ganhar um pouco mais de tempo é começar a falsificar os números.

Essa trajetória triste, porém, freqüentemente previsível, é bem ilustrada pela ascensão e declínio da Krispy Kreme.

Açucarado e atordoado

Em posse de alguns dólares de uma receita secreta que um *chef* francês havia vendido a seu tio, Vernon Rudolph fundou a Krispy Kreme em 1937, em Winston-Salem, na Carolina do Norte. No início, era um negócio de atacado com Rudolph vendendo suas rosquinhas para mercados locais. Mas – de acordo com a lenda da empresa – as pessoas que passavam pela fábrica original na Avenida Ivy eram tão inebriadas pelo aroma que começaram a bater na porta e exigir a compra direta. Rudolph abriu um buraco na parede da fábrica, e de repente estava conduzindo uma operação de varejo.

Rudolph começou a expandir, porém, lentamente. Cada loja fazia as suas próprias rosquinhas a partir de sacos de 22,5 quilos de mistura especial produzida pela fábrica da Avenida Ivy. As guloseimas à base de fermento e açúcar estava gozando de um renome crescente. Elas eram deliciosas, afinal de contas, e os clientes estavam dispostos a pagar por elas. Não obstante, quando Rudolph morreu, em 1973, ainda existiam menos de 50 lojas, a maioria espalhada ao longo do Sudeste americano. Três anos depois, em 1976, a Beatrice Foods adquiriu a pequena cadeia e começou a cultivá-la. A Beatrice também tentou modificá-la – vendendo sopas e sanduíches ao meio-dia, quando a demanda por café era menor, e depois cortando os custos ao utilizar ingredientes mais baratos nas rosquinhas. As duas iniciativas falharam miseravelmente, e em 1982, um grupo composto por antigos franqueados adquiriu a empresa de volta por US$ 22 milhões. A receita original foi rapidamente restaurada, algumas das lojas criadas pela Beatrice foram fechadas, e graças à dívida contraída em um *leveraged buyout* (LBO)*, os planos para expandir foram adiados indefinidamente.

Enquanto a empresa lutava para voltar ao normal, ela criou dois conceitos via marketing que acentuaram a sua imagem *cult* e engrandeceram a sua reputação boca-a-boca. Primeiro, o CEO Mack McAleer, filho do franqueador que arranjou o LBO, criou a idéia do "teatro da rosquinha". Nas chamadas "lojas fábricas", os clientes podiam observar todo o processo da fabricação da rosca: os 115 segundos de cozimento em óleo vegetal a 356 graus, a cobertura de glacê, e então o transporte do delicioso produto ao balcão de serviço, onde os clientes podiam devorá-lo assim que tivesse esfriado o suficiente. A preferência por roscas mornas o levou à sua segunda inovação: os hoje famosos avisos

* N. de T.: Compra de outra empresa alavancada com recurso de terceiros. Daqui para frente, será referido como LBO.

de "ROSCAS QUENTINHAS AGORA" que acendem quando uma nova leva sai do forno. Inventada nos primórdios dos anos 80 em uma loja em Chattanooga (onde as vendas subseqüentemente dispararam), a placa foi rapidamente adotada em toda a empresa.

Depois que a empresa pagou as suas dívidas, em 1989, a ambiciosa Krispy Kreme começou a escalar. Uma expansão lenta, porém estável, ao longo dos anos 90 deu vazão a uma franquia agressiva em 1995. Abrindo lojas no Centro-Oeste e Sudoeste dos Estados Unidos, rapidamente ela cresceu de aproximadamente 60 lojas no Sudeste (a maioria de propriedade da empresa) para mais do que o dobro disso. Então, em 1998, anunciou um grande pulo para a Califórnia, onde planejava abrir mais 80 lojas franqueadas nos próximos anos.

Em 2000, o CEO Scott Livengood, que havia subido na empresa ao longo de uma carreira de 25 anos, tornou a Krispy Kreme aberta. Em conformidade com o padrão recém mencionado, a empresa anunciou planos para abrir 500 novas lojas nos próximos quatro anos, juntamente com uma expansão em grande escala no Canadá. O *timing* parecia perfeito. Enquanto a bolha das ponto com estourava, a pequena empresa de roscas decolava. Enquanto o mercado acionário caía nos próximos dois anos, a Krispy Kreme largava o seu açúcar mágico sobre os olhos preconceituosos da Wall Street.

Em julho de 1993, a revista *Fortune* colocou a Krispy Kreme em sua capa e deleitou-se com o triunfo imprevisível da empresa. Naquela época, ela já havia expandido para 292 lojas, que haviam lucrado US$ 33 milhões em 2002 dos US$ 492 milhões em vendas. O preço das ações havia quadruplicado (de US$ 9 para US$ 37, já considerando desdobramentos) desde a IPO de 2000. As vendas de cada loja estavam crescendo 11% anualmente. As receitas totais, incluindo as vendas por franquias, estavam previstas para superar US$ 1 bilhão em 2003.

As coisas pareciam muito bem no nível operacional também. Em 2002, a fábrica original da Avenida Ivy, onde um dos sacos de 22,5 quilos é enchido de mistura a cada sete segundos, operava 24 horas por dia a uma capacidade de 110%. Mas após a abertura de uma nova fábrica em Illinois, onde um saco é enchido a cada três segundos, a fábrica da Avenida Ivy pode reduzir a sua capacidade para 18 horas ao dia.

O CEO Livengood lidava calmamente com a situação. "Administrar uma empresa aberta crescendo dessa forma não é nada", ele disse à *Fortune*. "Estou aproveitando." Erskine Bowles, o banqueiro da Carolina do Norte e antigo chefe da assessoria de Clinton que havia recentemente ingressado no conselho da Krispy Kreme, estava animado. "Estou dizendo, nunca vi uma empresa como essa. Ela é limpa, é conservadora e eu adoro as margens."

A *Fortune* admitiu a existência de alguns percalços, alguns financiamentos não incluídos no balanço (relativos à nova fábrica em Illinois), e alguns problemas de governança – todos os quais foram retificados. Além disso, algumas pessoas estavam levantando suspeitas a respeito de uma empresa de roscas com uma razão de preço/lucros nas nuvens. Mas a revista discordou com os pessimistas e declarou que, a não ser que a "polícia da gordura faça uma limpeza nessa terra, a Krispy Kreme está aqui para ficar". A empresa possuía uma história de 66 anos e vendia um produto que as pessoas adoravam e compreendiam. A *Fortune* perguntou: "Será que o sonho americano ainda vive? Será a Krispy Kreme para valer?", e com muita certeza respondeu a sua própria pergunta: "Não apostem no contrário." [107]

Aquele conselho permaneceu sensato por cerca de um mês. As ações da Krispy Kreme atingiram uma nova alta de US$ 49,74 em agosto de 2003. Qualquer um que tivesse vendido depois, ou a US$ 37, ou até mesmo a US$ 27, está feliz hoje. Uma fria corrente de incerteza acompanhou os números do quarto trimestre de 2003 da empresa. Os lucros e as vendas ainda estavam em alta, e a empresa disse que permaneceria expandindo agressivamente. Ela havia adicionado 100 lojas em 2003, planejava abrir mais 120 em 2004 e tinha a intenção de alcançar 1.000 estabelecimentos (incluindo lojas no Canadá, México e Grã-Bretanha) até o final da década. Mas as médias de vendas semanais, comparando as mesmas lojas, haviam diminuído cerca de 10%, e esta notícia reduziu quatro dólares do preço das ações.

A festa começava a terminar. Em julho de 2004, o *Washington Post* relatou que a Krispy Kreme era o assunto de uma investigação informal conduzida pela SEC. De acordo com a empresa, a SEC estava investigando a sua recompra de franquias e o seu anúncio em maio de que iria cortar bruscamente a sua previsão de lucro. Esse mesmo anúncio trouxe a notícia de que a Krispy Kreme havia perdido dinheiro pela primeira vez desde que se tornou aberta – notícias que levaram as ações a despencar 29%. A notícia da investigação fez com que caíssem mais 16%. Menos de um ano após a sua alta, as quotas da Krispy Kreme estavam sendo comercializadas a pouco menos de US$ 16, constituindo uma súbita queda de 70%.

A fuga dos investidores, juntamente com a investigação da SEC, fez com que os analistas especulassem se a empresa "poderia estar sendo vítima de problemas originados de uma expansão muito rápida". [108]

No processo de busca por novos mercados e a crescente participação no mercado, a Krispy Kreme fez mais do que abrir novas lojas. Não satisfeita em ser a principal abastecedora de roscas, a empresa canibalizou a si mesma e reduziu a qualidade da marca Krispy Kreme ao colocá-la nas cadeias de supermercado, lojas de conveniência e gigantes de varejo, como a Wal-Mart e a Costco. Novamente, o resultado foi um aumento de vendas, mas com muitos custos adicionais (caminhões, instalações, logísticas, pessoas) para fazer isso acontecer. Além disso, todos esses varejistas tinhas que ganhar o seu próprio lucro. Em outras palavras, não restava muita margem. Ao explicar para os investidores por que os lucros do segundo trimestre de 2004 continuavam a desapontar (e por que as lojas Kroger estavam dispensando a Krispy Kreme de sua linha de produtos), o CEO Livengood parecia admitir que a sua estratégia de negócio foi de pouca visão. "O nosso foco tem sido em vendas e crescimento, e menos em lucros do dia-a-dia. Não cumprimos o nosso dever de levar as vendas ao resultado final líquido." [109]

Antes do final desse angustiante ano, judicialmente um acionista alegou que as receitas estavam superestimadas, e a Krispy Kreme foi forçada a declarar novamente o seu lucro fiscal de 2004. Ao mesmo tempo, ela avisou seus investidores que poderia haver uma omissão de US$ 150 milhões em linha de crédito. Em janeiro de 2005, os preços das ações atingiram uma nova baixa de US$ 8,72. Em um dos dramáticos giros da roda da fortuna, Livengood, o antigo queridinho da Wall Street, não apenas foi dispensado pelo conselho, mas também foi nomeado pela *Business Week* como um dos piores administradores de 2004. [110]

Como uma história tão boa pode tornar-se um pesadelo? Claramente, a empresa cresceu muito em pouco tempo, e a pressão da Wall Street após a IPO, sem dúvida, teve o seu papel. Uma investigação interna sobre as irregularidades da empresa, conduzidas por dois membros do conselho, atribuiu a culpa inteiramente a Livengood e ao COO John Tate, que criaram uma cultura corporativa "impulsionada por um objetivo focado estreitamente em exceder o lucro projetado em um centavo a cada trimestre". [111]

Finalmente, devemos mencionar que um componente essencial da fórmula do fracasso da Krispy Kreme foi a sua disposição em utilizar a franquia como meio de rápido crescimento. É tentador. Você convence o seu franqueador a executar todo o trabalho duro, investir algum capital e *voilá* – você está adicionando lojas de maneira barata. Mas é arriscado, e parte dos problemas da Krispy Kreme originou-se da recompra de suas franquias que não estavam dando certo. Compare com a Starbucks, que nunca havia lidado com franquias até adquirir a Seattle's Best Coffee em 2003. Mesmo hoje, Magic Johnson é o único que possui franquias das lojas Starbucks nos Estados Unidos. Da mesma forma, o McDonald's, conforme mencionado, sempre franqueou com extrema precaução, fazendo cuidadosamente a triagem de suas franqueadas em potencial e limitando rigorosamente o número de lojas operadas por um franqueado.

Talvez a Krispy Kreme possa fazer uma volta por cima bem-sucedida. Enquanto isso, um crescimento rápido demais, estimulado por um IPO e uma franquia indisciplinada, tem retirado, pelo menos temporariamente, o fermento desse lanche.

O PARADOXO DA ESCALA

Gostamos de falar sobre economias de escala, mas o conceito não é tão simples como parece. Compreendemos que em nossa indústria, mesmo se fôssemos os pioneiros, a competição baixará nossos preços no final das contas. O nosso plano é contrabalancear esse decréscimo reduzindo nossos custos através da escala. Infelizmente, essas economias de custo podem não se materializar. Como os economistas sabem, a escala é um processo feito por "etapas".

Digamos que você queira entrar para o negócio de ventiladores de teto. Você enxergou a tendência – conservação de combustível – e tem certeza de que haverá uma demanda crescente, então você constrói uma fábrica de produção. Você tem enormes custos iniciais – construindo a fábrica e a infra-estrutura das operações administrativas, criando a cadeia de suprimentos, contratando e treinando funcionários, e todo o restante. Sim, com o tempo, esses custos reduzem-se ao ponto em que as operações cada vez mais eficientes desta fábrica original permitem que você produza cada vez mais ventiladores de teto, os seus custos por unidades caem e você começa a aproveitar as economias de escala.

No entanto, quando você decide ir em busca das *verdadeiras* economias de escala por meio de uma grande expansão de capacidade, de repente os custos estão lá em cima novamente. Por quê? Porque você está recomeçando: nova fábrica, nova infra-estrutura, nova TI, novas pessoas. Além disso, essas novas pessoas precisam de *suas* próprias pessoas – secretárias, funcionários administrativos, inspetores de qualidade e de segurança, limpeza. E se a sua expansão extender-se ao exterior, você provavelmente criará mini-imperadores – gerentes que precisam de sua própria comitiva. Esses custos de apoio não são aliviados pela capacidade ampliada, então, inesperadamente, os seus custos estão muito altos de novo, mesmo que a sua capacidade esteja sendo expandida. Esse é o mecanismo: quando o novo negócio ou a nova fábrica está funcionando, os custos gradualmente se reduzem, mas a cada expansão eles sobem novamente. Enquanto isso, os preços continuam a decrescer com a capacidade maior, então, se você não está planejando cuidadosamente e operando eficientemente, você irá se expandir até falir.

O problema fica ainda mais evidente quando o examinamos sob o ponto de vista da demanda. Nossa fábrica de ventiladores de teto está funcionando em capacidade máxima, mas, conforme o esperado, a demanda está lentamente, estavelmente (linearmente) crescendo. Atingimos o ponto onde a demanda é maior do que aquela que a nossa fábrica pode suprir. Construímos uma nova fábrica, e, juntamente com custos, a oferta também sobe um grande degrau. O resultado disso é que agora existe oferta demais e enfrentamos os custos adicionais do gerenciamento de inventário, armazenamento, e assim por diante. Como a capacidade sobe em degraus enquanto a demanda cresce linearmente, existe sempre um vão entre ambos. Gerenciar este vão é um custo para o qual talvez não estejamos preparados.

Este problema surge em tradicionais indústrias de produção "pesadas" como fábricas de papel, mineração e fabricação de aço. Em indústrias como estas, a capacidade de expansão não é pouca coisa. Seus custos são enormes, a capacidade adicional será enorme e o vão (ao menos temporariamente) entre a nova oferta e a demanda será enorme. Aliás, essa situação é o que cria o mercado à vista, onde você acaba vendendo o seu excesso de capacidade à concorrência.

Um exemplo mais contemporâneo – e mais dramático – é a indústria dos semicondutores, com grandes jogadores como a Intel e a Motorola. O drama existe graças à Lei de Moore, que prevê que o número de transistores em um *chip* microprocessador dobrará a cada 18 meses. (O co-fundador da Intel, Gordon Moore, jura ter previsto originalmente que o número seria dobrado a cada dois anos, e não a cada 18 meses, mas sua lei aparentemente não está mais sujeita à sua própria legislação.) De qualquer maneira, permanece a idéia de que, para fabricantes de *chips*, os seus produtos estão quase obsoletos assim que saem da produção. Isso significa uma necessidade quase constante de redesign, re-instrumentação ou construção de novas instalações. Uma nova fábrica de semicondutores pode custar até US$ 3 bilhões. E isso são somente os custos capitais. Adicione os custos operacionais – manutenção, pessoas – e você encontra-se disposto a gastar muito dinheiro. Ao mesmo tempo, todos os seus clientes ainda estão utilizando o seu antigo *chip* (Pentium III em vez do Pentium IV, por exemplo), então você possui um tremendo excesso de capacidade. Quando os seus clientes já tiverem o alcançado, já será o momento para uma nova fábrica produzir um *chip* mais avançado – ou seus competidores irão superá-lo. Agora você compreende por que a indústria do semicondutor é considerada como o negócio do banquete ou da inanição: existe sempre um desequilíbrio entre a oferta e a demanda. Na verdade, freqüentemente as empresas participam de empreendimentos conjuntos com seus concorrentes para construir essas instalações.

AS ALGEMAS DAS OBRIGAÇÕES IMPREVISÍVEIS

É freqüentemente difícil prever de que forma as obrigações que assumimos hoje, quando o céu está azul e nossas margens estão altas, afetarão a nossa estrutura de custo em 50 anos. Mas, virtualmente, todas as empresas bem-sucedidas executam essas obrigações – para com seus funcionários e suas comunidades – e estas freqüentemente se mostram difíceis de serem satisfeitas.

Tomemos a tarefa da produção de procurar um local para construir uma nova fábrica. Ela será cercada por pacotes de incentivo de governos estaduais e locais de todos os lugares – reduções de imposto, favores, acesso a recursos naturais, permissão para poluir. A probabilidade é que a nova fábrica seja construída no local da melhor negociação (como fez a Dell ao aceitar um pacote de US$ 318 milhões para construir a sua nova fábrica em Raleigh, na Carolina do Norte). Mas esses "serviços gratuitos" não são realmente de graça. Quando a empresa começa a prosperar, a comunidade bate na sua porta. Espera-se que a empresa "devolva" à comunidade apoiando as suas iniciativas – isto é, fazendo grandes doações para caridades locais e outras causas importantes. Além disso, espera-se que os executivos da empresa assumam a presidência de uma United Way local, de um time ou de uma fundação de museu. Esses compromissos tomam tempo (às vezes um ano ou mais), e tempo – principalmente para altos executivos – é dinheiro. A empresa bem-sucedida pode contar com um número crescente de tais atividades não-relacionadas aos negócios, custos omitidos difíceis de serem calculados antecipadamente.

Isso não é tudo. Quinze ou 20 anos depois, é possível que tenhamos que seguir adiante. A antiga fábrica com a sua tecnologia obsoleta não é mais eficaz em termos de custos ou competitiva, logo, é hora de construir uma nova fábrica – provavelmente em algum lugar no leste europeu. Mas isso não é tão fácil. Apesar de todo seu envolvimento com a comunidade, você ainda possui obrigações. Você tem problemas de saída. Você poluiu o rio, o que estava bem desde que continuasse empregando metade dos cidadãos da cidade, mas agora é diferente, já que pretende ir embora e desempregar todas essas pessoas. O que acontecerá com a enorme fábrica que você construiu e todo o dano que você causou ao ambiente ao redor dela? Provavelmente você terá que limpar o rio. Provavelmente você terá que transformar a sua propriedade horrorosa em um centro varejista de alto nível. Em outras palavras, custará caro para você sair – um custo que será doloroso principalmente porque as suas margens não são o que eram antes.

Mesmo que aquela dívida com a comunidade venha a ser grande, ainda será pequena em comparação ao que você deverá a seus funcionários aposentados. Quem poderia prever o futuro? Quem poderia prever que, graças à automação e à integração, você teria cada vez menos funcionários financiando os pacotes de benefícios de um grupo de aposentados cada vez mais extenso? Quem poderia ter previsto que hoje as pessoas estariam vivendo 10 anos mais do que viviam 40 anos atrás, quando os seus estatísticos ainda faziam contas em ábacos? Quem teria alguma idéia de que a taxa de nascimento decresceria, como de fato aconteceu? Cinqüenta anos atrás, ninguém falava sobre o "envelhecimento da população". Você acaba assumindo obrigações dentro de um conjunto de suposições, apenas para ver essas mesmas suposições perderem a sua validade.

Além disso, enquanto a automação e a integração estão corroendo nossas folhas de pagamento, o mesmo acontece com o fenômeno da terceirização. A terceirização faz sentido – quer estejamos falando sobre as centrais de ligações em Bangalore, quer sobre o processamento de dados em Peoria, Illinois. Se for mais barato mandar os outros fazer, então os outros que façam. Você está diminuindo os seus custos, e é isso mesmo que deve fazer. Mas, menos óbvio, você está aumentando um outro custo, pois na sua empresa restam poucos funcionários para contribuir para o sistema de aposentadoria. Esse custo voltará para assombrá-lo.

É irônico como a solução de um problema agrava outro. Uma maneira de controlar os custos quando as suas margens decrescem seria acabar com sua empresa verticalmente integrada e descartar quaisquer unidades ineficientes ou não-lucrativas. De fato, recomendaremos essa estratégia no final deste capítulo, e a GM, como exemplo, adotou a mesma ao livrar-se da Delphi. Mas eis uma advertência, principalmente para empresas como a GM: mais uma vez, você está reduzindo o número atual de funcionários e, portanto, reduzindo o número de contribuições para o fundo de pensão de sua empresa.

Essas obrigações inesperadas, prontamente assumidas quando um conjunto de suposições prevalecia, agora, sob circunstâncias imensamente diferentes, podem constituir um custo potencialmente destrutivo.

A PORÇÃO DO TIO SAM

Os custos vistos até agora – sejam eles operacionais ou não-operacionais, sejam eles pagáveis agora ou depois – são aqueles assumidos por nós mesmos, de certa forma, voluntariamente, para fazer nosso negócio funcionar e para mantê-lo na direção certa. Agora chegamos aos custos externos, impostos pelo governo local, estadual e principalmente pelo governo federal. É verdade que tais custos não são resultados da nossa própria obsessão pelo volume, mas ainda são custos, às vezes camuflados ou inesperados, e que precisam ser pagos. Eles não podem ser ignorados.

Os impostos locais, as licenças de negócios e autorizações para operação são onde começam os custos. Mas rapidamente chegamos à rede maior de regulamentos governamentais: diretrizes OSHA*, regras para a contratação e o desligamento de funcionários (como programas antidiscriminatórios**), projeto de edifícios com acesso para deficientes físicos e muitos outros. Parece que quanto maior você se torna, mais interessado fica o governo, e esses custos camuflados continuam crescendo.

Esse problema é agravado pelo fato de que as regulamentações do governo estão sempre mudando, e uma simples assinatura pode lhe custar milhões. A EPA*** é um grande exemplo. Hoje ninguém lamenta que o governo federal tenha se responsabilizado pela proteção do meio-ambiente. Na verdade, muitas pessoas gostariam que a EPA fosse ainda mais corajosa. Mas, 50 anos atrás, as corporações, o governo e a sociedade como um todo não eram muito cientes dos perigos da poluição, e não é surpreendente que as corporações operassem sem a menor consciência ambiental.

* N. de T.: OSHA significa Occupational Safety and Health Administration. Trata-se de uma agência do Departamento de Trabalho dos Estados Unidos. Criada pelo Congresso e assinada pelo presidente Nixon, a OSHA tem como missão prevenir acidentes, doenças e mortes relacionados ao trabalho ao emitir e impor regras de segurança e saúde para o mesmo.

** N. de T.: No original, Affirmative Action. Uma política destinada a resolver antigas questões discriminatórias (como mulheres e grupos minoritários) através de medidas ativas para assegurar oportunidades iguais, como na educação e no emprego.

*** N. de T.: United States Environmental Protection Agency. É a agência americana protetora do meio-ambiente.

Ainda mais caros, e inevitáveis, são os custos não-operacionais impostos pelo governo: as taxas de juros (ou o custo de capital) e as taxas corporativas. Foi Reginald Jones da GE, talvez mais do que qualquer um, quem chamou atenção para o fato de que esses custos estavam tornando a empresa americana não-competitiva em nível global. A GE, sob Jones, já possuía custos altos de qualquer forma, com cerca de 60 negócios e um comitê de planejamento estratégico com aproximadamente 150 executivos. Mas quando o comitê estratégico investigou o motivo por que as corporações americanas estavam atrás de seus competidores globais, Jones tornou-se devoto da causa da redução dos custos excessivos cobrados pelo Tio Sam.

Quando Ronald Reagan tomou posse, em 1981, a carga tributária das empresas americanas atingiu 46%. Essa taxa era absurdamente contraprodutiva. Em vez de pagar uma taxa razoável para o governo e então reinvestir a diferença em seus negócios, as empresas perdiam seu tempo com fraudes, empresas fantasmas e outras conspirações de sonegação, ou então procuraram descobrir como as empresas sob suas bandeiras poderiam *perder* dinheiro e ser utilizadas como baixas contábeis. Graças ao *lobby* conduzido pela GE e por outros, Reagan reduziu a taxa para 34%, mas a GE acreditava que qualquer valor acima de 10% continuaria a acorrentar a empresa americana. Afinal de contas, competidores como a japonesa Mitsubishi e a francesa Snecma (o fabricante de motor a jato) estavam pagando zero.

Neste caso, então, mesmo conduzindo a empresa eficientemente, os altos custos impostos pelo governo podem ser a nossa ruína – principalmente quando enfrentamos a competição global. Recebendo pouco alívio do governo, Reginald Jones planejou uma vasta reestruturação dos negócios da GE para controlar seus custos. Continuado pelo "nêutron" Jack Welch e pelo atual CEO Jeff Immelt, o processo tem sido altamente bem-sucedido, e o número das unidades de negócios da GE foi reduzido de 60 para aproximadamente meia dúzia. Mas nem todas as empresas possuem a sabedoria e a firmeza para tomar decisões tão drásticas.

Aliás, a questão do controle de custos não-operacionais levou a uma nova abordagem de como adicionar valor ao acionista, chamada de "valor econômico adicionado" (EVA)*. Hoje analistas financeiros não aconselham investir em um negócio, a menos que gere lucro ou margem suficiente de seus custos operacionais para sustentar os custos não-operacionais. Em outras palavras, seus custos não-operacionais, incluindo os impostos, os dividendos e o custo de capital estão na fórmula de alocação de recursos para as divisões ou unidades de negócios.

---

* N. de T.: No original, Economic Value Added.

OS SINAIS DA OBSESSÃO POR VOLUME

As conseqüências da obsessão por volume, assim como comer demais, são incrementais. Uma vez que estamos gordos, sabemos que estamos gordos. Não é preciso que nos digam que estamos gordos (e freqüentemente nos ofendemos quando isso acontece). Mas o processo de comer demais – um doce aqui, mais um ali –, que resulta em ser gordo, é mais fácil de negligenciar. O preço de ser magro, assim como o da liberdade, é a eterna vigilância. Eis o que precisamos cuidar.

Gastos sem diretrizes, *ad hoc*

O problema aqui é que você realmente nunca enfrentou a questão do controle de seus custos – seja em termos de despesas operacionais, preços de compras, viagens, aplicação de capital, entre outros. Isso não é tão incomum ou irresponsável quanto você imagina. Afinal de contas, nos tempos das margens altas e do crescimento rápido, era muito fácil lidar com gastos de maneira *ad hoc*. Você tem outras coisas – coisas mais interessantes e mais desafiantes – para pensar, então você nunca coloca as diretrizes de gastos necessárias no lugar. Basicamente, você está decidindo o que fazer no momento, e, quando se trata de custos, a sua "adhocracia"* é quem manda.

Outro sintoma de gastos sem diretrizes é o esbanjamento no topo. Adicione a irresponsabilidade à adhocracia e você possui uma situação de gasto sem limites. Você descobriu o prazer do esbanjamento; o céu é o limite. Todo mundo está viajando na classe econômica, mas você está voando de primeira classe, literal e figurativamente. Dê uma olhada na mobília de sua sala de conferência. Mesa de mogno? Cadeiras com estofamento de couro? É claro, o sinal de excesso mais visível é a sua frota de jatos corporativos. RJ Reynolds construiu o seu próprio terminal de jato corporativo no aeroporto de Charlie Brown, em Atlanta, um pouco antes da aquisição da empresa por um LBO. Mas muitas outras empresas são igualmente esbanjadoras. Conforme estatísticas, jatos corporativos estão no ar 10% do tempo e permanecem inativos no chão os outros 90% do tempo. Se você está gastando dinheiro como um marinheiro bêbado, é evidente que você não está cuidando de seus negócios.

Sem as diretrizes adequadas, é provável que você possua orçamentos arbitrários altamente descentralizados. Em outras palavras, você não é o único gastando dinheiro demais. Você autorizou todos os seus administradores de unidades a fazer o mesmo. Isso significa poder sem responsabilidade, e pode ter certeza de que isso levará ao abuso.

---

* N. de T.: Sistema temporário, variável e adaptativo, organizado em torno de problemas a serem resolvidos por um grupo de pessoas com habilidades diversas e complementares.

Centros de custo em nível funcional

Desde o início, os seus lucros e as sua perdas (P&L)* têm sido calculados em nível corporativo, logo seus custos são agregados, assim como as receitas. Conseqüentemente, todas as suas funções, exceto as vendas, permanecem como centros de custos. Você ainda não reexaminou essa estrutura, embora ela possa não ser mais eficiente ou mesmo sensata. É possível transformar alguns desses centros de custos em centros de receitas (conforme vou sugerir mais adiante).

Uma estrutura baseada em centro de custo faz sentido quando você é um monopólio, como o antigo sistema Bell, com o governo limitando as suas margens de lucro em, por exemplo, 14%. A Bell estava organizada conforme o retorno sobre o investimento (ROI)**. A fórmula é "receita bruta menos o custo, dividido pelos ativos". Então, a maneira de convencer o governo de que era chegado o momento para um aumento de taxa era aumentar um denominador para investir dinheiro na construção de ativos.

Para entrar neste jogo, você deve manter todas as funções executadas interiormente e fazer com que sejam caras. Você constrói prédios maravilhosos para centros de treinamento, instalações de última geração para P&D. Você banha tudo em ouro. Nesse cenário, você não quer que as funções gerem receita; você quer que sejam "ativos" caros sobre os quais investiu. Então, para ganhar o "retorno sobre o investimento" necessário, você diz ao governo que é preciso aumentar as receitas elevando os preços que cobra dos clientes. Certamente, toda essa estratégia foi concebida em um ambiente monopolista. Agora que o monopólio não existe mais, o problema é como reduzir todos esses custos.

Tipicamente, no entanto, a atitude mental do centro de custo tem sido menos uma questão de estratégia do que um bom procedimento de padrão operacional. Conforme sugerimos no início, as empresas tendem a organizar-se da seguinte maneira: gerando receita bruta através de vendas e alocando dinheiro às várias outras funções para sustentar as vendas. Seguindo essa lógica, todas as outras funções – a P&D, a produção, a logística, o marketing, o atendimento ao consumidor – tornam-se centros de custos em vez de centros de receita. Uma vez que essa estrutura esteja estabelecida, a natureza humana (ou a natureza do negócio) a perpetua. Os gerentes de cada função certamente gastarão mais dinheiro no ano seguinte do que neste ano. Todos querem que suas funções cresçam, querem orçamentos maiores e querem mais subordinados. Afinal de contas, é assim que seu desempenho provavelmente é medido. Enquanto esses custos funcionais aumentam com o tempo, a eficiência raramente é levada em consideração. A gordura está acumulando-se no organismo corporativo.

---

* N. de T.: Profit and Loss Statement. Demonstração de lucros e perdas.

** N. de T.: No original, Return on Investment.

Uma cultura de subsídios interdependentes

O Capítulo 4 examinou o problema do subsídio cruzado, mas ele merece ser mencionado novamente. Se você permite que o sucesso de uma unidade de negócio oculte o fracasso de outra, então certamente você não está operando eficientemente. Conforme ilustra o gráfico abaixo, não é incomum que os lucros de uma empresa sejam gerados por 10% de suas operações e que aqueles 10% efetivamente subsidiem os outros 90%.

Novamente utilizando o sistema Bell como ilustração, vemos como os subsídios cruzados às vezes são controlados pela regulamentação. O governo ordenou que o serviço local não fosse caro e também que a instalação e a manutenção fossem gratuitas. O monopólio das chamadas de longa distância gerou muita receita para cobrir esses custos. Então, conseqüentemente, as chamadas de longa distância subsidiaram o serviço de telefonia local, e os grandes usuários subsidiaram os pequenos usuários. Conforme vimos, o fim daquele monopólio de longa distância foi o fim para a Ma Bell.

De modo similar, quando a Procter & Gamble analisou criticamente as suas operações, ela descobriu que, de aproximadamente 1.500 contas, ela lucrava com apenas 90. A empresa eliminou o problema com a sua reorganização focada no cliente. O dinheiro que a Ernst & Young ganhava ao servir 200 clientes lucrativos subsidiava os custos de cuidar de outros 3.800. Mas a empresa não percebeu isso até que viu os resultados sob a ótica cliente-por-cliente. Uma cultura de subsídios interdependentes estimula esse tipo de ignorância, confusão e ineficiência.

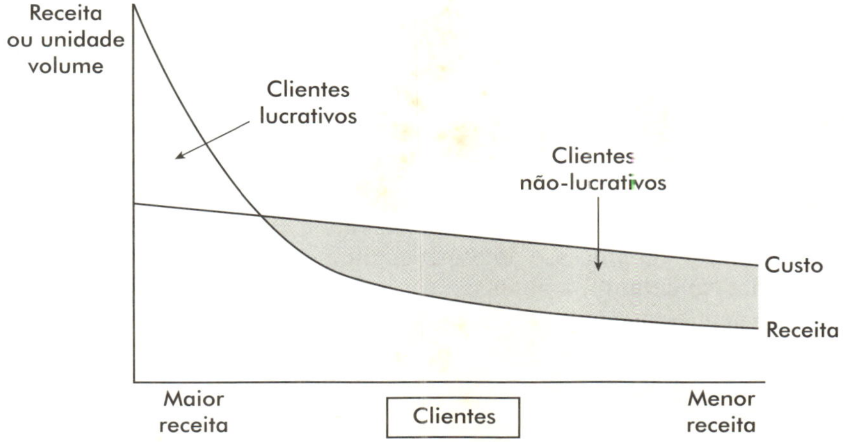

Figura 7-1 Receita por subsídios cruzados.

A verdade em números

Um sinal certo de que você está gastando muito dinheiro para fazer dinheiro é quando o seu auditor interno ou externo está lhe dizendo isso. Quando você sobe na balança de um consultório médico e descobre que engordou 5 quilos desde o seu último *check-up*, você não vai conseguir escapar. É preciso enfrentar os fatos. É o mesmo com a sua auditoria. Você pode dizer "sim, mas..." e racionalizar o quanto quiser. Mas se os seus custos estão crescendo e as suas margens estão caindo, então é isso mesmo. [112]

O preço das ações e a opinião dos analistas da indústria também são medidores confiáveis da saúde de sua empresa. As pessoas de sua empresa (incluindo o CFO e os auditores internos) podem ter um programa, mas é possível confiar nos analistas externos para analisar os seus resultados objetivamente. E quando eles se voltarem contra você, é mais um sinal indiscutível de saúde abalada: os seus investidores fugirão. A Dell, por exemplo, beneficiou-se ao escutar atentamente a análise de custo dos peritos da indústria.

Finalmente, tenha em mente que os *benchmarks* podem mudar. Apesar de tudo que indique o contrário, você ainda pode enganar a si mesmo pensando que está indo bem, pois está sendo bem-sucedido conforme os *benchmarks* que sempre levou em consideração. Pode ser o momento de livrar-se desses *benchmarks*. Antigamente, não era um problema quando o seu colesterol "ruim" indicava 200. Hoje uma leitura desse nível faz com que você receba uma receita de Zocor. Considere a competição global de hoje.

Hoje é crucial que as empresas de *software* e de TI dos Estados Unidos comparem os seus desempenhos aos da Índia e que nossas empresas de produção se meçam contra o novo *benchmark* estabelecido pela China. Essa tendência é perfeitamente exemplificada pela nova expressão utilizada nos negócios globais – o "*China price*".

COMO LIVRAR-SE DO HÁBITO DA OBSESSÃO POR VOLUME

Livrar-se do hábito da obsessão por volume exige uma visão estratégica e um compromisso de tempo para o planejamento e a implantação de atividades. Também pode ser um processo doloroso quando o remédio envolve uma mão-de-obra reduzida. No entanto, a obsessão por volume possui um impacto negativo direto sobre o bem-estar financeiro de uma empresa, por isso deve ser resolvido.

Identifique onde estão seus custos

Isso parece auto-evidente, mas muitas empresas ainda não sabem como criar o alinhamento receita/custo adequado. Conforme mencionado no capítulo anterior, a Procter & Gamble, que estava organizada por produto, não percebeu que a Wal-Mart havia se tornado o seu maior cliente. Quando percebeu que precisava reorganizar-se, a P&G levou três anos para descobrir a sua estrutura de custo sob a perspectiva do cliente. A empresa denominou essa estrutura de "custeio baseado em atividades" (ABC)*, e os especialistas gostam de brincar que a sua fórmula é mais secreta do que a da Coca-cola.

Se as receitas estiverem distorcidas, se 20% dos clientes estiverem gerando 80% da receita, é provável que o lucro esteja ainda mais distorcido. É possível que 10% de seus clientes estejam realmente fazendo dinheiro por você e os outros 90% estejam sendo subsidiados. Um número cada vez maior de empresas está percebendo que se o cliente é o gerador de receita, então os custos deveriam alinhar-se dessa forma. Às vezes, a nova plataforma é denominada de gestão de relacionamento com o cliente (CRM)**. Em seu centro está a "análise de lucro do cliente" – o cálculo dos custos e das receitas por cliente.

A essa altura, é possível que você queira perguntar: se os clientes são pessoas que compram de nós, como podem não gerar receita alguma? A reposta: fácil. Em primeiro lugar, às vezes clientes são pessoas que *podem* comprar algo, como os milhões de clientes de bancos que gozam de *free checking****. Os bancos oferecem esse serviço (e assumem esse custo) na esperança de que esses clientes possam gerar receita através de outros serviços, como contas de investimento, certificados de depósitos, hipotecas ou outros empréstimos. Em outros casos, os clientes estão comprando algo, mas a competição baixou tanto o preço que as vendas geraram perdas em vez de lucros. Se eu voar de Atlanta para Washington, D.C., por US$ 49, duvido que estarei provocando algum impacto positivo no balanço patrimonial da companhia aérea.

O melhor exemplo é o da AT&T Long Distance. A empresa possui 60 milhões de contas, mas um terço delas nunca liga. Elas continuam sendo um custo porque estão no sistema, recebem suas contas, fazem parte da carga de trabalho do departamento de contabilidade. Na verdade, o custo médio para servir esses clientes foi calculado em US$ 6 ao mês, ou US$ 72 ao ano. Multiplique isso por US$ 20 milhões e esses clientes estarão lhe custando US$ 1,44 bilhão. No passado, com o seu

* N. de T.: No original, Activity-based Costing. É um método de custeio baseado nas atividades que a empresa efetua no processo de fabricação de seus produtos.

** N. de T.: No original, Customer relationship management. É um sistema integrado de gestão com foco no cliente.

*** N. de T.: No português, literalmente, seria algo como, conta gratuita Porém, é um tipo de conta corrente existente apenas nos bancos americanos. Ela não apresenta despesas com serviços no final do mês ou taxas por item, independente do saldo ou da atividade. Em outras palavras, preencha todos os cheques que desejar e mantenha o seu saldo no mínimo possível sem pagar uma taxa sequer. No entanto, *free checking* não significa que você nunca terá que pagar nada. Caso o seu cheque seja recusado, por exemplo, você terá que pagar uma taxa por insuficiência de fundos.

monopólio, a AT&T ainda conseguia fazer dinheiro com as chamadas de longa distância, mas hoje os preços despencaram frente à competição. O preço decrescente precisa ser compensado pelo volume crescente, mas, graças ao fenômeno do telefone celular, o volume também está em declínio. A receita despencou e os lucros desapareceram.

Converta os centros de custo em centros de receita ou centros de lucro

Conforme mencionado, não é incomum as empresas designarem as vendas conforme suas funções geradoras de receita, e então definirem outras funções como centros de custos para apoiar as vendas. Mas não é preciso ser assim. Uma abordagem nova muitas vezes pode, inclusive, transformar as funções estratégicas de centros de custo em centros de receita ou de lucro.

Por exemplo, quando o CEO da Procter & Gamble, Alan Lafley, analisou a sua função de P&D, ele descobriu que possuía uma equipe de 150 cientistas com Ph.D. Ele não precisava de tantos; conseqüentemente, possuía uma capacidade inativa. Eram pessoas brilhantes que adoravam o seu trabalho, mas dentro da P&G não havia oportunidades suficientes para mantê-los satisfeitos e produtivos. Mesmo assim, Lafley não queria demitir esses empregados dedicados e talentosos. A solução foi contratar parte de pesquisa para outras empresas, e com essa iniciativa simples, o seu centro de custo tornou-se um centro de receita. Uma situação de ganha-ganha-ganha: bom para a P&G, bom para os cientistas e bom para as empresas que os contratavam. Semelhantemente, os departamentos de peças – ou de forma mais geral, as funções de serviço/manutenção – estão evoluindo de centros de custo a centros de lucro. Em muitas categorias de produtos para consumidores, consertos gratuitos ou consertos sob garantia, tradicionalmente relegavam essas funções a centros de custo, mas hoje os consumidores estão adquirindo os consertos "gratuitos" sob a forma da garantia prolongada. À medida que a qualidade do produto tem melhorado, a garantia prolongada tornou-se um enorme centro de lucro para varejistas como a Best Buy. Na Sears, o grupo de merchandising descobriu que, na década de 80, 64% de todos os lucros de seu negócio de US$ 24 bilhões originava-se de dois locais: 34% do financiamento de cartões de crédito e os outros 30% de garantias prolongadas. A garantia prolongada é simplesmente um seguro, é lógico, e quanto mais saudável o corpo, mais lucrativo o seguro.

Em uma escala maior, quando um produtor como a GE constrói uma fábrica, o suporte gratuito – desde a instalação à manutenção e ao reparo – tem sido um custo, historicamente. Mas veja o que está acontecendo agora. Empresas grandes e pequenas estão reorganizando-se em volta da função "serviço", e o serviço está tornando-se um centro crítico de receita. Além da GE, os melhores exemplos são as grandes empresas *business-to-business**, como a IBM, a Xerox, a Lucent e muitas outras. Antigamente, quando a IBM vendia os seus *mainframes*, ela oferecia

* N. de T.: Também conhecido como B2B. São vendas feitas de empresas para empresas.

suporte gratuito a seus clientes. Era um bom negócio, pois firmava o relacionamento e encorajava os clientes a adquirir os computadores da próxima geração. Mas esses serviços pós-vendas eram custos significativos. No final, a empresa percebeu que estava perdendo uma enorme oportunidade e criou uma nova unidade: a IBM Global Services. Hoje, a sua receita iguala-se à do negócio de produto.

Repare que, ao transformar a sua função de serviço de um centro de custo em um centro de receita, a IBM – e outros – não se limitaram a cobrar de seus clientes regulares por um serviço que ofereciam gratuitamente. O que a IBM fez foi oferecer a sua capacidade para o mundo externo – isto é, criou uma nova unidade de negócio, com custos próprios, mas com grandes retornos.

A empresa de serviços de dados EDS oferece outro exemplo. Quando a GM decidiu terceirizar o seu *mainframe*, Ross Perot da EDS ganhou o contrato – com uma oferta de aproximadamente US$ 1 bilhão pelo serviço. Um cara esperto das finanças da GM analisou pela segunda vez e disse: "Acho que deveríamos, em vez disso, adquirir a empresa". Em 1984, Perot concordou em vendê-la por US$ 2,5 bilhões. Era muito dinheiro por um negócio que iria simplesmente consolidar, integrar e processar todos os seus sistemas de dados, então a GM começou a vender os serviços da EDS para as indústrias externas como via cabo e telecomunicações. A GM havia transformado um centro de custo – o processamento interno de dados – em um centro de receita.

Reconhecidamente, essa é uma versão tristemente abreviada de uma página fascinante da história corporativa americana. Os comentaristas concordam que, ao adquirir a EDS, a GM não apenas queria o processamento de dados, mas também o brilhante empresário Perot. A ele foi cedido um lugar no conselho da GM e uma considerável supervisão sobre as operações da EDS sob a estrutura da empresa. É claro que Perot e o conservador Roger Smith da GM combinaram como azeite e água, logo, Perot utilizou a sua cadeira no conselho para se opor às quedas evidentes da GM. O divórcio aconteceu quando a GM pagou US$ 700 milhões a Perot (o dobro do que valiam suas ações) para "calar-se e ir embora". No entanto, em última análise, e apesar do fato de que, em um retorno à base de seu negócio, a GM desdobrou a EDS em 1995, a negociação foi lucrativa para a GM. Entre 1990 a 1995, a receita da EDS havia dobrado para mais de US$ 10 bilhões. [113]

Para reiterar, virtualmente qualquer função – P&D, produção, logística (como o transporte), suporte ao cliente – pode ser reorganizada em um centro de receita. Quase todos os queijos de seu supermercado local, de qualquer marca, são estocados pela Kraft, assim como a maioria das estantes de cigarros é de propriedade e é operada pela RJ Reynolds. Neste caso, essas duas megaempresas transformaram o gerenciamento de estoque em um produtor de receita. Ao vender o excesso da capacidade de carregamento, as empresas de transporte (por terra e ar) criam centros de receita a partir das funções de logística. As empresas com capacidade adicional em suas centrais de ligação podem gerar receita do suporte ao consumidor ao receber chamadas de outras empresas.

Hoje, quando você lê a respeito de empresas que se reorganizaram para tornar suas funções individuais mais "empresariais", você sabe o que isso significa: elas estão transformando seus centros de custo em geradores de dinheiro.

Descentralize os lucros e as perdas em unidades de negócios menores e mais numerosas

Se você centralizou o seu P&L no topo, é possível que você não enxergue a situação de suas unidades individuais. Um corretivo seria aplicar o princípio EVA descrito anteriormente: delegar a cada unidade a responsabilidade de justificar os seus custos, incluindo custos não-operacionais ou custos omitidos. Exija que cada unidade pague as suas próprias contas, cobrindo inclusive os dividendos dos acionistas, imposto de renda e o custo de capital – custos que poderiam ter sido levados ao nível corporativo. Informe aos gerentes que eles serão sustentados somente se conseguirem gerar receita suficiente para cobrir esses custos; caso contrário, eles serão dispensados. [114]

Bancos e empresas de telefone têm seguido essa estratégia ao dividir sua enorme base de consumidores em unidades de negócios individuais – industrial, pequena empresa, consumidor e assim por diante. Descentralizar o P&L nesses pequenos grupos de clientes possui a vantagem adicional de desencorajar os subsídios cruzados – exceto, é claro, para a aqueles dentro da unidade ou da divisão.

Mude da integração vertical para a "integração virtual"

Ao longo do século XX, a integração vertical tem sido o modelo ideal. A Ford estabeleceu o padrão, fabricando o seu próprio aço, pneus e partes; executando a sua própria montagem; e vendendo os carros aos consumidores através das revendedoras. A GM seguiu o modelo, assim como a IBM, e praticamente todas as grandes empresas; elas queriam o controle integral de sua empresa, desde a matéria-prima até a venda final.

Esse modelo já não faz mais sentido como antigamente, por algumas razões. Primeiro, é difícil ter a certeza de que cada unidade em um negócio verticalmente integrado esteja funcionando com a eficiência ideal. Na verdade, é provável que o sistema tenha algum tipo de custo de ineficiência, pois basicamente você está comprando de si mesmo; nenhum outro mecanismo de mercado está em ação. (Por exemplo, Peter Drucker relatou que, antigamente, o gerente da gigantesca siderúrgica da Ford não sabia quanto a empresa pagava pelo carvão que utilizava.) [115] E, segundo, mesmo que suas unidades sejam eficientes, ainda existe uma grande chance de que uma empresa especialista possa fazer melhor. O novo modelo é a "integração virtual" – concentrar-se naquilo que você faz melhor e deixar que os outros façam o resto.

O outro pioneiro desse novo modelo é a Cisco Systems, a empresa dominante na área de roteadores e *switches**. A Cisco executa duas coisas: ela desenvolve novos produtos e vende esses produtos para clientes. Todo o resto – a produção, o suprimento e o controle de inventário – é subcontratado. Na maior parte do tempo, a Cisco sequer vê os produtos comprados por seus clientes. Outro bom exemplo é a Nike. É uma empresa de design e criadora de marca; ela coordena principalmente funções de valor agregado desempenhadas por contratantes.

Graças às tecnologias de comunicação possibilitadas pela Internet, as empresas individuais não precisam mais definir-se como fabricantes de produtos. Em vez disso, membros de uma empresa virtual contribuem com *processos*, e nenhuma empresa é obrigada a sentir-se proprietária do produto final. Na operação virtual, a cooperação perfeita é o ideal, e não a propriedade. À medida que esse modelo torna-se mais popular, a sua habilidade de integrar as suas funções com as de outras empresas será de competência crítica. [116]

Terceirize as funções secundárias

Se você não está preparado para a integração virtual, ainda é possível aumentar a eficiência e cortar os custos ao terceirizar as funções secundárias para terceiros que possuem economias de escala adequadas. (Nós também recomendamos a terceirização no Capítulo 4, como um antídoto ao inchaço e à indolência que caracterizam as empresas complacentes.)

Muitas empresas entenderam a sabedoria de ter uma folha de pagamento terceirizada por especialistas, como a inglesa EDP (Electronics Data Processing)** ou serviços de TI para empresas como a IBM, EDS ou Accenture. A terceirização de suporte ao cliente é conhecida por qualquer um que tenha ligado para a assistência técnica de seu computador ou provedor de Internet. Com toda certeza, a voz do outro lado da linha virá da Índia, das Filipinas ou da Irlanda.

Além disso, as empresas estão cada vez mais terceirizando o que eram consideradas funções "estratégicas". Por exemplo, as empresas farmacêuticas estão percebendo que inclusive alguns de seus trabalhos de P&D podem ser terceirizados. Enquanto elas se concentram nos medicamentos da próxima geração, elas podem terceirizar o trabalho de reformulação e de melhoria de antigos medicamentos cujas patentes estão prestes a expirar. Atualmente, grande parte desse trabalho está sendo desempenhado na Índia.

---

* N. de T.: Poderiam ser traduzidos como comutadores. São aparelhos utilizados em redes de computadores. Daqui para frente, será referido como *switch*.

** N. de T.: Poderia ser traduzido como Processamento de Dados Eletrônicos.

Outro exemplo: como as fraldas compõem uma das linhas de produtos essenciais da Procter & Gamble, a empresa há muito tempo pensava em adquirir e administrar sua própria fábrica de papel. No final, a P&G concluiu que o mercado era um "fornecedor confiável" de polpa de papel e que realmente não era preciso que ela mesma fabricasse o seu próprio papel. As forças fundamentais da P&G eram o marketing, o *branding** e a distribuição – e não a administração de fábricas de papel – então aqui estava a função secundária pronta para ser terceirizada. O movimento libertou o capital preso às fábricas, bem como o tempo de gerenciamento, e isso reduziu os custos substancialmente. Neste caso, para ser conciso, comprar era mais barato do que produzir.

Na verdade, são tantas as funções de produção e de P&D atualmente sendo terceirizadas que elas merecem suas próprias iniciais: a CMO (*contract manufacturing outsourcing*)** e a CRO (*contract research outsourcing*)***. Não quero sugerir que com a terceirização não é preciso mais pensar. Conforme o economista e ganhador do prêmio Nobel Ronald Coarse e seu discípulo Oliver Williamson mencionaram, a terceirização (a compra em vez da produção) sempre envolve uma "transação de custos". Custos de procura e informação, custos de barganha e custos de execução – somente para exemplificar alguns – são sempre aplicáveis quando optamos em comprar na rua, em vez de fazermos em casa. Esses custos de transação precisam ser calculados antes do fechamento da negociação.

Reduza o gerenciamento da empresa

A maioria das empresas, à medida que cresce e prospera, começa a adicionar níveis de gerenciamento – apesar da máxima de Peter Drucker de que a estrutura corporativa mais organizada "conterá *o menor número de níveis de gerenciamento* e criará a cadeia de comando mais curta possível". Drucker gostava de mencionar que a economia adequada de gerenciamento de níveis era demonstrada pela maior, mais antiga e mais bem-sucedida organização do mundo ocidental – a Igreja Católica. "Existe apenas um nível de autoridade e responsabilidade entre o Papa e o padre da paróquia: o bispo". [117] Não obstante, há o departamento de recursos humanos, responsável pela organização dos funcionários em um número infinito de graus e níveis para fins de escalas salariais. Essa proliferação de níveis gerenciais é, para Drucker, um sintoma clássico de "*malorganization*".****

* N. de T.: Trabalho de construção de uma marca junto ao mercado.

** N. de T.: Poderia ser traduzido por Terceirização de Contrato de Produção.

*** N. de T.: Poderia ser traduzido por Terceirização de Contrato de Pesquisa.

**** N. de T.: Segundo Peter Drucker em *The Effective Executive*, a *malorganization* é algo que faz perder tempo. Um sintoma típico disso são as reuniões em excesso, por exemplo. As reuniões em excesso tornam uma organização deficiente, pois ou se reúne ou se trabalha, segundo diz o autor. Não é possível fazer as duas coisas ao mesmo tempo.

É possível, e freqüentemente aconselhável, comprimir algumas dessas camadas gerenciais, como demonstrou a BellSouth. Ela eliminou duas camadas ao comprimir de sete para cinco e ao nivelar a pirâmide hierárquica. Nesse panorama, menos pessoas no topo têm mais o que gerenciar – mais orçamentos, mais funcionários, mais geografia, entre outros. Na verdade, esse "achatamento" no topo que reduz os custos de gerenciamento, alivia a complexidade burocrática e diminui a cadeia de comando, é hoje uma tendência que está aproximando as empresas americanas ao modelo coletivo europeu.

Considere as empresas de serviços profissionais que tendem a oferecer o paradigma "mais achatado". Em firmas de direito ou de contabilidade, ou em consultorias de TI, todos geram receita. O parceiro que administra a loja é chamado de diretor administrativo ou sócio administrativo, mas ele não é um burocrata integral com uma hierarquia de gerentes sob seu comando. Metade de seu tempo ele age como gerente ou coordenador e a outra metade ele passa ganhando dinheiro, desempenhando o mesmo trabalho que os outros membros da empresa.

Faça uma reengenharia em seus processos

Levando em consideração o conceito de reengenharia de empresa de Michael Hammer, o Capítulo 4 sugeriu a reengenharia como uma forma de quebrar o hábito da complacência. Vamos elaborar um pouco esse conceito.

Um processo-chave a ser examinado é o que conhecemos por "*factory forward*" – isto é, todo o processo é centrado em volta da fábrica, que deve ser mantida em capacidade máxima. Em termos mais simples, o sistema funciona da seguinte maneira: as matérias-primas chegam à fábrica e têm o seu valor agregado à medida que são transformados em produtos finais. Esses então são distribuídos para as operações, chegam até as lojas e são finalmente comprados pelo consumidor. O problema deste cenário é o "tempo de espera". Como a fábrica não pode esperar, um suprimento extra de matéria-prima é mantido no portão. Como a fábrica nunca pára, os produtos de valor agregado constantemente saindo precisam ser armazenados até que possam ser colocados em operação de distribuição. A operação mantém as mercadorias até que o espaço de gôndola esteja disponível, e os produtos são deixados na gôndola até a chegada do consumidor. Em empresas de produtos embalados, por exemplo, os seus custos crescem quase 40% para cada ano que seus produtos finais permanecem na operação de distribuição ou na gôndola antes da compra. Lá se vai a sua margem.

A pergunta se torna: por que "*factory forward*"? Por que não "*customer backward*" – de volta à fábrica? Esse tipo de processo de reengenharia extrai todos os custos causados pelo gerenciamento ineficiente de inventário. Como vimos, a operação "*customer backward*" ou "guiada pela demanda" é o modelo incorporado com tanto sucesso pela Dell. Mas repare também que, em nossa economia crescentemente orientada para os serviços, estes geralmente são guiados pela demanda, e não pela oferta. Você precisa sentar na cadeira do barbeiro antes que ele possa cortar seu cabelo. Você deve ir ao consultório médico antes de receber uma consulta. O que acontece agora é que o modelo guiado pela demanda está sendo considerado como viável para a produção de operações também.

(Eu deveria mencionar que a "automatização e a integração" recomendadas no capítulo seguinte, como o corretivo para o hábito da territorialidade, também exemplificam a reengenharia em nome da eficiência de custo.)

Caminhe em direção à "customização em massa"

A produção guiada pela demanda naturalmente leva à próxima fase da reengenharia: a "customização em massa". Esse aparente oxímoro – também conhecido como "produção ágil" – significa basicamente fabricar produtos customizados com a economia de custo da linha de produção. Não foi surpresa alguma, conforme menciona Joseph Pine em seu livro *Mass Customization*, que o conceito tenha sido utilizado pela primeira vez pela Toyota, que procurou capturar o mercado japonês ao produzir uma variedade ainda maior de automóveis a volumes menores. Isso significou uma reengenharia das prensas usadas para formar as peças de aço utilizadas nos automóveis, reduzindo drasticamente os tempos de configuração. O novo processo, parte das lendárias "operações enxutas" da Toyota, que também incluem a entrega *just-in-time* e um zeloso controle de qualidade, permitiu que a empresa produzisse uma grande variedade de modelos (customização) sem qualquer perda de velocidade ou precisão. [118]

A idéia não é tanto uma questão de "menos volume", mas de volume sob demanda, ou um alinhamento de demanda/oferta que criasse estoque zero. A Motorola trouxe a customização em massa para a indústria de *pagers* nos Estados Unidos, quando foi atacada pelos japoneses no início da década de 1980. Combinando a sua arquitetura de seis variáveis de fabricação (forma, tamanho, cor, funções, recursos, componentes principais) com pedidos computadorizados diretamente dos clientes, a Motorola criou um processo de "*build-on-demand*" que reduziu o tempo de montagem de quatro horas para quatro minutos. E mais, o sistema de *build-on-demand* permitiu que os clientes recebessem o *pager* de sua escolha direto da fábrica.

Durante a última década, os consumidores têm sido mais exigentes, os mercados fragmentaram-se e a customização em massa atingiu as indústrias mais variadas, como os fabricantes de automóveis, os bens de consumo eletrônicos, as roupas, os varejistas e os *fast food*.

Estabeleça um custo alvo

Nas empresas americanas, a prática padrão (iniciada nos primórdios da Era Industrial) tem sido fixar o preço dos produtos baseado no custo de sua produção. Não sabemos, na realidade, o custo de um novo produto até que tenha sido produzido. Neste ponto, somamos todas as contas que foram pagas (projeto, compras, produção), adicionamos mais algumas (distribuição, marketing, vendas) para levar o produto ao mercado, decidimos qual será a nossa margem, e – pronto! – fixamos o preço.

Foram os japoneses, novamente, que reconheceram a falácia desse modelo e inverteram o processo. Eles compreenderam que o fabricante não pode controlar o preço. O mercado competitivo determina o preço. Mas o que o fabricante *pode* controlar são os custos.

Em outras palavras, o preço não é o resultado da fórmula; ele entra no início da mesma. A verdadeira fórmula é: o preço de mercado menos o retorno alvo é igual ao custo alvo. Os japoneses foram um pouco além observando que o preço de mercado tipicamente decresce. Em uma economia não-inflacionária, à medida que surge a competição, um número razoável seria um declínio de 5% ao ano ou de 15% em três anos. Então não adianta erguer os preços para cobrir os gastos da obsessão com o volume. Nossa tarefa é certificarmo-nos dos custos desde o início – partindo do projeto inicial e indo ao longo de todo o processo – e mantê-los ali ou reduzi-los para garantir um retorno. O custo alvo é um cálculo de "preço menos", em vez de "preço mais".

A Caterpillar aprendeu essa lição em meados dos anos 80, quando estava sendo derrotada pela Komatsu (e perdendo US$ 1 bilhão num espaço de três anos). Enquanto os contadores da Caterpillar estudavam as finanças da Komatsu para compreender a sua própria estrutura de custo, os engenheiros da Cat abriam os produtos da Komatsu para estudar os seus processos de fabricação. O trabalho trouxe resultados previsíveis, ainda que indesejáveis: os custos da Caterpillar eram 30% mais altos do que os da Komatsu. Para o seu mérito, a Caterpillar engoliu o remédio e levantou da cama. Ela investiu US$ 1,8 bilhão na modernização de sua fábrica, eliminou processos sem valor agregado, adotou o controle de estoque *just-in-time* e reduziu o número de partes utilizadas em seus produtos. No início dos anos 90, ela voltou à lucratividade. [119]

Torne-se um cliente de nível global

Guiadas pelos padrões de satisfação ao consumidor, e desejando as aprovações de JD Power e Malcolm Baldridge*, as empresas esforçam-se pela excelência em produção e marketing. Por outro lado, freqüentemente as empresas são péssimas clientes.

---

* N. de T.: JD Power é o fundador da empresa de marketing J.D Power and Associates. A empresa executa principalmente pesquisas de satisfação do consumidor em relação ao seu comportamento de compra e à qualidade de produtos. Malcom Baldrigdge, por sua vez, foi Secretário do Comércio americano na administração Reagan em 1981. Em sua honra, foi criado o Malcolm Baldridge National Quality Award o Prêmio de Qualidade Nacional Malcolm Baldridge. Este é o único prêmio de qualidade entregue pelo presidente dos Estados Unidos.

Lembre-se de que, para a maioria das empresas, as compras são os maiores custos – freqüentemente 65 a 70% do total. Vimos o que as compras significam para a IBM em suas transações com a Intel e a Microsoft. Na indústria do aço, o maior custo é o ferro. No varejo, o custo das mercadorias vendidas totaliza 65%. Portanto, procurar a excelência em compras pode ser um mecanismo crítico na redução de custo.

Como? Não forçando os seus fornecedores a reduzir o preço, mas nutrindo-os e fazendo com que sejam verdadeiramente fiéis a você. Da mesma forma como você tem os seus melhores clientes, aqueles com quem mais gosta de negociar, é preciso que você seja esse mesmo tipo de cliente para seus fornecedores. Se você tratar os seus fornecedores com o mesmo respeito com que trata seus clientes, eles vão querer negociar com você. Esforce-se para criar uma sociedade de apreciação mútua. Dessa forma, você não precisará barganhar quando fizer um pedido (um jogo que irá perder de qualquer maneira). O seu fornecedor irá lhe oferecer o preço que beneficiará ambos, e isso garantirá a saúde desse relacionamento de longo prazo.

Conforme mencionado no Capítulo 5, a fabricante de roupas britânica Marks and Spencer estabeleceu um padrão ao preocupar-se com seus fornecedores – ao ponto de insistir em boas condições de trabalho para os funcionários de seus fornecedores. Os fabricantes de automóveis japoneses seguiram essa prática, assim como empresas americanas como o McDonald's e a Starbucks.

É provável que tradicionalmente o seu enfoque tenha sido sobre as vendas, e não sobre as compras. Mas as empresas inteligentes precisam ser excelentes compradoras também – não espremendo os fornecedores, mas tornando-os parceiros vitalícios.

* * *

Ser "*lean*" é uma tarefa difícil no mundo atual. Isso vai contra o arquétipo do sucesso: gastar, consumir, acumular "gorduras e ser feliz". Esse arquétipo está profundamente arraigado na sociedade e nos negócios. Jimmy Carter* não alcançou o seu objetivo ao pedir, em 1978, que os americanos economizassem, mas sim, conseguiu encerrar sua carreira política.

Mas a superabundância de *best-sellers* de dietas coincide com a epidemia da obesidade nas grandes e antigas empresas americanas, como os fabricantes de automóveis, as companhias aéreas, os fabricantes têxteis e as empresas de bens de consumo eletrônicos. As histórias das indústrias possuem as mesmas linhas gerais: diante da crescente competição (freqüentemente global), os preços estão caindo, mas o custo das estruturas, repletas de gorduras, como artérias entupidas, permanecem altas e as margens inevitavelmente despencam.

* N. de T.: Jimmy Carter foi o 39º presidente dos Estados Unidos, entre os anos de 1977 e 1981, e foi o ganhador do Prêmio Nobel em 2002.

A atual onda de reestruturação sugere que um hábito vitalício de obsessão pelo volume colocou muitas corporações americanas contra a parede. Muitas dessas empresas, na última hora, estão tomando as medidas recém mencionadas. Outras, que provavelmente sobreviverão, adotarão esses passos como precauções, em vez de como medidas desesperadoras.

Obsessão por volume

Motivos que levam à obsessão por volume:

- A pioneira de alta margem
- O fenômeno do crescimento rápido
- O paradoxo da escala
- As algemas de obrigações imprevisíveis

Os sinais da obsessão por volume:

- **Gastos sem diretrizes, *ad hoc*:** Você tem coisas mais interessantes e desafiantes para pensar do que controlar seus custos.
- **Centros de custo em nível funcional:** Você sempre calculou lucros e perdas em nível corporativo, mesmo que possa não ser mais eficiente, ou mesmo sensato.
- **Uma cultura de subsídios cruzados:** Você permite que o sucesso de uma unidade de negócio oculte o fracasso de outra.
- **A verdade em números:** Seus auditores, o preço de suas ações ou os analistas da indústria estão dizendo que os números não estão a seu favor.

Como livrar-se do hábito da obsessão por volume:

- **Identifique onde estão seus custos:** Crie um alinhamento receita/custo adequado.
- **Converta os centros de custo em centros de receita ou centros de lucro:** Virtualmente, qualquer função pode ser reorganizada em um centro de receita ou de lucro.
- **Mude da integração vertical para a "integração virtual":** Concentre-se naquilo que você faz melhor e deixe que os outros façam o resto.
- **Terceirize as funções secundárias:** Você pode aumentar a eficiência e cortar os custos ao terceirizar as funções secundárias para terceiros que possuem economias de escala adequadas.
- **Faça uma reengenharia para automatizar os seus processos:** Automatize e integre para melhorar a eficiência de custo.

- **Estabeleça um custo alvo:** Certifique-se dos custos desde o início e mantenha-os ali, ou reduza-os, para garantir retorno.
- **Torne-se um cliente de nível global:** Empresas inteligentes precisam ser excelentes compradoras também – não espremendo os fornecedores, mas tornando-os parceiros vitalícios.

CAPÍTULO

8

O IMPULSO TERRITORIAL: CONFLITOS CULTURAIS E GUERRAS TERRITORIAIS

À medida que as empresas crescem e tornam-se bem-sucedidas, elas tendem a se organizar no que chamo de "silos funcionais". Com a expansão, elas adicionam os "silos geográficos" – escritórios regionais ou operações internacionais. Esse processo organizacional normalmente é necessário. O estilo "sem regras" do fundador/empresário funciona durante os primeiros anos da empresa, mas o crescimento com êxito exige regras, políticas e procedimentos, ou seja, organização. A organização também requer uma espécie de desmembramento – em funções, divisões, unidades, regiões e assim por diante. O que era apenas uma coisa, com um tipo de saúde e totalidade intuitiva e orgânica, torna-se várias. Novamente, este é um processo racional e lógico à medida que uma empresa atinge a maturidade. Mas isso traz conseqüências imprevistas, e essas conseqüências nutrem hábitos autodestrutivos.

Em termos gerais, as várias unidades ou "silos" que compõem uma empresa nem sempre se relacionam bem. Elas podem procurar a sua própria autonomia, dispensar a visão maior da empresa e trabalhar com propósitos distintos. Um grupo funcional pode desdenhar dos outros. Em uma empresa de alta tecnologia, por exemplo, o silo de pesquisa pode desprezar os "excêntricos" da divisão de marketing. Os conflitos culturais seguem, juntamente com desempenhos abaixo do ideal.

Quase inevitavelmente, o processo organizacional gera guerras territoriais à medida que os diversos silos funcionais ou geográficos procuram proteger ou estender os seus próprios territórios. Pesquisas recentes mostram que a "territorialidade" pode levar os funcionários a "se focarem em si mesmos, retirando a sua habilidade de se conectar com os objetivos da organização, focando-os".[120] Focar exclusivamente seu próprio território, para elaborarmos mais a metáfora, significa que enxergamos a árvore, mas não a floresta. Novamente, o resultado é a disfunção. Conflitos culturais e guerras territoriais deveriam ser os efeitos colaterais, mas tornam-se o efeito principal. As dores de cabeça tornam-se enxaquecas. O motor do crescimento começa a chiar e enguiça.

Este capítulo foca mais um "sintoma" do sucesso. Por uma questão de eficiência, o crescimento necessita de uma organização de silos, que ameaçam tornar-se facções, feudos ou *territórios*. Na ausência de um líder forte que consiga introduzir a sua visão nas mentes dos chefes tribais, provavelmente a empresa desperdiçará tempo e recursos mediando conflitos entre suas tribos em guerra. Os acionistas – incluindo os próprios funcionários – estão perplexos e furiosos: *Essa empresa possui tanto potencial. Por que estamos andando em círculos?* Em seu famoso livro de mesmo nome, o renomado antropólogo Robert Ardrey denominou isso de "o imperativo territorial*". Mas chamaremos esse hábito autodestrutivo de "o impulso territorial".

A TORRE DE MARFIM CORPORATIVA

Para chegar a essa síndrome, gosto de utilizar a analogia do edifício de 50 andares. À medida que as empresas bem-sucedidas crescem, organizam-se em um complexo de torres de escritório com 50 andares, conectadas por áreas em comum na base e no topo. Na base está o saguão, onde os funcionários podem esbarrar-se uns nos outros enquanto correm para entrar nos elevadores. No topo, é claro, está a suíte executiva. Os executivos têm seus escritórios particulares, mas encontram-se livremente nas salas de conferência, na sala de jantar executiva, talvez inclusive no banheiro executivo.

Nessa arquitetura, o CEO e a sua alta administração estão isolados na torre de marfim. Sempre me diverti ao ouvir sobre acadêmicos acusados de morar em uma torre de marfim. Acadêmicos são soldados de infantaria, nas ruas com os estudantes, investigando suas áreas de pesquisa. Como um exemplo de verdadeiro isolamento, considere o típico CEO. Todo o seu dia é precisamente coordenado e ele é cercado por indivíduos que controlam seu acesso a tudo. Pela manhã, ele sai de casa em seu carro conduzido pelo motorista, sentado no banco de trás, lendo o jornal ou mexendo em seu Blackberry. O carro é estacionado em sua entrada particular, e ele entra direto no elevador e sobe para o escritório no último andar. Além disso, todos que entram em escritório são interrogados – não apenas em termos de quem são, mas também em relação ao propósito da reunião. Não haverá surpresas inesperadas. Essa é a verdadeira torre de marfim – uma existência completamente inabalada pelos ventos da realidade.

Para esses tipos de imperadores romanos que não têm idéia do que acontece nas províncias, sempre tenho uma recomendação urgente: vá para o campo. Visite

* N. de T.: No original, *the territorial imperative*.

clientes, visite locais remotos; sem o toque das trombetas, sem a fanfara, talvez até mesmo incógnito. A alta administração necessita sair a campo ao menos um dia por mês. Jack Welch aprendeu isso quando era um gerente de linha incapaz de falar com Reginald Jones devido aos sentinelas.

Na base do complexo de escritórios está o saguão comum. É como se fosse a Grand Central Station*. É caótico. Entre a base e o topo, existem as regras da organização. Cada torre de escritórios representa uma das funções da empresa – a engenharia, a produção, as vendas, o suporte ao consumidor. É como deve ser conforme as leis da divisão do trabalho e da especialização testadas pelo tempo. Este é o caminho para operações eficientes. Além disso, à medida que sua empresa cresce, é preciso recrutar pessoas talentosas para trabalhar nela, e essas pessoas virão apenas se houver a oportunidade de trabalhar em seu campo de especialização. Organizar por função estimula os seus esforços para recrutar e manter boas pessoas. Tudo faz sentido. Eis o modelo correto.

É claro que organizar por funções exige um grande gerenciamento, uma grande orquestração. Isso exige um líder com as habilidades de um grande *chef*. Ele possui todos os ingredientes à sua disposição, mas será que sabe combiná-los? Alguns *chefs* são medíocres e ninguém repara na comida preparada por eles. Mas outros são excepcionais. Eles misturam os ingredientes de maneira brilhante e criam pratos distintos e memoráveis. Os clientes deliram e a fama do *chef* cresce. Alguns tornam-se celebridades com seus próprios programas no Food Channel. É uma questão de fusão inigualável e mistura de habilidade de recursos – exatamente o talento necessário aos grandes líderes. Eles causam profunda impressão em seus acionistas com os resultados que apresentam nos relatórios de seus lucros trimestrais. Assim como a Coca-cola nos seus primórdios ou a Procter & Gamble com o seu primeiro produto, o sabonete Ivory, a organização por funções permitiu que crescessem e que fossem bem-sucedidas.

Novamente, a organização funcional é o método correto, mas a construção dos silos com 50 andares teve conseqüências imprevisíveis. Conforme mencionado, exceto nas áreas em comum na base e no topo, as torres não se conectam. Eis a fonte da disfunção. Voltarei a essa questão mais adiante.

Além disso, após a construção das torres funcionais, a empresa continua a crescer, necessitando de mais torres ou silos. Uma expansão em nível nacional exige o estabelecimento de escritórios regionais – no Sudeste, Oeste, Centro, Nordeste. Novamente, isso faz sentido. É um grande país. Mas as guerras territoriais são iminentes. Os indivíduos regionais não querem falar uns com os outros, principalmente se o crescimento for desigual. Os escritórios regionais que aproveitam o crescimento da forma mais rápida tornam-se os queridinhos, enquanto os restantes tornam-se saco de pancadas.

---

* N. de T.: A principal estação de trem de Nova York.

Esses tipos de problemas são exacerbados quando a expansão torna-se internacional. Mas como as empresas podem resistir a essa grande oportunidade de crescimento? Empresas americanas e européias estão hoje correndo em direção à China e à Índia por bons motivos. A economia da China tem crescido a incríveis 9,5 % ao ano nas duas últimas décadas, e a Índia a consistentes 6%. Os economistas prevêem que ambos continuarão a crescer na faixa dos 7 aos 8% por décadas. É entrar ou ficar de lado e ver os seus competidores prosperarem.

Existem riscos, é lógico. Não compreendemos inteiramente esses países. Seus sistemas de contabilidade são diferentes; eles calculam o lucro diferentemente. Então, abrandamos esses riscos ao criar uma divisão internacional especializada – isto é, mais um silo. É simples para um começo. Temos capacidade em excesso, logo, vendemos onde quer que haja um mercado. Permanecemos uma empresa "etnocêntrica", uma empresa doméstica com uma divisão internacional de exportação.

Possuir uma divisão separada para o negócio internacional é uma estratégia sensata, pois as operações domésticas permanecem protegidas se o investimento estrangeiro for por água abaixo.

Mas o crescimento continua e a organização "etnocêntrica" não é mais suficiente. A empresa evoluiu para se tornar "policêntrica" – com subsidiárias separadas em cada país. Como cada movimento ao longo do arco do crescimento, este também faz sentido. Afinal de contas, cada país é culturalmente ímpar e em termos de regulamentos de negócios. Os negócios na Índia, apesar das melhorias, ainda são dificultados por uma quantidade imensa de regulamentos. As empresas americanas não conseguem entrar no mercado varejista da Índia, por exemplo, e em certas indústrias, como a de telecomunicações, a propriedade de entidades estrangeiras ainda é seriamente restrita. A China, com o seu grande número de empresas de propriedade estatal, oferece um grupo diferente de desafios. A solução é formar uma subsidiária na Índia, outra na China e assim por diante.

Então agora você tem torres de escritórios com 50 andares no mundo todo. Assim como a IBM fez com a antiga empresa comercial da IBM, e como a HP e muitas outras fizeram recentemente, você criou um Império Romano. Você está em Roma, e seus chefes provincianos estão nos mais remotos cantos do mundo. Você nunca os vê; eles nunca o vêem. O que os olhos não vêem, o coração não sente – desde que aquelas receitas tributárias continuem entrando. Na verdade, é provável que esses chefes estejam fazendo as suas próprias coisas, administrando as suas próprias empresas, cada vez mais autônomas. De volta a Roma, você permanece sem saber de nada, pois as suas finanças estão bem. Criaram-se mais silos. O hábito autodestrutivo está crescendo e os efeitos colaterais não podem ser ignorados para sempre.

O passo final da jornada acontece quando colocamos a subsidiária estrangeira sob responsabilidade de uma pessoa local. Fazemos uma suposição lógica de que é melhor colocar o mercado da China sob responsabilidade de um chinês. Ele conhece as políticas, a cultura e a língua, além do complicado ambiente de negócios.

Quanto a isso, acreditamos ser ilógico. Na verdade, é o pior erro que poderíamos cometer. A razão disso é o que chefe local será fiel primeiro ao seu país, e à empresa em segundo lugar. Além disso, é como se utilizasse uma viseira e enxergasse o mundo sob o ponto de vista de seu país. Ele é o clássico chefe provinciano; o líder militar afegão. Acreditamos ter vencido a guerra e ter controle sobre esses indivíduos, mas eis que eles usufruem apenas 30% do seu tempo conduzindo negócios para a empresa e 70% liderando seus próprios clãs e protegendo seus territórios.

O que estamos descrevendo é mais ou menos o processo natural de crescimento – aqueles passos organizacionais aparentemente lógicos que permitem que a empresa passe de uma fase para outra em sua evolução. Queremos crescer, é claro. Como chegamos até lá? Primeiro, organizamos por função, depois expandimos nacionalmente, então alcançamos o exterior e criamos subsidiárias internacionais. O que há de errado com esse cenário? Nada que seja imediatamente aparente. Mas o crescimento, assim como um tratamento com drogas, deve ser cuidadosamente monitorado. Caso contrário, ele pode ser o próprio fim, em vez de ser uma forma para alcançar o fim. Ele pode ser uma formação de hábito. Vamos ver como isso acontece. Vamos considerar alguns cenários onde o desejo natural de crescer – *de adquirir território* – causa efeitos colaterais que se tornam hábitos autodestrutivos.

QUANDO O CRESCIMENTO EXIGE A INSTITUIÇÃO DE POLÍTICAS E PROCEDIMENTOS FORMAIS

A fácil e gratuita cultura empresarial na qual foi fundada a empresa funciona enquanto a empresa for pequena, mas hoje as operações necessitam de forma e estrutura. Organizar em funções exige uma clara delineação de recursos e responsabilidades. Os funcionários do edifício com 50 andares podem acreditar que ainda estão gerenciando à maneira antiga, mas gradualmente, talvez imperceptivelmente, cada silo está perdendo contato com os outros. A mão esquerda nem sempre está a par da mão direita. A burocracia de regras e regulamentos substitui a comunicação humana. Todos começam a vigiar o seu próprio território.

Vamos ilustrar esse processo com uma história que surgiu na mídia especializada em negócios alguns anos atrás. Uma agência bancária no centro de Spokane, em Washington, decidiu que precisava controlar o acesso ao seu estacionamento, portanto, instalou uma cancela automática. Os clientes entravam, apertavam o botão para levantar a cancela e retiravam um *ticket* da máquina. Se eles executassem uma transação no banco, o caixa carimbaria o *ticket* que isentaria a taxa de 60 centavos do estacionamento. Caso contrário, esse custo seria cobrado na saída.

Eis que chega ao estacionamento um homem dirigindo uma picape, vestindo calças beges e uma camisa de flanela – talvez um fazendeiro ou um homem do campo. Ele pega alguns panfletos na entrada e então pede ao caixa que valide seu *ticket*. "Você executou alguma transação?", pergunta a caixa, seguindo o procedimento padrão. "Não", diz o homem, "mas sou um cliente regular". Ela pede desculpas, mas diz ao homem que ele terá que pagar os 60 centavos. O homem protesta que é uma política ridícula e que, como cliente regular, ele não deveria pagar para estacionar no banco. Deveríamos mencionar que a caixa possui um terminal de computador; ela poderia verificar se, de fato, ele é um cliente. Mas ela não foi treinada para tal. Ela está seguindo a política e não quer invadir o território de outra pessoa.

Compreensivelmente, o cliente está incomodado. Ele acredita que deveria ser reconhecido como um cliente regular nesse banco de cidade pequena e que deveria ser tratado como tal. Ele procura uma retificação do gerente da agência no interior de sua cabine de vidro. Certamente, o gerente irá corrigir o seu funcionário, mas não é tão simples assim. Parece que a empresa recentemente instituiu um novo sistema de avaliação de desempenho denominado "*feedback* 360". Isto é, a promoção dos gerentes depende de como seus funcionários – assim como seus superiores – o classificam, portanto ele necessita de uma boa avaliação de desempenho de seus caixas. Além disso, ele não precisa conviver com o seu cliente, ao passo que, precisa trabalhar diretamente com a caixa. Ele precisa apoiá-la. Ele possui a autoridade para remediar a situação, mas está preso na armadilha burocrática – na armadilha das políticas e dos procedimentos.

O homem volta para casa e liga para o escritório do banco em Seattle. Ele não é mais um cliente; agora ele é um homem com uma missão. Ele explica o problema. Você pode imaginar o que a mulher no telefone disse: "Isso é um problema de agência".

A essa altura, o cliente, que é um executivo de telefonia aposentado, retira todo o dinheiro de sua conta de US$ 2,5 milhões. Ele liga para a central de operações e diz: "Está bem, eu completei a maldita transação, agora quero os meus 60 centavos de volta".

Portanto, o banco perdeu um cliente próspero, uma pessoa com um grande patrimônio líquido com quem poderia ter tido negócios lucrativos por vários anos. Como isso pode acontecer? Com cada pessoa trancada em seu próprio pedaço de território pela burocracia da política e do procedimento, não existe conexão entre esses gerentes, caixas e supervisores. O manual de operações tomou conta. O crescimento exige organização de sistemas, mas, nesse edifício com 50 andares, a verdadeira comunicação pode ser desastrosa.

QUANDO A CULTURA DO FUNDADOR ESTÁ INSERIDA EM UMA CULTURA CORPORATIVA MAIOR

Às vezes, para atingir os seus objetivos de crescimento, a empresa deve desistir da propriedade privada e tornar-se aberta. Esse movimento provavelmente exigirá uma mudança radical na cultura, pois o líder não é mais autônomo e deve responder às demandas imperdoáveis de Wall Street. Se a empresa vacilar, ela poderá ser forçada a procurar abrigo em outra organização. Por exemplo, duas antigas lojas de departamento de propriedade familiar em Atlanta, a Rich's e a Davison's, tornaram-se parte da cadeia nacional da Macy's, que, por sua vez, tornou-se parte do conglomerado de varejo da Federated Stores*. Em casos como este, a cultura do fundador/empresário original é extinta – seja rápida ou lentamente. A cultura de propriedade – caracterizada pela informalidade e pela espontaneidade – é suplantada pela cultura gerencial, e o processo de burocratização está a caminho. O mesmo acontece quando um banco da comunidade torna-se parte de um grande banco ou quando uma farmácia local da cidade é vendida para a Wallgreens ou a CVS. Alguns dos exemplos mais dramáticos, no entanto, acontecem dentro das agências de propaganda.

A Wire and Plastic Products

Talvez você não tenha percebido que Wire and Plastic Products era o nome original do conglomerado de propaganda global que hoje é conhecido como WPP Group. Talvez você também não saiba que o negócio original da empresa era a fabricação de cestos de compras utilizados em mercados. Isso tudo foi antes do antigo executivo da Saatchi & Saatchi, Martin Sorrell, assumir a empresa, em 1985, com a intenção de transformá-la em uma grande força de consultoria de propaganda, marketing e mídia.

O primeiro grande passo de Sorrell foi a aquisição de J. Walter Thompson em 1987. A JWT, como é chamada hoje, obteve a sua identidade 110 anos antes, quando James Walter Thompson adquiriu a agência publicitária baseada em Nova York, Carlton & Smith, em 1877. O negócio de Thompson criou a Rocha de Gibraltar para representar a Prudential Insurance em 1896. Em 1989, Sorrell seguiu adiante e adquiriu outra icônica empresa publicitária americana, a Ogilvy & Mather. Esta empresa havia sido fundada em 1948 pelo pioneiro da publicidade e autor de *best-sellers* David Ogilvy, que havia emprestado seus talentos criativos para clientes influentes como a American Express e a IBM.

No final da década de 1990, a WPP iniciou um outro período de rápido crescimento, adquirindo mais de duas dúzias de empresas de propaganda, pesquisa de marketing, planejamento de mídia e unidades relacionadas no mundo todo. O ápice ocorreu em 2000 com a aquisição de sua rival e líder de mercado Young & Rubicam por US$ 4,7 bilhões (a maior fusão na história da propaganda). As raízes da Y&R datam de 1923, quando Raymond Rubicam e John Orr fundaram a sua agência em Filadélfia e tiveram a Presto Quick Tip Shoelaces como primeiro cliente. Quando abriram um escritório em Nova York, em 1926, a jovem empresa já

* N. de T.: É uma empresa *holding* de lojas de departamento.

era conhecida por seu clima informal e sua energia criativa. Com essa aquisição, a WPP tornou-se oficialmente a maior empresa de propaganda no mundo, mas ela ainda não estava satisfeita. Em 2005, ela foi título de manchetes novamente quando adquiriu a enorme Grey Global Group por US$ 1,75 bilhão. A Grey foi fundada em 1917, quando Larry Valenstein, com apenas 17 anos, pediu US$ 100 a sua mãe para criar uma agência de mala direta denominada Grey Art Studios. Ele e seu sócio, Arthur Fatt, colocaram seu primeiro anúncio nacional em uma edição do *Ladies Home Journal* de 1926, promovendo os Mendoza Fur Dyeing Works. Trinta anos depois, trabalhando na conta do Greyhound Bus, Fatt criou a campanha "Deixe a direção conosco".

Aqui temos em termos amplos e gerais, um exemplo de consolidação guiada pelo crescimento na indústria das relações propaganda/mídia. Eu mencionei esses detalhes dos históricos das empresas adquiridas para provar que a maioria das empresas, senão todas – sejam elas grandes agências rivais ou pequenas empresas oferecendo serviços de mídia relacionados – que hoje se juntam sob o mesmo grupo da WWP, tiveram em algum momento suas próprias culturas empresariais distintas. Agora vamos analisar os rompimentos, os choques, as guerras territoriais que provavelmente acontecerão quando uma loja de propaganda decide transformar-se no maior "supermercado de comunicação" do mundo.

Já em 1988, o *Wall Street Journal* estava divulgando uma tendência entre as agências de propaganda de comprar, não apenas umas as outras, mas também as empresas de RP, as empresas de pesquisa de marketing, as empresas de mala direta e todas as empresas relacionadas a seus esforços para tornarem-se *one-stop shops**. Elas estavam investindo muito tempo e dinheiro trabalhando no marketing desse conceito para seus clientes, com a Young & Rubicam classificando os seus vários esforços como "*the Whole Egg*" e o Ogilvy Group (prestes a tornar-se parte da WPP) criando a "*Ogilvy Orchestration*", entre outros.

Mas os clientes não estavam se interessando. De acordo com o *Journal*, a abordagem da Eastman Kodak era típica. Ela foi até a agência J. Walter Thompson da WPP para criar propagandas para o filme Kodak, mas raramente utilizou quaisquer umas das trinta e tantas subsidiárias de marketing da WPP. Um porta-voz da Kodak explicou que isso aconteceu porque houve uma grande incerteza quanto a uma agência poder ser a melhor em tudo. Por quê? Devido ao que descrevemos a respeito do efeito do edifício de 50 andares, as várias unidades subsidiárias freqüentemente não conhecem, não gostam ou não se comunicam umas com as outras. Conforme um VP de propaganda para a Mastercard disse ao *Journal*: "[As unidades] não se falam. Então por que não buscar outra empresa?".

O conceito de *one-stop shopping* também tem sido prejudicado por "políticas e competição internas" – em outras palavras, guerras territoriais. O *Journal* menciona

---

* N. de T.: Lojas que oferecem uma grande variedade de serviços ao cliente ou consumidor.

que, em geral, uma unidade de marketing de uma agência é julgada pela quantidade de negócio que gera, o que, por sua vez, freqüentemente leva a ferozes lutas internas quando as unidades lutam por uma participação maior do orçamento de um cliente. Por exemplo, a Richardson-Vicks contratou a Y&R para criar propagandas para o seu antiácido em pastilhas Tempo; então, quando a reação do consumidor foi decepcionante, o fabricante contratou a unidade de marketing direto da Y&R para identificar os usuários freqüentes de antiácidos. De acordo com Ronald Ahrens, responsável pela divisão de seguro-saúde do consumidor da Richardson-Vicks na época, o resultado inesperado foi um conflito entre as duas unidades. Ahrens disse ao *Journal* que, às vezes, uma unidade menosprezava a outra, dando a impressão de que "se você investisse mais dinheiro em sua unidade, seria melhor do que investir na outra unidade. Era frustrante".

Voltando ao episódio, o porta-voz da Y&R admitiu que, freqüentemente, conflitos surgem cedo "quando duas instituições fortes com duas histórias separadas fundem-se". [121]

Doze anos depois, a Young & Rubicam se fundiu à WPP, na aquisição que tornou a WPP a nº 1 no mundo. Ironicamente, o CEO Martin Sorrell condenou o "*bigness*"* que ele almejou tão avidamente durante 15 anos. Nunca foi uma questão de *bigness*, ele disse durante uma entrevista ao *New York Times*. "No máximo, o que existem são deseconomias de escala em negócios criativos."

De fato, Sorrell preferia que a WPP fosse vista como "um grupo de cem ou mais tribos. O que procuramos fazer é capitalizar sobre os benefícios de escala, com o coração, a mente, a alma e a energia de uma pequena empresa". A saúde da WPP, Sorrell continuou, "depende da saúde e da força das tribos individuais". E, de acordo com Sorrell, quanto mais fundo você penetra na organização de 55 mil pessoas da WPP, mais forte é o nível de cooperação. [122]

Poderão as "cem ou mais tribos" da WPP realmente coexistir independentemente e produtivamente, mantendo as suas culturas individuais, conforme a visão de Sorrell? Ou será que, inevitavelmente, haverá uma multiplicação de níveis de burocracia à medida que a WPP continuar a engolir os seus rivais? Aparentemente, os clientes da Y&R acreditaram que algo se perderia ao longo dessa transição. Logo após o fechamento da negociação, a KFC, a Kraft e a United Airlines abandonaram a agência, e o CEO da Y&R, Thomas Bell, logo foi embora também (aparentemente devido à tensão entre ele e Sorrell).

A próxima onda de empresas que abandonaram a Y&R incluiu a Jaguar, a Sony e o Burger King. Interessantemente, a cadeia de hambúrgueres nº 2 levou a sua conta de US$ 350 milhões para a Crispin Porter & Bogusky, uma "*boutique*" ainda independente localizada em Miami. Isso pode não ser um golpe contra a Y&R, já que recentemente o Burger King vem trocando de agências tão freqüentemente

* N. de T.: *big + business = bigness*.

quanto a moda feminina muda. Mas vale a pena mencionar que o Burger King impressionou-se com as campanhas inovadoras da Crispin Porter para clientes como a Ikea e o Mini Cooper. Em um comercial para o Mini Cooper, por exemplo, uma caminhonete é vista carregando um Mini sobre o teto. [123] Talvez esse seja o tipo de criatividade que você tem antes de tornar-se outra "unidade" no edifício de 50 andares de outra pessoa.

Se engolir a Y&R causou-lhe qualquer indigestão, Sorrell não demonstrou algum sintoma, ao menos se basearmo-nos na aquisição da Grey Global, a sétima maior agência no mundo, pela WPP em 2005. O maior cliente da Grey é a P&G, e alguns dos maiores rivais da P&G, como a Unilever e a Colgate-Palmolive, já são representados pela WPP. Nos meses que precederam a negociação, diz-se que Sorrell fez um esforço considerável para assegurar que os clientes existentes da WPP e a P&G não sofressem com a aquisição. [124] Talvez seja possível ter tribos em excesso.

QUANDO A CULTURA DA EMPRESA É DOMINADA POR UMA ESPECIALIDADE FUNCIONAL

Mesmo correndo o risco de exagerar, honestamente eu acredito que as culturas funcionais de uma empresa são mais fortes do que as culturas nacionais ou étnicas. Isto é, as diferenças culturais entre um alemão, um francês e um inglês não são tão visíveis quanto as diferenças entre um engenheiro, um vendedor, um designer, ou o que seja. Além disso, freqüentemente a empresa tem suas preferências (talvez advindo da formação ou da visão do fundador) por uma dessas culturas. Provavelmente nossos valores foram moldados pela nossa educação ou treinamento – nossa especialização. Assim como abraçamos a cultura de nossa própria função ou a especialidade dentro da empresa, é provável que desprezemos a cultura dos outros.

Desde a Revolução Industrial, principalmente, parece que a preferência alemã pela ciência e pela engenharia tornou-se dominante – principalmente no mundo dos negócios e na indústria. As ciências exatas e a matemática atraem as pessoas mais inteligentes, de acordo com o estereótipo. Bacharéis em Artes – embora sejam brilhantes à sua maneira – são bacharéis em Artes por insuficiência de notas; isto é, receberam Cs em biologia e cálculo. Portanto, dentro da corporação, a situação é semelhante ao sistema de castas indiano, com os cientistas e os inventores – as pessoas que criam conhecimento – no topo, junto aos brâmanes. Depois vem a produção, as pessoas que criam o valor tangível. Talvez depois venham os designers, que transformam bens inacabados em produtos atraentes para os consumidores, seguidos pelas pessoas do marketing que sabem como empacotar e promover a marca. A área de venda é vista como inferior, manchada pela vulgaridade das transações monetárias. E no final da escala estão os intocáveis, os funcionários de suporte ao cliente – a instalação, o serviço e o pessoal de manutenção, com seus diplomas de segundo grau e seus macacões.

A idéia é que, à medida que uma empresa é organizada em funções, é provável que ela gere uma guerra cultural. Qual é a função que realmente direciona a empresa e que proporciona uma visão para a mesma? Qual produz mais receita? Qual deveria receber mais apoio? Todas as funções são valiosas, até essenciais, mas você não encontrará muitas empresas cujas várias funções concordem que são *igualmente* valiosas. Com a preferência ocidental que descrevemos, não é de se surpreender que muitas das empresas notáveis de hoje sejam voltadas à engenharia; e não é difícil encontrar exemplos de empresas cuja cultura de engenharia seja dominante ao ponto da insalubridade.

Mas, primeiro, retornemos à metáfora do complexo com 50 andares, no qual cada função habita a sua própria torre. A falta de comunicação e coordenação inerente a essa arquitetura é exacerbada pelo conflito cultural. A disfunção cresce. Cada função critica as outras e procura levar suas reclamações ao 50º andar. No saguão comum, no andar térreo, a atmosfera é envenenada por politicagem e fofoca.

Quando a gerência sente-se cercada por muitas pessoas tentando subir pelos elevadores com problemas, a reação típica é criar uma ponte temporária conectando as várias torres. Essa é a "força-tarefa". É uma grande idéia na teoria, mas na prática freqüentemente ela traz à tona conflitos ocultos. Agora, os engenheiros, o pessoal de vendas, os designers e todos os outros precisam enfrentar-se cara a cara. O indivíduo da produção olha para o indivíduo de vendas e diz: "Eu não confio nele. Olhe como ele é falso. Ele prometerá demais e eu serei obrigado a cumprir". O indivíduo de vendas olha para o engenheiro e diz: "Que *nerd*. Ainda usa um protetor de bolso. Vou ter que ensiná-lo a se vestir antes de apresentá-lo a um cliente".

Honestamente, é mais fácil juntar muçulmanos, cristãos e ateus em um mesmo quarto e ter um diálogo produtivo, do que juntar representantes das várias funções de uma empresa. Além disso, cada pessoa da força-tarefa foi responsabilizada por seu chefe para defender o território da função, para representar o interesse funcional. A última coisa que se quer fazer é abdicar de qualquer autonomia funcional. Portanto, você tem um ambiente de advocacia com pouca oferta de acordo e cooperação. Em vez de uma decisão visionária, você deve chegar a um acordo. No campo de batalha da força-tarefa, as lealdades funcionais provavelmente se tornarão mais ferozes do que nunca. Pense nisso: um cientista pode falar com outro cientista em qualquer parte do mundo, mas ele não quer nada com o pessoal de marketing de sua própria empresa.

A Motorola inteligente

Para citar o exemplo de uma empresa onde uma cultura funcional domina em detrimento das outras (e da empresa como um todo), retornemos à história da

Motorola. No Capítulo 3, eu acusei a Motorola de arrogância; a essa altura, deixe-me adicionar que a arrogância da empresa origina-se da atitude "somos mais espertos do que você" nutrida por sua forte cultura de engenharia.

Desde os seus primeiros rádios transmissores e receptores aos circuitos integrados e aos satélites, os sucessos da empresa têm sido extraordinários. No início dos anos 90, a Motorola era a "gigante ágil" que levou ao mundo os celulares, *pagers*, rádios transmissores e receptores e os *microchips* utilizados em aparelhos que não computadores. Em meados dos anos 90, a Motorola gozava de uma participação de mercado global de 33% em telefonia celular. Mas, cinco anos depois, a sua participação caiu para 14%. Durante o mesmo período, a participação da sua rival Nokia cresceu de 22% para 35%, e desde, então, a empresa baseada na Finlândia tem liderado o mundo. O que aconteceu?

A Nokia parece ter compreendido que nem tudo é uma questão de engenharia. Questões como vendas, design e a manutenção de clientes satisfeitos também são funções essenciais. Enquanto a Motorola possuía o papel de "fornecedor mandão e sabe-tudo", inclusive dizendo às suas operadoras *wireless* como expor os telefones em suas lojas, a Nokia estava construindo alianças mutuamente vantajosas com empresas como a Verizon e a Cingular. Frank Boyer, o vice-presidente da Cingular, disse ao *Wall Street Journal* que sempre foi difícil chamar a atenção da alta administração da Motorola: "Era difícil saber se você estava realmente alcançando quem tinha influência ou decisão na Motorola". Por outro lado, disse Boyer, ele falava com o chefe de vendas da Nokia nos Estados Unidos mensalmente.

A Nokia fez do ato de escutar e responder aos seus clientes uma arte. Quando os riscos de falar ao telefone celular dirigindo tornaram-se um problema, a SBC (hoje, a Cingular) pediu que seus fornecedores criassem uma linha de telefones que exibissem "Segurança: esta é a sua chamada mais importante" quando ligados. A Nokia respondeu em 24 horas; a Motorola, em duas semanas. Demonstrando um pouco de conhecimento de marketing, a Nokia criou, para os telefones que vendeu à Alltel, uma série de capas protetoras com cores e logotipos de equipes esportivas de universidades dentro da área de cobertura da Alltel – equipes como Duke, Alabama e Arkansas. A venda destes telefones subiu 20% ou mais. A Alltel sequer abordou a Motorola com um programa semelhante, pois, conforme um porta-voz da Alltel: "Sabíamos que eles não tinham capacidade para tal". [125]

Além disso, enquanto a Motorola e outros fornecedores procuravam cortar custos terceirizando suas operações de produção, a Nokia insistia em manter a sua produção. A presidente Jorma Ollila disse à *Business Week* que produzir os seus próprios telefones é mais uma forma da Nokia manter-se à frente de seus rivais e de manter-se imediatamente acessível aos clientes. E economizar dinheiro na produção, mencionou a *Business Week*, não resolverá os problemas da Motorola. O mais importante nesse mercado de rápidas mudanças são os designs modernos, marketing poderoso e sensibilidade em relação aos gostos dos consumidores – funções não relacionadas à engenharia, as quais a Motorola deixou de focar. Conforme disse um analista à revista: "Se eles fabricam telefones feios e indesejados, não adianta baixar os custos". [126]

Com os percalços da virada do milênio, quando o preço das ações da Motorola perdeu três quartos de seu valor entre meados de 2000 e meados de 2001, o CEO Chris Galvin (neto do fundador Paul Galvin) parecer ter visto a necessidade de mudar a cultura de engenharia elitista da empresa. "O importante é o cliente", disse ele à mídia especializada de negócios. "É o cliente quem paga as contas." Mas, dois anos depois, Galvin foi embora, e, ainda tropeçando, a empresa trouxe Edward Zander, o antigo presidente da Sun Microsystems.

Zander, um vendedor de primeira, com um sorriso sempre pronto, oriundo da classe operária do Brooklyn, entendeu intuitivamente o que Galvin aprendeu da maneira difícil: era chegada a hora de a Motorola focar o cliente. Não podemos dar a Zander todo o mérito da rápida e dramática virada nos números da Motorola nos dois primeiros trimestres de 2004 (um aumento de 67% nas vendas de telefones celulares e 41% na receita em relação ao ano anterior), mas não há dúvida de que ele sacudiu as estruturas do edifício de 50 andares da Motorola. "Precisamos quebrar algumas dessas paredes" entre as unidades de negócios, disse à mídia, e sua primeira ordem de negócio foi visitar clientes-chave no mundo todo.

Conseguirá Zander ser bem-sucedido em transformar a cultura da Motorola? Os entendidos da indústria acreditam que ele possa ter uma chance. Zander é "a pessoa por quem esperávamos", de acordo com o CEO da RadioShack Leonard Roberts. "Faz algum tempo que a Motorola está a procura de alguém que entenda de tecnologia, mas que também entenda o consumidor." [127]

OS SINAIS DO IMPULSO TERRITORIAL

Eles não são difíceis de ser detectados. Se a sua empresa desenvolveu esse hábito autodestrutivo, será mais difícil escondê-los do que cheiro de cigarro nas roupas. Procure pelos seguintes sintomas.

Divergência

Em vez de um forte general, a sua empresa possui vários tenentes obstinados, os quais querem seguir seus próprios caminhos. O seu chefe de produção acha que o seu chefe de marketing não sabe como posicionar seus produtos. O seu escritório na América do Sul está ressentido porque a Ásia está recebendo uma maior porção de recursos. Os seus gerentes regionais tornaram-se mini-imperadores sem a menor atenção às ordens vindas da central de operações. O seu CEO não conseguiu articular a visão única que galvanizaria todas as tropas, e, conseqüentemente, seu poder foi invalidado. Provavelmente, o protótipo da organização fragmentada é a universidade, onde os reitores cederam o poder aos chefes de departamento, e onde o corpo docente, notório por sua mentalidade independente, não dá ouvidos a ninguém.

Indecisão

Como existe um vácuo de liderança no topo e os gerentes das unidades discordam, o processo de decisão é lentíssimo, senão impossível. A situação é exacerbada em casos onde a burocracia é crescente, onde "as políticas e os procedimentos" tomam conta. Em vez de dizer "Faça agora!", o seu líder organiza uma força-tarefa, sugere uma "nova iniciativa", ou organiza um comitê seletivo para estudar a questão. Freqüentemente vemos essa síndrome no governo, onde programas conflitantes obstruem qualquer ação de verdade, e em organizações não-lucrativas, onde burocracias são tão sedimentadas quanto camadas de rochas.

Mas isso também é facilmente visto em empresas grandes e icônicas, como a GM, a IBM e a Coca-Cola. Presas ao *status quo*, essas empresas parecem não ser capazes de reagir rapidamente a um ambiente em eterna mudança.

Confusão

Com pouca liderança e muita autonomia entre os chefes em guerra, a mão esquerda não está a par das atividades da direita. Alguns comentaristas vêem esse tipo de situação hoje no Iraque, com o Secretário Rumsfeld oferecendo uma avaliação sobre a insurgência, os generais em terra oferecendo outra, e o Presidente Bush, mais outra. Um exemplo clássico ocorreu recentemente quando a delegação liderada pelos senadores americanos Richard Lugar e Barack Obama foi detida por três horas em um aeroporto na Rússia. Oficiais de fronteira na cidade siberiana de Perm insistiram em vistoriar o avião americano, apesar do acordo entre os Estados Unidos e a Rússia, que proíbe tais inspeções. O Senador Lugar apontou precisamente o problema quando descreveu o governo russo como "disfuncional".

Um exemplo mais próximo aos nossos interesses é o mencionado anteriormente, quando a equipe criativa da Young & Rubicam brigou com a unidade de marketing direto da mesma por causa da conta Richardson-Vicks. Quando os silos funcionais visivelmente estão trabalhando com propósitos distintos, é hora de alguém gritar: "Quem é que manda aqui?".

Mal-estar

Como resultado de todos os sinais precedentes, ninguém está satisfeito, principalmente a parte operacional da organização. E por que deveriam estar? A empresa deveria estar tendo um bom desempenho, mas não está. Ela tem o potencial – os produtos, os mercados, a infra-estrutura – mas não está obtendo os resultados. Os aumentos são insignificantes. O plano de aposentadoria baseado em ações está perdendo valor. Os empregos estão em risco.

Os funcionários olham para o topo do edifício de 50 andares, onde vêem executivos isolados em suas suítes, impotentes para mudar a empresa. Eles procuram espelhar-se em seus próprios gerentes, mas os vêem brigando por questões territoriais – ou, pior ainda, olhando para seus relógios. A empresa, que uma vez foi rápida, está paralisada por conflitos internos, e a atmosfera está envenenada. Não é um bom lugar para se trabalhar.

COMO LIVRAR-SE DO HÁBITO DO IMPULSO TERRITORIAL

Não é fácil. Essas soluções vão desde um ajuste de atitude de cima para baixo da pirâmide organizacional a uma reorganização radical dos processos da empresa. Mas se você quer sobreviver e ter sucesso, você não tem escolha.

Faça um marketing interno eficaz

Em termos simples, o líder deve unir o seu pessoal – todo o pessoal, englobando todas as funções – em prol de uma causa comum. Ele precisa vender a sua visão com tanta paixão para que todos queiram se envolver. Ele deve fazer com que a lealdade à visão seja mais estimulante do que a lealdade funcional. Retornando à analogia do grande *chef*, ele deve ser capaz de harmonizar a engenharia e a produção com o marketing, o posicionamento, o serviço e as vendas, de modo que o que a empresa produz e o que os clientes experenciam deve ser consistentemente e gratificantemente integrado. Logo, o edifício de 50 andares torna-se um marco, uma fonte de orgulho não apenas para os funcionários, mas também para a comunidade maior de clientes, investidores, fornecedores e todos os acionistas.

Para um exemplo mais impactante de marketing interno, vamos considerar a maior cadeia de café do mundo. Parte de seu marketing interno é oferecer às pessoas uma boa razão para que realmente acreditem no negócio, e a Starbucks faz isso melhor do que ninguém. As pessoas que trabalham lá não são funcionários; eles são "sócios" cujo trabalho é proporcionar "a experiência Starbucks". Isso significa não apenas cultivar "clientes satisfeitos entusiasticamente", mas também, conforme os "princípios direcionais" da missão da Starbucks, "proporcionar um grande ambiente de trabalho e tratar cada um com respeito e dignidade".

Além da filosofia de "sentir-se bem", existe também a recompensa material. Novos contratados recebem o seu primeiro aumento após um período de experiência de três meses. Depois disso, os aumentos regulares são complementados com um atraente conjunto de benefícios. Juntamente com ações preferenciais, o programa

Registered Retirement Savings Plan (RRSP)* adiciona 25 centavos para cada 75 centavos contribuídos pelo funcionário. Além disso, todos os funcionários e suas esposas – incluindo aqueles com união estável ou parceiros do mesmo sexo – possuem total cobertura médica e dentária.

Nas palavras do próprio CEO Howard Schultz, "pagamos muito mais do que o salário mínimo, e, em 1989, fomos a primeira empresa nos Estados Unidos a oferecer um seguro saúde inclusivo e ações da empresa para os funcionários de meio-turno, bem como para os de turno integral. Hoje [1997] ainda somos a única empresa a fazer isso". Schultz explica que essa política não é apenas correta, mas sensata para os negócios, pois é mais caro treinar um novo funcionário do que oferecer os benefícios de saúde. Ao proporcionar cobertura para todos os funcionários, a Starbucks reduziu a taxa de rotatividade para um quinto da média da indústria do varejo e do restaurante. E oferecer ações aos funcionários permite que eles compartilhem o crescimento e o sucesso da empresa.

Schultz não se importa de mencionar que seu pai jamais ganhou mais do que US$ 20 mil por ano e que nunca recebeu benefícios médicos para a família. "Eu procurei fazer da Starbucks o tipo da empresa na qual gostaria que meu pai tivesse trabalhado." [128]

Existe também o projeto comunitário da Starbucks. A empresa é a maior contribuinte para a CARE, bem como para uma variedade de programas de tratamento e prevenção da AIDS. Quando as condições de trabalho dos colhedores de café chamaram atenção do radar social, a Starbucks adotou um "Código de Conduta" para melhorar o ambiente de trabalho das pessoas que colhiam seus grãos. [129]

O que a Starbucks faz bem é, pelo menos, *parecer* preocupar-se com muitas coisas além de seu resultado final líquido, o que inspira lealdade entre os funcionários e os clientes. Em 1995, por exemplo, a cadeia começou a vender CDs em suas lojas, mas não os típicos CDs à venda em lojas de música. *Just Passin' Thru No. 3*, por exemplo, era uma compilação de músicas dos arquivos de uma estação FM de rock da zona de Washington. Outras ofertas têm títulos com trocadilhos de café, como *Blending the Blues* e *Hot Java Jazz*. Certamente é um bom marketing, mas a Starbucks alega ser mais do que isso. Os discos criados pela Starbucks são "feitos à mão, assim como nossos cafés e nossas bebidas, com dedicação e paixão". diz um porta-voz da Starbucks. Um exagero, talvez, mas, de maneira exclusiva, a Starbucks criou o seu próprio departamento de música, com 12 pessoas – entusiastas e antigos varejistas de música – cujo trabalho integral é encontrar músicas para os próximos CDs e tocá-las nos fundos das lojas. [130]

Os funcionários querem trabalhar lá. Os clientes querem freqüentar o lugar. Os investidores querem ser proprietários de ações. Todos querem se envolver – o que faz parte de um resultado invejável de um marketing interno bem-sucedido.

---

* N. de T.: Plano de aposentadoria.

Tire seus gerentes da torre de marfim

Uma forma eficaz de suprimir as guerras territoriais e acalmar o conflito cultural é revezar o pessoal entre os diferentes silos funcionais e geográficos. É a antiga teoria de "colocar-se na situação de outro". Não há melhor forma de compreender os problemas dos outros do que você mesmo ter que resolvê-los. Algumas empresas – como as de químicos especiais, farmacêuticas ou equipamentos para escritório – possuem a sorte de ter funcionários de suporte ao consumidor com treinamento técnico ou de engenharia. Mas esse não é um caso tão freqüente como deveria ser. Principalmente para a P&D e para os engenheiros, com sua tendência ao elitismo, experimentar o processo de produção, vendas, e marketing ou suporte ao cliente é extremamente importante.

Conforme mencionamos, no "sistema de castas corporativo", os funcionários do suporte ao cliente foram relegados para o status mais baixo, mas precisamos lembrar que esses indivíduos, acima de todos, estão atentos a tudo o que acontece na empresa. Eles estão na rua todos os dias, escutando os clientes, observando em primeira mão se as necessidades dos clientes estão sendo satisfeitas pelo seu produto ou serviço. Os gerentes da Bell aprenderam essa importante lição quando seus operadores entraram em greve e eles tiveram que assumir as centrais de ligações. Os gerentes das mais diversas funções deveriam aprender essa mesma lição.

Talvez por serem o vínculo natural entre a empresa e o cliente os indivíduos de vendas (como Ed Zander da Motorola) parecem ser especialmente equipados para deslocar-se de função em função e evoluírem para eficientes gerentes gerais. Peters e Waterman falam sobre "o vendedor como solucionador de problema". Eles lembram de como os vendedores da 3M expandiram seus papéis – e o seu valor – evitando os agentes de compra e indo diretamente aos operadores no chão de fábrica.

O que deve ser evitado é a congregação de gerentes no nível corporativo na torre de marfim. Peters e Waterman recomendam "menos administradores, mais operadores". Eles oferecem como diretriz útil a sua "regra dos 100". Mesmo as maiores empresas, sugerem eles, raramente precisam de mais do que 100 pessoas em sua matriz corporativa. A Intel, por exemplo, virtualmente *não* tem uma equipe permanente; todas as tarefas de equipe são entregues temporariamente aos empregados. Sam Walton abraçou o mesmo ideal quando disse: "O segredo é entrar nas lojas e escutar".

Talvez o melhor exemplo seja o da IBM, onde, de acordo com os autores, o gerenciamento segue rigidamente a regra do "revezamento de equipe a cada três anos". O trabalho da equipe não é organizado pela "equipe de carreira", mas por funcionários que, após um tempo na equipe corporativa, estarão na linha de frente novamente. "Se você sabe que será um usuário dentro de 36 meses, é provável que não invente uma burocracia pesada durante a sua curta permanência no outro lado." [131]

Crie equipes multifuncionais permanentes

Não estamos falando de uma força-tarefa temporária, mas de equipes de gerenciamento permanentes que incluam a representação de todas as funções ou silos. A idéia é acabar com a competição cultural e a guarda de territórios no topo da organização e permitir que o espírito de cooperação e de visão comum espalhem-se para fora e para baixo.

Os fabricantes asiáticos têm praticado esse conceito durante décadas. Provavelmente o melhor exemplo disso está no famoso Sistema Toyota de Produção (TPS)* que estabeleceu o padrão para a chamada "produção enxuta".

Para compreendermos a essência do TPS, considere a experiência do engenheiro de automóveis Gary Convis, que trabalha com isso há 20 anos. Com seu diploma recente em Bacharelado em Ciências de Engenharia Médica, Convis entrou para o programa de treinamento de gerentes da GM. Mais tarde, foi para a Ford, por onde passou pelo Gerenciamento de Qualidade, Engenharia, Manutenção e Produção. Seus anos na GM e na Ford convenceram-no de que a indústria americana de automóveis estava em maus lençóis. "Estávamos fazendo as coisas da mesma velha maneira", diz, "e aquela maneira já não atingia nossos objetivos", Pior ainda, embora as pessoas na fábrica tivessem uma abundância de boas idéias, isso não importava, porque eram sufocadas por uma organização com uma forte tradição de inflexibilidade.

Convis foi retirado de sua situação desagradável quando a Toyota contratou-o para auxiliar na construção da New United Motor Manufacturing, Inc. (NUMMI), o empreendimento conjunto da Toyota com a General Motors. Como uma maneira de começar a fabricar automóveis nos Estados Unidos, a Toyota desejava reabrir a fábrica da GM em Fremont, na Califórnia, que estava fechada há dois anos.

Para a GM, isso significaria retomar a produção dos automóveis que haviam sido construídos lá e recontratar os milhares de trabalhadores que haviam perdido seus empregos no fechamento da fábrica. O truque era que os trabalhadores americanos seriam supervisionados por gerentes japoneses implantando o sistema Toyota. Será que funcionaria? Convis diz que a Toyota estava cautelosa, incerta quanto à adaptação dos americanos ao TPS da Toyota. Mas Convis acreditava que os americanos poderiam ser tão produtivos quanto os trabalhadores de qualquer lugar do mundo, e que o TPS seria a chance de mostrar o seu potencial. Após 15 anos com a NUMMI em Fremont (antes de ser nomeado o presidente da fábrica NUMMI da Toyota em Kentucky), Convis está firme em

* N. de T.: No original, Toyota Production System. Nesse sistema, os lotes são pequenos, permitindo uma maior variedade de produtos, e os trabalhadores são multifuncionais. Há uma grande preocupação com a qualidade. A base de sustentação do TPS é a absoluta eliminação do desperdício. A partir de agora, será referido somente como TPS.

sua convicção de que o gerenciamento da Toyota e os métodos de produção foram os motivos da reviravolta total da fábrica. [132]

Então, o que é o TPS, afinal? A equipe multifuncional está em seu âmago, conforme esclarece Convis ao elucidar a sua filosofia de "clientes em primeiro lugar". Enquanto a maioria das corporações define o cliente como a pessoa que compra o produto final no fim do processo, o TPS possui um ponto de vista bem diferente. Ele vê cada processo, estação de trabalho ou departamento anterior como "o fornecedor", e a próxima operação abaixo na cadeia de valor como "o cliente". Em uma fábrica da Toyota, todos os membros da equipe e os departamentos possuem um duplo papel como cliente e fornecedor.

Eis o ponto crítico: para o sistema prosperar, nenhuma barreira artificial pode separar uma área ou um departamento de outro. Em vez disso, os problemas são divididos por toda a organização e todos trabalham juntos para encontrar as soluções. Todos os gerentes precisam estar a bordo, apoiar o sistema e ativamente procurar soluções para os problemas, mesmo que estes não estejam diretamente em seu âmbito de controle. Essa "atitude de mutirão", diz Convis, é o componente essencial do ambiente do TPS.

Sugerimos que o líder habilidoso harmoniza as várias funções de uma empresa da mesma forma que um *chef* de cozinha harmoniza seus ingredientes em uma receita bem-sucedida. Convis oferece uma metáfora igualmente válida. Ele compara o ambiente produtivo do TPS ao de uma estufa, "onde a exata combinação de terra, luz, temperatura, umidade, água e nutrientes permite que as plantas cresçam e floresçam. Se algum elemento for removido, as plantas enfraquecerão e, no final, morrerão". [133]

Portanto, na Toyota é possível perceber não apenas o valor de um trabalho de equipe multifuncional, mas também admirar um gerente amplamente capacitado que é capaz de sentir-se à vontade em qualquer silo da empresa. Em um perfil da revista *Fortune*, Hiroshi Okuda, que administrou a empresa no final da década de 90, antes de assumir a presidência, descreveu-se como "um especialista em ser um generalista". Embora um contador por experiência, ao longo de seu trajeto à presidência, Okuda administrou quase todas as principais funções da Toyota: vendas domésticas e internacionais, finanças, compras, relações públicas e novos negócios, bem como contabilidade. [134] Com um líder de base tão ampla no topo, é difícil surgir facções e guerras culturais.

Reorganize-se em volta dos clientes ou dos produtos, em vez das funções ou da geografia

Esse tipo de reorganização suprime conflitos destrutivos entre os silos funcionais e geográficos, ao realocar seus centros de lucros e perdas. Em vez de uma P&L geográfica (como está indo a região sudeste?) ou uma P&L funcional (como está a produção?), procure ter uma P&L de produto (como estão as impressoras?)

ou uma P&L baseada nos clientes (como estamos com a Wal-Mart?). Várias empresas, quando suas unidades funcionais e geográficas tornaram-se conscientes demais em relação aos territórios, modificaram o foco de sua P&L para categorias de produtos. Empresas de produtos embalados têm tido êxito com essa estratégia, que, porém, não é isenta de armadilhas. É possível que os gerentes de marca tornem-se tão territoriais quanto as unidades funcionais ou geográficas. Quando isso acontece, uma mudança adicional em direção a uma P&L baseada no cliente pode ser a solução. Vamos analisar alguns exemplos.

Nos anos 80, a BP Exploration, o negócio de produção e de exploração do gigante petroleiro, possuía uma típica organização regional/funcional. Os chefes das várias empresas regionais de operações, cada uma cobrindo uma área geográfica, juntavam-se a um grupo de diretores funcionais (finanças, recursos humanos e assim por diante) em um comitê de gerenciamento global. Os gerentes dos campos petroleiros individuais eram praticamente excluídos da equação, pois tinham pouco a dizer sobre como suas operações eram conduzidas. John Browne, cujo sucesso na renovação da Exploration ajudaria a promovê-lo a CEO da BP em 1995, reestruturou para voltar a dar ênfase ao produto – o petróleo vindo dos campos. Primeiro, ele vendeu os campos menores e manteve os maiores, onde a BP possuía escalas de vantagem. Então, ele começou a avaliar o desempenho dos campos individuais em si, passando por cima da burocrática camada "regional".

Quando o experimento limitado mostrou ser um sucesso, a nova estrutura foi implantada em toda a BP Exploration. As empresas de operação regionais foram desmanteladas e substituídas por cerca de 40 unidades de negócios individuais, cada uma representando um único grande campo ou um conjunto de campos pequenos. O intransigente comitê de gerenciamento global também foi descartado. Os gerentes das unidades de negócios individuais prestavam contas diretamente a um comitê enxuto constituído por Browne e outros dois oficiais. [135] Eis um caso simples de mudança de uma estrutura geográfica para uma estrutura baseada no produto – com resultados positivos.

O caso da Lucent Technologies não foi tão simples. Desdobrada da AT&T em 1996, a Lucent tornou-se uma "queridinha" de Wall Street durante os dias de expansão das ponto com. Durante aquela era precipitada, para citar o *Washington Post*, os fabricantes de equipamentos de telecomunicações eram "os vendedores garimpeiros de uma corrida do ouro moderna". A empresa cresceu rapidamente, mas também cresceu de maneira errada. Para atender e antecipar o que pareciam ser demandas inextinguíveis, ela desenvolveu linhas de produtos em exagero, criou capacidade de produção demais, contratou pessoal de marketing em demasia e encheu suas prateleiras com mais equipamentos do que podia vender.

Não era de se surpreender que muitos de seus clientes eram iniciantes ponto com, para quem ela vendeu as suas mercadorias ao estender crédito, registrando as vendas como receita. Quando a bolha estourou, muitos desses clientes afundaram sem acertar a sua conta com a Lucent, colocando a empresa em uma situação delicada de ter que redeclarar os seus lucros de tempos em tempos. Os investidores desapareceram. [136]

Henry Schacht, que retornou à Lucent em 2000 para estancar o sangramento e fazer uma reviravolta na empresa, explicou que a Lucent havia cometido o erro de organizar-se em 11 "pequenos negócios de sucesso" – uma estrutura que causou duplicação e aumentou as despesas, já que cada unidade de negócio lutava a favor de seu próprio crescimento e de sua receita. Na época da chegada de Henry, a situação estava crítica. A empresa relatou a perda de US$ 1 bilhão no último trimestre de 2000, e as ações da empresa, que já haviam tido um desempenho excepcional, tinham perdido três quartos do seu valor.

Schacht imediatamente anunciou um plano de reestruturação que "centralizaria as operações", reduziria as despesas em US$ 2 bilhões ao ano e cortaria 10 mil pessoas da folha de pagamento. [137]

No núcleo da reorganização, no entanto, havia uma triagem de linhas de produtos não-lucrativas e de clientes não-confiáveis. Não haveria mais negociações com iniciantes instáveis. Uma Lucent mais enxuta desenvolveria produtos e serviços com seus 30 maiores clientes em vista, um grupo que representava 75% de suas vendas. Patricia Russo, que substituiu Schacht como CEO no início de 2002, deu continuidade ao programa – com mais intensidade ainda. A antiga mão-de-obra inflada, com 106 mil funcionários, foi reduzida para 39 mil. Em vez de 11 negócios, existem três: as redes *wireless*, as redes fixas e as redes de serviços. A empresa continua a concentrar as suas vendas e seus esforços de marketing apenas em seus maiores clientes – nas empresas Bell e nas operadoras nacionais.

A competição na indústria de telecomunicações permanece voraz e o futuro é incerto. É importante mencionar que, com sua estrutura focada no cliente, a Lucent voltou à lucratividade em 2004 – o seu primeiro ano fora do vermelho desde 2000.

Em termos de uma empresa centrada no cliente, no entanto, nada melhor do que a Procter & Gamble, e o cliente no qual ela está focada, é lógico, é a Wal-Mart. Como mencionado anteriormente, as empresas de produtos embalados foram pioneiras na idéia de se organizar em volta da categoria de produtos, e a P&G, com mais de 300 marcas, abriu o caminho para esse tipo de organização. Então ela conheceu a Wal-Mart. Ou, mais exatamente, a Wal-Mart cresceu o suficiente para começar a fazer algumas exigências.

No entanto, nem sempre foi assim. Lou Pritchett, o executivo de vendas da P&G que desceu o Rio Spring de Arkansas com Sam Walton em uma canoa durante dois dias no verão de 1987, recorda-se de que, antes daquele tempo, não havia um grande relacionamento entre as duas empresas. "Nós enviávamos os produtos para a empresa e eles nos mandavam um cheque", diz Pritchett. "Era: nós vendemos, vocês compram. Até logo." Quando a Wal-Mart nomeou a P&G como seu fornecedor do ano, a P&G sequer apareceu para receber o seu prêmio.

Essa era a maneira como a P&G operava com todos os seus clientes. Como um típico grande fornecedor, a P&G dependia de uma força de vendas tradicional com uma pesada presença no ponto de venda, o que mantinha a empresa a par das condições de varejo, tais como os preços e as atualizações de produtos fora de estoque, barganhava quanto à colocação adequada dos produtos da P&G nas prateleiras e introduzia pessoalmente novos produtos. Então, Walton mencionou algo que a P&G, com a sua organização de marca, não havia percebido: a Wal-Mart havia se tornado o maior cliente da P&G. E, como tal, ela exigia um tratamento especial. Atraída pelo mel da Wal-Mart e ameaçada por suas abelhas, a P&G se reorganizou. Hoje ela conta com equipes de clientes multifuncionais na matriz para cuidar de suas contas principais.

Ou, como no caso da Wal-Mart, depende de equipes multifuncionais de sua matriz "satélite" em Bentonville, no Arkansas. Atualmente, cerca de 300 pessoas trabalham no escritório de Arkansas da P&G, administrando as vendas de suas marcas para a Wal-Mart e criando atividades conjuntas de marketing e outras "dobradinhas". Por que esse exército? Porque 17% das vendas da P&G, ou US$ 8,7 bilhões, advêm das 5.100 lojas Wal-Mart no mundo inteiro. Na verdade, a relação entre as duas empresas tornou-se tão íntima que a P&G prefere não deixar seus gerentes administrar uma conta por mais do que alguns anos. Conforme explica um antigo veterano da conta Wal-Mart, se não sair a tempo, o pessoal da P&G começa a identificar-se com as necessidades da Wal-Mart como se fossem suas.

"É muito semelhante a um casamento", diz Pritchett. "Às vezes, queremos matar o outro, e outras vezes é um sonho." [138]

Na verdade, apesar do imenso retorno que cada empresa obtém da outra, deve haver muitos dias em que o casamento parece estar por um fio – ou, mais especificamente, quando a P&G sente-se como uma esposa traída. Por exemplo, como deveria a P&G reagir quando a Wal-Mart decide vender fraldas ou detergentes de marca própria? Com o ressurgimento das marcas próprias, no início dos anos 90, fornecedores de marcas nacionais têm sido seriamente incomodados. Um executivo da BBDO Worldwide disse à revista *Fortune* que apenas as duas maiores marcas, além da marca própria, têm chances de sucesso em uma categoria. "Qualquer coisa abaixo disso será empurrada para fora da prateleira." A pressão que isso impõe sobre os produtores foi habilmente resumida pelo então CEO da P&G, Edwin Artzt: "Não estamos esperando que as coisas melhorem com o tempo. Estamos contando que nós iremos melhorar com o tempo".

E precisam mesmo, com um parceiro aparentemente insaciável como a Wal-Mart. O monstro varejista ganha dinheiro movimentando produtos, e é rápido em abandonar marcas – não importa quão famosas – que se encontram em suas prateleiras. Em outras palavras, para manter-se competitivos fabricantes como a P&G precisam manter seus preços baixos, a qualidade alta e a inovação fresca. Mesmo assim, conseguirão eles manter a participação de mercado? "A resposta está unicamente nas mãos das grandes empresas", disse o antigo CEO da Wal-Mart, David Glass, com um toque de presunção. "Se elas conseguirem conter seus custos e ter uma marca renomada a um preço competitivo, os consumidores certamente irão comprar delas." [139]

Ai! Estará essa atitude cavalheira da Wal-Mart em relação a seu mais fiel parceiro por trás da compra de US$ 52 bilhões da Gillette pela P&G? Estará a P&G procurando mais alavancagem financeira contra a Wal-Mart? O CEO da P&G, A.G. Lafley, diz que não. Quando questionado se o balanço do poder deslocou-se para os fornecedores, ele gosta de responder: "O poder deslocou-se para o consumidor". [140]

Mas o consumidor encontra o produto nos amplos e limpos corredores da Wal-Mart. A P&G sabe disso. Por isso o gigante de produtos embalados mudou a sua maneira de negociar a pedido de seu maior cliente.

Inúmeros outros exemplos poderiam ser citados para ilustrar o afastamento da organização funcional ou geográfica. Hoje, o HSBC está em processo de mudança, de uma organização geograficamente baseada para uma baseada em seus cinco maiores grupos de clientes. Pode ser útil pensar em quatro baldes que podem ser enchidos ou esvaziados: função, geografia, produção e cliente. Um ou outro pode estar muito cheio ou muito pesado, deixando a empresa desequilibrada. Restaurar esse equilíbrio pode ser a chave para revitalizar uma cultura corporativa que foi paralisada pelo conflito interno.

Automatize e integre-se

Hoje estamos testemunhando essa evolução. Os silos funcionais estão integrando-se. Os silos geográficos estão ficando *online*. É a única maneira que grandes empresas globais conseguem administrar as suas burocracias.

A automação parte das operações de *back office** rumo às de *front office***, ou interface de cliente (movimentando-se da esquerda para a direita no gráfico). A integração começa internamente e então se movimenta para o gerenciamento externo ou de fornecedor (de baixo para cima no gráfico). A integração interna do *back office* é denominada "sistema integrado de gestão empresarial" (ERP)***. É

* N. de T.: Refere-se aos departamentos administrativos da empresa que mantêm nenhum ou muito pouco contato com os clientes.

** N. de T.: Refere-se às atividades de uma empresa que têm alto contato com os clientes.

*** N. de T.: No original, *Enterprise Resource Planning*. Daqui para frente será referido como ERP.

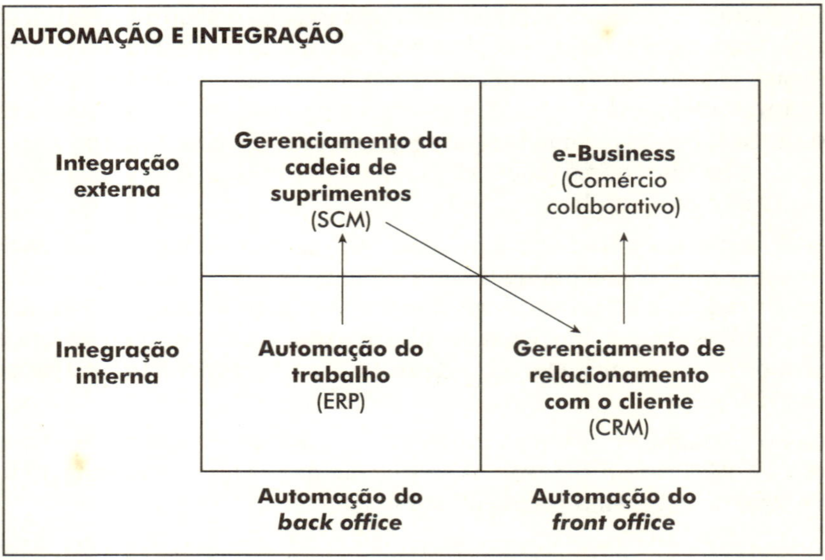

Figura 8-1 Automação e integração.

administrada por empresas como a SAP e a Oracle, que coordenam bancos de dados discrepantes para coletar informações. Às vezes, também é denominada "automação de trabalho" – um termo mais geral do que automação de fábrica ou automação de escritório.

Então subimos na matriz em direção à integração externa, ou gerenciamento da cadeia de suprimentos (SCM)*. O gerenciamento de inventário "*just-in-time*" é um bom exemplo disso, onde os fornecedores distribuem a matéria-prima ou os produtos dentro de uma programação ideal. Isso é extremamente importante para os varejistas (como a Wal-Mart), é claro.

Tanto a ERP como o SCM são classificados como "*back office*" na matriz. Agora vá horizontalmente em direção a "*front office*". No quadrante inferior direito, vemos as plataformas e a tecnologia de gerenciamento de relacionamento com o cliente (CRM)**. Os sistemas de reserva computadorizada das companhias aéreas proporcionam um bom exemplo. Uma vez feita a sua reserva, ela é acessível de qualquer

---

* N. de T.: No original, *Supply Chain Management*. Daqui para frente será referido como SCM.

** N. de T.: No original, *Customer Relationship Management*. Daqui para frente será referido como CRM.

parte do mundo. Para um exemplo mais concreto, a P&G novamente se destaca. Com 300 marcas e clientes no mundo todo, a empresa decidiu contratar a Siebel para criar uma plataforma de CRM global integrada que também pudesse ser configurada para mercados específicos. Iniciada em 2000, foram necessários cinco anos para uma implantação total da iniciativa.

No quadrante superior direito da matriz está a automação *online* completa e a integração, ou *e-business*. A integração externa e a automação do *front office* juntam-se na Internet. As empresas costumavam depender dos computadores *mainframe* conectados por linhas telefônicas ou satélites. Então surgiu a arquitetura cliente/servidor, em que a inteligência/informação advinha de um único servidor e cada mesa era um cliente. As agências de viagens operavam dessa forma com seus sistemas de reserva Sabre. Hoje todo esse gerenciamento de informação vai para a Internet, e a Internet tornou-se o padrão comum – diferentemente dos padrões de propriedade da IBM ou da HP ou de quem quer que seja. Empresas como a SAP são especialistas na integração de padrões distintos, e cobram altos honorários para fazer esses *upgrades* de integração. Por exemplo, uma empresa como a Coca-cola, sobrecarregada com a tradicional organização de funções e territórios, investirá aproximadamente US$ 1 bilhão em um *upgrade* completo da SAP.

Sistemas de telefonia em hotéis são alvos óbvios de *upgrades* de automação e integração. Antigamente, mesmo as chamadas internas (para limpeza de quarto, por exemplo) eram desviadas para fora do edifício através do *switch* central da empresa de telefonia pública. Conseqüentemente, dentro do hotel, a mão esquerda não estava a par das atividades da mão direita. Hoje, os sistemas de PABX trouxeram o *switch* para dentro do negócio. Logo, quando você liga do seu quarto, você aparece no sistema automatizado e todos sabem quem você é e em qual quarto está hospedado. Empresas de alta tecnologia como a Cisco e a Nortel proporcionam o *hardware* para tais sistemas.

A empresa que melhor exemplifica a revolução da automação e da integração é a Dell. A empresa que mais vende PCs no mundo, *sem qualquer presença de varejo*, deve saber algo sobre as últimas novidades nos processos de negócios. Mas iniciemos com a pergunta óbvia: como Michael Dell conseguiu?

Sempre um empreendedor, Michael Dell começou vendendo *chips* RAM e *drives* de disco para os PCs da IBM diretamente de seu dormitório na Universidade de Texas em 1984. Ele comprava bens em excesso de estoque do revendedor da IBM e revendia esses itens através de jornais e revistas de computação por 10 a 15% a menos que o preço de varejo. Quando sua "empresa de dormitório" estava faturando cerca de US$ 80 mil por mês, ele percebeu que já possuía toda a educação universitária que precisava. Começou a vender clones da IBM – ainda diretamente aos consumidores – e, ao eliminar a margem de lucro do varejo, manteve seus preços a cerca de metade do que custava um IBM.

Em pouco tempo, a Dell decolou. A empresa começou a operar com escritórios de vendas internacionais em 1987, e já possuía subsidiárias no Japão e na Austrália, em 1993. Ela expandiu a sua linha de produtos para incluir servidores, estações de trabalho, aparelhos para armazenamento, *switches* de Ethernet e computadores de bolso. Abriu uma instalação de produção e de clientes na China em 1998, e criou uma segunda em 2004. O presidente atual, Kevin Rollins, prevê que as receitas de aproximadamente US$ 50 bilhões entre os anos de 2004-2005 aumentarão para US$ 80 bilhões em 2008.

No âmago do sucesso da Dell estava um modelo radical de empresa, criado sobre um inovador gerenciamento de cadeia de suprimentos. Em vez do modelo convencional – adquirir suprimentos, montar o produto e vendê-lo – a Dell vendia primeiro e depois pedia os materiais para montar seus computadores. Em outras palavras, sem estoque. Ou, nas palavras de Mike Gray, o guru da cadeia de suprimentos da Dell, "velocidade de estoque". Conseqüentemente, os fornecedores fazem todo o armazenamento, e as instalações da Dell são centros de produção, e não locais para estocar os produtos finais. Esse gerenciamento da cadeia de suprimentos completamente automatizado (computadorizado), diz Gray, permitiu que a Dell se tornasse uma empresa de US$ 50 bilhões em apenas 20 anos. [141]

A Dell está na vanguarda da revolução da automação e da integração em outras áreas também. Para organizar o suporte de seus 35 mil clientes de servidores ao redor do mundo, a Dell utilizou o Systems Management Server (SMS) 2003 da Microsoft. O *upgrade* para o SMS 2003 permitiu que a Dell consolidasse cinco hierarquias de SMS geograficamente separadas em apenas uma, com significativa economia de custo. Seus novos atributos de *patchmanagement** oferecem *hot fixes*** e atualizações contínuas, economizando centenas de horas de mão-de-obra anualmente. E suas capacidades de suporte permitiram que a Dell trouxesse milhares de sistemas remotos para a sua hierarquia de SMS global. [142]

* N. de T.: Em informática, um *patch* é um pequeno *software* criado para atualizar ou consertar problemas de um programa de computador ou de seus dados de suporte. Isso inclui consertar algum defeito no código ou na rotina do programa, substituir gráficos e melhorar o uso e o desempenho. O *Patch Management*, por sua vez, é o plano de estratégia que decidirá quais os *patches* a serem utilizados em determinados sistemas dentro de um tempo especificado.

** N. de T.: É um pacote individual e cumulativo que inclui um ou mais arquivos utilizados para resolver um problema relacionado ao *software* de um produto. Normalmente, os *hot fixes* atendem a um cliente específico e não podem ser distribuídos fora da organização do cliente.

Outra iniciativa na parte de CRM fez com que a Dell se aliasse à Intuit para auxiliar as empresas de pequeno e médio porte (SMEs) a integrar seus próprios processos. O pacote inclui o computador OptiPlex da Dell, o *software* Quickbooks Point of Sale da Intuit e um conjunto completo de *hardware* varejista, incluindo uma impressora de recibos, um escaneador de códigos de barra, um leitor de cartão de crédito e um compartimento para armazenar dinheiro. Conforme explica o chefe da divisão de empresas de pequeno e médio porte da Dell: "Nossos clientes de varejo independentes estão querendo sistemas de tecnologia com preços acessíveis para auxiliar a automação de suas operações cotidianas para que possam investir mais tempo gerando vendas". Como cliente satisfeito, o proprietário de uma loja em Austin no Texas, relatou que fazer o sistema funcionar foi "uma experiência fácil e perfeitamente tranqüila". [143]

Com o seu histórico de vendas diretas – a maioria pela Internet – não é de se surpreender que a Dell sinta-se em casa nas fronteiras do *e-business*, onde a automação e a integração se unem. Não vamos afirmar que a Dell não tenha apresentado problemas relacionados ao crescimento mencionados neste capítulo, ou disputas entre silos funcionais ou geográficos. Afinal de contas, a Dell nasceu na era do computador e passou a maior parte de sua adolescência *online*. Talvez ela tenha sido abençoada com conhecimento suficiente de alta tecnologia para manter os quatro baldes – função, geografia, produção e cliente – adequadamente equilibrados. Talvez os hábitos autodestrutivos associados aos conflitos culturais e às guerras territoriais nunca tenham tido a chance de se desenvolver.

* * *

O crescimento, para uma empresa, é tão difícil quanto o crescimento para os seres humanos. Eis porque os psicólogos infantis são tão ocupados quanto os consultores de empresas. É difícil chegar àquele ponto, àquele ponto de maturidade onde o auto-interesse torna-se "ilustrado". É natural ser egoísta, proteger aquilo que é "nosso", querer mais. À medida que a parte divertida de começar um negócio (como a diversão na infância) cede aos imperativos da disciplina e da organização, o comportamento corporativo nem sempre é o que deveria ser. Os CEOs falham tanto quanto nossos pais; às vezes, eles são lentos para perceber os hábitos autodestrutivos que se devenvolvem na família corporativa; às vezes, eles não têm o poder para retificá-los.

Mas o CEO sábio compreende que a empresa não é um fim em si mesma. Ele ou ela enxerga o seu propósito maior, e a essência de sua liderança é compartilhar essa visão. Quando isso acontece – quando toda a família compartilha a visão do líder e acredita no que ele acredita – as disputas juvenis chegam ao fim. Não há mais conflitos culturais. Não há mais guerras territoriais. Não há mais rivalidade entre irmãos. A empresa pode crescer sem divisões ou facções. Ela pode assumir o seu lugar no mundo dos adultos.

O impulso territorial

Motivos que levam ao impulso territorial:

- A torre de marfim corporativa
- O crescimento exige a instituição de políticas e procedimentos formais
- A cultura do fundador é inserida em uma cultura corporativa maior
- A cultura da empresa é dominada por uma especialidade funcional

Os sinais do impulso territorial:

- **Divergência:** Em vez de um general forte, a sua empresa possui vários tenentes obstinados.
- **Indecisão:** O processo de decisão é muito lento, senão impossível.
- **Confusão:** A mão esquerda não está a par das atividades da direita.
- **Mal-estar:** Ninguém está satisfeito, principalmente a parte operacional da organização.

Como livrar-se do hábito territorial:

- **Desenvolva em um marketing interno eficaz:** O líder deve unir o seu pessoal – todo o pessoal, englobando todas as funções – em uma causa comum.
- **Retire seus gerentes da torre de marfim:** Reveze o seu pessoal entre os diferentes silos funcionais e geográficos.
- **Crie equipes multifuncionais permanentes:** Organize equipes de gerenciamento permanentes que incluam a representação de todas as funções ou silos.
- **Reorganize-se em volta dos clientes ou dos produtos, em vez das funções ou da geografia:** Suprima conflitos destrutivos entre os silos funcionais e geográficos ao realocar seus centros de lucros e perdas.

CAPÍTULO

9

O MELHOR REMÉDIO É NENHUM REMÉDIO

Ao dissecar os problemas que afligem as corporações sob o título de "hábitos autodestrutivos", estamos, é claro, antropomorfizando. Afinal de contas, comparar o comportamento corporativo ao comportamento humano é instrutivo e funciona.

- O tipo de **negação** que causou a queda da Digital e a decadência da Xerox não é incomum em nossa experiência pessoal. Quem não conhece alguém – talvez um amigo, uma esposa ou um marido – que se recusa a aceitar que "tem um problema"? Às vezes nós mesmos precisamos cair na real de vez em quando.
- Por que torcemos pela iniciante Google? Porque todos nós, até certo ponto, fomos vítimas da **arrogância** exibida pela Microsoft. Queremos que o brigão da escola receba a sua justa punição.
- Quando somos tratados de maneira indiferente por um funcionário que executa trabalhos burocráticos entediantes e que sabe que seu emprego não exige esforço algum, estamos frente à **complacência**. Quando as companhias aéreas tiveram que enfrentar a competição do mundo real, e muitas não foram capazes de fazê-lo, foi difícil sentir pena.
- Enquanto criticamos a Singer e a Enciclopédia Britannica por **dependência da competência**, não esqueçamos de todas as pessoas no mundo que sabem executar apenas uma coisa. (Agora que penso a respeito, é possível que professores de universidade – assim como eu – sejam as pessoas mais dependentes da competência no mundo.)
- A **miopia competitiva** exibida pela Coca-Cola quando fica obcecada pela Pepsi é matéria todos os dias na página de esportes, onde é denominada

de "salto alto". O time de futebol invicto começa a antecipar a partida da final do campeonato contra o seu arqui-rival, mas é derrotado pelo "lanterninha" que deveria ter levado uma goleada.

- Se você não relaciona a **obsessão pelo volume** à sua própria experiência humana, então você provavelmente precisa sair às compras.
- E quanto ao **impulso territorial**, os tipos de batalhas territoriais que relatamos sobre a WPP são reproduzidos por todas as famílias que possuem mais de um filho – ou em todas as famílias que possuem mais de um animal de estimação.

A analogia continua, ao menos até o seguinte ponto: livrar-se desses hábitos autodestrutivos, para as corporações, assim como para os humanos, começa com o ato da consciência. Começa, conforme mencionamos em cada capítulo, com a empresa reconhecendo os "sinais" e afirmando: "Está bem, esta sou eu".

Logo, se as empresas desenvolverem a percepção como base para corrigir os hábitos autodestrutivos, por que não usar esse conhecimento para *prevenir* que um hábito autodestrutivo se desenvolva? Conforme mencionei no Capítulo 1, quanto mais você praticar a "gestão por antecipação" – em vez da "gestão do *status quo*" – menos você precisará da "gestão de crise". Desenvolvendo um pouco mais a nossa analogia antropomorfista, "uma grama de prevenção vale um quilo de cura" se aplica tanto ao "corpo" da empresa, quanto ao corpo humano.

É consenso entre os médicos que a cura de doenças, ferimentos e vícios é mais cara, mais difícil e possui mais conseqüências do que tomar medidas para prevenir o problema. Mesmo quando a intervenção médica é considerada bem-sucedida na retificação da doença, o processo de intervenção em si freqüentemente apresenta conseqüências moderadas a graves. Por exemplo, o processo cirúrgico possui riscos imprevistos – como infecções bacterianas, reações a anestésicos e erros cirúrgicos – que não estão relacionados à remediação do problema. Mesmo após a cirurgia, o paciente pode estar melhor sob alguns aspectos, mas pode desenvolver outros problemas à medida que o choque atravessa os complicados e interligados sistemas do corpo. E mesmo se a cirurgia for bem-sucedida, ela não impede que o paciente repita o mesmo comportamento que causou o problema.

Outro caso ilustrativo são os medicamentos que exigem receita. Sem dúvida, vários remédios contribuíram para o bem-estar da sociedade em geral. Mas freqüentemente eles são caros e produzem efeitos colaterais negativos irreversíveis. Em vez de receitar doses diárias de Lipitor ou Mevacor a pacientes com alto nível de colesterol para o resto da vida, não seria melhor prevenir o colesterol através de exercícios e de uma dieta saudável?

Livrar-se de alguns hábitos não-saudáveis é mais difícil do que extrair algo ou tomar um comprimido. De acordo com o Centers for Disease Control and

Prevention (CDC)*, existiam 44,5 milhões de adultos fumantes de tabaco nos Estados Unidos em 2004. Estima-se que 70% desses fumantes desejam parar de fumar. É possível parar de fumar, e milhões de pessoas já conseguiram; no entanto, para muitos, o primeiro cigarro é o início de um hábito vitalício com resultados caros e prejudiciais. A melhor solução seria evitar aquele primeiro cigarro.[144]

Da mesma forma, a saúde corporativa se beneficiaria se os hábitos autodestrutivos nunca tivessem a chance de se firmar. Assim como nos humanos, se o hábito autodestrutivo se formar, ele poderá se tornar um vício forte demais para ser largado. Ou ele poderá resultar em danos irreversíveis. Ou então a cura pode ser tão invasiva que a empresa acabe sofrendo conseqüências negativas ou nunca se recupere. E a cura pode ser cara e exigir uma manutenção vitalícia. Seria muito melhor, baseado no tratamento da saúde humana, incentivar o bem-estar em vez de tratar as doenças.

Na administração, a prevenção dos hábitos autodestrutivos é um processo muito mais visionário e contínuo do que uma cura. Você não pode esperar até que um hábito autodestrutivo tenha tomado conta do corpo da empresa. Esperar por um pico de descontentamento entre clientes ou colaboradores – ou, pior ainda, por uma pancada financeira incapacitante – não constitui um programa de prevenção. Uma prevenção bem-sucedida envolve possuir sistemas ou processos organizados que freqüentemente monitorem a sua situação presente e antecipem o futuro para que os alertas possam ser detectados o mais cedo possível. A prevenção também envolve a atualização de métodos para automaticamente corrigir o curso da empresa a fim de evitar o hábito autodestrutivo.

Portanto, o que podem fazer as empresas para impedir que os hábitos autodestrutivos se desenvolvam?

NEGAÇÃO

A melhor forma de prevenir que a negação se torne um hábito é ter os sistemas organizados para que constantemente desafiem as suposições e as ortodoxias da empresa. Uma maneira fácil de executar isso é organizar um processo contínuo ou periódico de "planejamento de cenário". O planejamento de cenário é um método estratégico de planejamento flexível e a longo prazo. O processo básico envolve ter um grupo de analistas que geram cenários do tipo "o que

* N. de T.: Agência do Departamento de Saúde e de Serviços Humanos dos Estados Unidos baseada em Atlanta, Geórgia. Em português, Centros para Controle e Prevenção de Doenças.

aconteceria se...?" para os tomadores de decisão, combinando fatos conhecidos quanto ao futuro com possíveis tendências. Utilizar os seis impulsionadores de mudança identificados em um artigo co-escrito por mim e por meu colega Dr. Rajendra S. Sisodia – tecnologia, regulamentação, globalização, competição, clientes e mercado de capitais – como uma estrutura seria útil. Ao institucionalizar esse processo de observação de tendências, principalmente as tendências externas que impulsionam a empresa e o mercado, os gerentes são lembrados das ameaças competitivas em potencial que existem. Isso evita que os tomadores de decisão caiam na armadilha de ignorar e evitar a existência de competidores, tecnologias competitivas ou eventos que possam prejudicar a empresa. Neste caso, um pouco de paranóia é bom para a sua empresa! [145]

Na indústria do petróleo, eventos únicos e dramáticos tais como os danos causados pelo Furacão Katrina às refinarias, e a conseqüente interrupção dos estoques de petróleo e gás da nação, ou cenários mais complicados, como os conflitos históricos, políticos e militares do Oriente Médio, exigem compreensão e antecipação do futuro. A Royal Dutch/Shell é uma pioneira no uso do planejamento de cenários para esse propósito. A sua unidade de Global Business Environment (GBE) possui a tarefa de diferenciar "o que é inevitável [do] que não se sabe".

Na década de 70, a Shell recrutou os serviços de um excêntrico executivo de petróleo franco-belga, Pierre Wack. Ele estava certo de que com a mistura certa de "percepção profunda e rigor intelectual" você poderia fazer uma previsão exata sobre o futuro. Wack desenvolveu algo que era essencialmente um método de narrativa que relaciona os fatos conhecidos (Wack denominava-os de *tendances lourdes**) e os fatos desconhecidos quanto ao futuro das decisões a serem tomadas hoje.

Um dos primeiros cenários ponderados por Wack e sua equipe foi o do Oriente Médio. O cenário revelado foi o de um grupo de nações ricas em petróleo e pequenas demais para absorverem toda essa riqueza. Elas não encontrariam nenhum ativo em banco ou investimento imobiliário que se valorizaria tanto quanto o petróleo no chão, principalmente se o petróleo permanecesse no chão. Com esse cenário em mente, Wack e sua equipe perceberam que um esforço para controlar o fluxo do petróleo seria iniciado (OPEC) e que os preços crescentes do mesmo seriam os *tendance lourdes* "que impulsionariam o sistema global pelos próximos 10 anos".

Os seus empreendimentos atuais e passados podem ser úteis como placas decorativas na sala do conselho ou como uma maneira de impressionar os seus colegas de golfe, mas se eles lhe distrairem do que está para vir, você está prestes a receber uma surpresa desagradável. Independentemente das ferramentas específicas ou de como funciona o processo interno, a chave é desenvolver uma mentalidade

---

* N. de T.: Segundo Wack, *tendance lourdes* eram as forças indestrutíveis em ação no mundo. Baseado nessas forças impulsionadoras, Wack e sua equipe acreditavam poder elucidar inúmeras incertezas.

corporativa de ceticismo quanto às suposições que você fez e que continuará a fazer sobre o futuro e tomar as medidas proativas cabíveis. Conforme disse o autor e consultor de liderança inovadora Michael J. Gelb: "A melhor forma de prever o futuro é criá-lo!". [146]

Eu tenho uma advertência, porém: fique com um olho (não com os dois) em seus competidores e nas tecnologias que competem com seu negócio. Existe um perigo real em você focar-se demais nos seus competidores e desenvolver uma obsessão ou uma paranóia. Isso aconteceu com a Microsoft quando ela se fixou na ameaça que a Netscape representava para o Internet Explorer e, pior ainda, quando o sistema operacional Windows praticamente monopolizou o mercado de PC. Isso resultou em ações ética e legalmente questionáveis, bem como em longos e caros casos judiciais. Ter uma suspeita saudável não deveria tirar de você uma visão mais ampla do panorama competitivo.

Além de prevenir a arrogância, uma metodologia prática de liderança pode ensinar gerentes a focar o futuro. O "Workout" da GE*, o "Action Learning"** com Noel Tichy, e o Participatory Management Process (PMP)*** da Motorola ajudam a quebrar barreiras entre a média e a alta administração. Também existem programas excelentes que permitem aos participantes desafiar o senso comum e criar algumas recomendações para a melhoria dos processos organizacionais. Se você exigir a participação de todos os gerentes, o método criará uma linguagem comum e se tornará parte do processo de tomada de decisão.

ARROGÂNCIA

A arrogância é mais difícil de prevenir porque, freqüentemente, é um resultado de forças externas e imprevistas. Conforme mencionado no Capítulo 3, a maioria dos sucessos acontece por acidente. A mídia faz a sua parte dando publicidade aos CEOs e outros líderes de empresas em alta ao criar-lhes uma personalidade imponente (por exemplo, Ken Lay da Enron) com o intuito de vender revistas, jornais e livros ou aumentar as audiências de televisão. Como humanos, temos um desejo inerente de sermos reconhecidos como bem-sucedidos ou como líderes de algo, portanto, é fácil compreender por que um CEO desenvolve uma falsa percepção de que é o todo-poderoso, único responsável pelo sucesso – e por que isso leva a um sério caso de arrogância. No entanto, o caminho para a arrogância nem sempre

* N. de T.: Em português, trata-se de uma metodologia simples elaborada na General Electric para eliminar a burocracia.

** N. de T.: Em português, é denominado aprendizado-ação. Trata-se de uma metodologia que realiza atividades técnicas ao ar livre, abordando temas relevantes aos objetivos do treinamento, porém com projetos personalizados para atender aos propósitos de cada empresa.

*** N. de T.: Em português, é denominado processo de gerenciamento participativo.

remonta a fatores externos ou incontroláveis. Cargos poderosos são muito tentadores, mas também são oportunidades opcionais para exibir o sucesso e abusar do poder. Nesse caso, é mais uma questão de resistir à opção.

Uma boa maneira de resistir à arrogância é possuir um orientador ou um *coach* executivo que o recorde constantemente das ciladas da arrogância e o avise quando você começar a percorrer esse caminho. Embora o papel desse conselheiro confiável possa ser preenchido por um marido, esposa ou por um colega, eu francamente recomendo que você opte por alguém de fora de sua empresa e de fora da sua profissão, alguém que possa agir como um pilar de confiança, um observador isolado e um conselheiro objetivo. Alguém que possa observá-lo ativamente e que seja o que o professor da Harvard Business School, Thomas De Long, chama de "falador da verdade". Um apoiador entusiástico desse processo de supervisão de carreira é David Pottruck, o CEO da Eos Airlines que credita ao antigo executivo da IBM, Terry Pearce, a "sua transformação de um déspota competitivo em um sensível criador de consenso". *Clients for Life*, um livro do qual fui co-autor com Andrew Sobel, contém vários exemplos de conselheiros extraordinários ao longo da história, de Aristóteles a Peter Drucker. [147,148]

Embora já tenha sido considerado uma bobagem da psicologia popular, recentemente o *coaching** executivo tornou-se um recurso respeitado e amplamente utilizado para modelar o comportamento da liderança. A International Coach Federation, uma organização guiada por membros que desenvolveram um processo de certificação oficial e que oferece contínuas oportunidades de educação, possui mais de 10 mil membros em 80 países. A IBM é um patrocinador ativo e utilizador dessa profissão, e possui mais de 60 *coaches* no seu corpo de funcionários.[149]

Uma segunda abordagem para prevenir a arrogância é limitar a publicidade pessoal. A publicidade modela a sua identidade, por isso é melhor não ficar muito tempo sob os holofotes. Faça isso de uma maneira mais sutil ou silenciosa, em vez de exibir-se. Uma coisa é ser o "rosto" da empresa para acionistas, colaboradores, clientes, fornecedores e para a comunidade a fim de promover a empresa como uma investidora válida e uma boa cidadã corporativa. Outra coisa é quando isso se transforma em uma campanha de *branding* pessoal ou quando a vida pessoal do executivo torna-se assunto das colunas sociais. Isso é duplamente importante em uma época de grandes escândalos, como os que ocorreram na Enron, na Worldcom e na Tyco, e que deixaram na mente dos acionistas a impressão de que um líder egoísta que se auto-promove é um sinal de desastre corporativo iminente.[150]

---

* N. de T.: O *coach* é a pessoa quem dá suporte aos clientes na busca de seus objetivos, com encorajamento e questionamentos. No entanto, o *coach* raramente oferece conselhos e não inclui a solução para um problema. O *coach* auxiliará o cliente a encontrar a solução de seu próprio problema.

Finalmente, garanta que os processos de controles das empresas estejam corretos para que nenhum indivíduo tenha poder absoluto. Dessa forma, a instituição não permite que você ou qualquer outro se torne arrogante. Esse conceito tem funcionado extremamente bem ao longo da história do governo norte-americano.

COMPLACÊNCIA

O primeiro passo para prevenir a complacência é desenvolver métricas fortes – de preferência métricas numéricas – que ofereçam um método quantitativo para julgar constantemente o nível de complacência da empresa. Se retornarmos à analogia da saúde, seria semelhante a estar ligado a uma máquina de monitoramento cardíaco. Ocorrendo qualquer anormalidade, você sabe que está na hora de fazer uma análise mais séria e profunda da saúde da empresa.

Outra medida de prevenção é instituir uma compensação baseada em desempenho. Freqüentemente, a complacência surge quando os funcionários assumem que o seu emprego está garantido e que terão seus aumentos anuais, independentemente do desempenho da empresa. Isso também é válido para a alta administração e para os membros do conselho. Ter certa quantia de compensação ligada ao desempenho da empresa incentiva a inovação e a excelência em todos.[151] Você deve desenvolver uma série de medidas de desempenho (tais como o crescimento da empresa, o crescimento do lucro, a retenção de colaboradores, a lealdade do cliente, o preço das ações) que estejam alinhadas com os objetivos estratégicos de sua empresa.

Uma empresa que adotou essa abordagem nos altos cargos de gestão foi a Coca-Cola, que anunciou em abril de 2006 um novo plano de compensação para a diretoria que consiste inteiramente em uma remuneração baseada em ações, pagável apenas quando a empresa atinge alvos de desempenho definidos. "Proprietários de ações são recompensados apenas quando a empresa vai bem", disse James D. Robinson III, presidente do Comitê de Diretores e de Governança Corporativa da empresa. "A diretoria da Coca-Cola manterá o mesmo padrão." Isso enviou uma clara mensagem de que uma atitude profissional acomodada traz conseqüências financeiras não apenas para a Coca-Cola, mas também para aqueles que guiam seu crescimento.[152]

Uma terceira abordagem para prevenir a complacência é revezar líderes de função em função. Se você revezar pessoas, elas não terão tempo para desenvolver a complacência em um emprego. Em vez disso, elas constantemente reenergizam-se, aprendem coisas novas e vêem a empresa sob diferentes perspectivas.

DEPENDÊNCIA DA COMPETÊNCIA

Esse é um hábito muito difícil de prevenir. O motivo é que acreditamos firmemente na especialização. Após o segundo grau, a maior parte do sistema educacional tende a ser mais especializado. Em sua profissão, você é especializado, e a função que você ocupa em uma empresa, principalmente em grandes empresas, é especializada. Isso traz benefícios ao indivíduo e à empresa porque, à medida que se torna mais especializado, você é mais eficiente e mais valioso em seu papel. Mas essa especialização torna-se muito confortável (semelhante ao monopólio), e você tende a perder a habilidade de desenvolver formas alternativas de enxergar produtos, tecnologias, clientes, mercados, oportunidades, ameaças competitivas e assim por diante.

Portanto, como prevenimos esse hábito? O primeiro mecanismo é estar em um constante estado de migração proativa da tecnologia atual à tecnologia da próxima geração. Esse sistema não possui limite superior em desempenho ou melhoria, logo, você não se torna dependente demais de uma única competência. A Nike é uma empresa que pratica isso com muito êxito. Ela está em constante melhoria de seus calçados esportivos. Ela encontra-se em vários estágios de desenvolvimento de diversas novas gerações de tecnologias de calçados, mesmo quando os últimos e melhores produtos estão recém chegando às lojas.

A migração proativa tem sido a base do sucesso da Intel. Ela tem uma adesão quase religiosa a uma previsão feita em 1965 por Gordon Moore, que também é co-fundador da Intel. Atualmente conhecido como Lei de Moore, o prognóstico original sobre quanto tempo levaria para o número de transistores em um *chip* duplicar possui hoje uma interpretação mais popular de que a velocidade de processamento do computador duplica a cada 18 meses. Para beneficiar-se dessa previsão, a Intel baseou a sua empresa em levar produtos do design inicial aos canais de vendas em 18 a 24 meses, o que é uma tremenda façanha, considerando que, na maioria das indústrias, esse é um processo que leva de dois a cinco anos. A pressão constante para atingir o padrão da Lei de Moore mantém a Intel ativa. E enquanto a empresa continuar atingindo os seus objetivos de produção com êxito, o máximo que o resto da indústria pode tentar é igualar-se a ela. [153]

Outra abordagem de prevenção é expandir a sua tecnologia principal para outros produtos e mercados. Em outras palavras, diversifique a sua competência para que ela possa fazer outras coisas. Logo, em vez de deixar que a sua competência tenha um foco estreito e se torne uma dependência, você institui um regime de procurar continuamente maneiras de aplicá-la a outras tecnologias, produtos, serviços, mercados ou segmentos de mercados. Você ainda possui a competência, mas você a administra para que ela não se torne uma dependência. Por exemplo, para produzir produtos a base de petróleo, é preciso ser muito competente em químicos especiais e engenharia química. Essa perícia e experiência em químicos especiais e engenharia química também podem ser utilizadas no desenvolvimento de produtos agrícolas e farmacêuticos. Conforme mencionado no Capítulo 5, a Church & Dwight tem sido habilidosa em manter o bicarbonato de sódio da Arm & Hammer nos lares americanos por mais de 155 anos ao procurar e promover usos alternativos para a "tecnologia" do bicarbonato de sódio. O *site* do produto reforça isso ao oferecer "soluções para o lar, a família e o corpo", uma "solução diária" e concursos que recompensam os clientes por suas próprias invenções criativas de usos para o bicarbonato de sódio da Arm & Hammer.[154]

Também é possível diversificar a sua competência para diferentes mercados ou segmentos de mercados. Digamos que você seja uma empresa basicamente de defesa. Não há nada que diga que você não possa adaptar a sua competência a produtos ou serviços para clientes industriais. Ou você é uma empresa primariamente industrial e oferece a sua competência a um mercado consumidor. Ou você é uma empresa consumidora focada em clientes prósperos de economias desenvolvidas, mas agora você está aplicando a sua competência na base do mercado piramidal.

Hoje a Avon possui linhas individuais para mulheres jovens e idosas, inclusive uma linha comercializada diretamente ao homem urbano elegante, ou "metrossexual". Mais importante, a empresa tem expandido as suas operações para fora dos Estados Unidos, com maior êxito no Centro e no Leste Europeu, na América Latina e na Ásia, onde a cultura ainda é caseira e as oportunidades salariais das mulheres são menos abundantes. Conseqüentemente, mais de 60% das vendas da empresa, hoje, vêm de fora dos Estados Unidos, e o típico representante da Avon provavelmente é húngaro, brasileiro ou indonésio.[155]

A última abordagem para prevenir a dependência da competência é ter uma estratégia de crescimento através da aquisição e da integração. A vantagem da aquisição e da integração é que você traz as perspectivas e o talento externos, mesmo se a empresa adquirida esteja no mesmo espaço de produto. Você possui um grupo de especialistas que conhece a sua competência. Adquirir uma empresa concorrente pode trazer novas maneiras de visualizar aquela competência e novas formas de expandir as suas capacidades e oportunidades de crescimento.

A Cisco é uma empresa que tem praticado regularmente a aquisição e a integração de outras empresas para expandir a sua competência tecnológica. A aquisição da Scientific-Atlanta em novembro de 2005 foi a 105º aquisição da Cisco em sua história relativamente curta, e a 18º aquisição somente naquele ano. Esse foi um movimento importante para a Cisco, pois ofereceu à empresa um empurrão na cada vez mais relevante área de tecnologia de vídeo.[156]

MIOPIA COMPETITIVA

Para prevenir a miopia competitiva, uma solução relativamente fácil é organizar uma equipe de inteligência competitiva independente. É preciso que seja uma função de equipe na empresa cujo único trabalho seja localizar os competidores e analisar e disseminar informações sobre as mudanças do panorama competitivo. Isso não é algo que os gerentes do dia-a-dia devam fazer, pois é possível que eles mesmos estejam afetados pela miopia competitiva.

Uma das melhores estruturas de avaliação para essa unidade de inteligência é o modelo de Cinco Forças de Michael Porter*. Ele utiliza uma visão ampliada, de fora para dentro, de fontes de competição e oferece um método de posicionamento para a sua empresa a fim de que ela possa maximizar as oportunidades e minimizar as ameaças. Para esse fim, Porter identificou as cinco forças competitivas que modelam todas as indústrias e mercados e que são as fontes de oportunidades e ameaças: o poder de barganha dos clientes, o poder de barganha dos fornecedores, a ameaça dos novos concorrentes, a ameaça dos produtos substitutos e a rivalidade entre a competição existente.[157]

Outra estrutura útil é localizar, analisar e avaliar tecnologias disruptivas em seu impacto potencial. Isso é particularmente importante em indústrias de mudanças rápidas, como as de computadores e comunicações. No entanto, em um mundo globalizado e em constante inovação, existem algumas indústrias onde tecnologias disruptivas não estão surgindo no horizonte. As obras de Clayton Christensen (*The Innovator's Dilemma*, *The Innovator's Solution* e *Seeing What's Next*) oferecem excelentes métodos para esse tipo de exercício estratégico.

Executar investimentos independentes em tecnologias de competição alternativas que são separadas do núcleo do negócio é outra forma de prevenir a miopia competitiva. Assim, você pode ter uma visão privilegiada do desenvolvimento de uma tecnologia emergente. Essas não são tecnologias disruptivas; elas são substitutas graduais que provavelmente irão se tornar as tecnologias da próxima geração. Por exemplo, as empresas de telefonia têm investido em telefones celulares, pois estes são a tecnologia substituta das comunicações fixas. O movimento da Kodak para a fotografia digital é outro caso. A empresa começou a transição para a imagem digital enquanto o seu negócio de filme tradicional ainda era forte. À medida que a demanda por câmeras, filmes e revelação de filmes começou a deslocar-se para as câmeras digitais e para a revelação digital, a empresa usou as receitas da sua antiga tecnologia para realizar grandes investimentos na tecnologia substituta. A transição foi um empreendimento enorme, e a corrida para deslocar as receitas de filme para digital é um delicado malabarismo. No entanto, se a Kodak não houvesse assumido esse papel proativo para evitar a miopia competitiva, ela certamente teria sofrido uma morte rápida e dolorosa.

A miopia competitiva também pode ser prevenida por meio de uma investigação regular e da aquisição de empresas de nicho ou periféricas que sejam modificadoras de paradigma em potencial (novos empreendedores com tecnologias disruptivas).

* N. de T.: No original, Five Forces of Competition Model. Concebido por Michael Porter em 1979, é um modelo para análise de competição entre empresas que considera cinco forças competitivas a serem estudadas para uma estratégia empresarial eficiente.

Isso é uma maneira eficaz de criar tempo para recuperar investimentos em uma tecnologia principal. Ou seu objetivo pode ser controlar quando a competência disruptiva será introduzida, permitindo que a sua tecnologia atual saia de cena após um retorno sobre investimento (ROI) positivo. Isso é comum no Vale do Silício, principalmente na indústria do *software* de aplicação.

Também é possível almejar um mercado emergente de onde provavelmente sua concorrência futura irá surgir. Se você é uma empresa focada nas indústrias de automóvel, partes automotivas, eletrodomésticos e bens de consumo eletrônicos em economias avançadas, você deveria estar olhando para seus semelhantes na China e na Índia, pois é lá que a sua futura concorrência reside. Você deveria entrar nesses mercados agora para aprender como competir com seus adversários potenciais em seus territórios, em vez de preocupar-se em lidar com os mesmos em seu próprio território. Se conseguir competir no mercado concorrente com êxito, você terá uma vantagem quando chegar o momento de competir sozinho. Isso também é uma maneira de manter a sua crescente concorrência ocupada em defender a sua base e atrasar a entrada de seus oponentes em seu território.

OBSESSÃO POR VOLUME

Já que o principal problema da obsessão por volume é a diminuição da margem, a primeira coisa que você deve fazer para prevenir esse hábito é criar um sistema de recompensas para a sua força de vendas baseada em rentabilidade de contas. Isso é especialmente importante para as grandes contas-chave, onde as margens são freqüentemente sacrificadas para proteger as receitas. Essencialmente, você autoriza cada vendedor a ser um mini-CEO responsável pelo crescimento e pela lucratividade da empresa, em vez de apenas pelo crescimento: receita bruta e lucro líquido. A obsessão por volume aumenta a sua receita bruta, mas às custas de seu lucro líquido. Para evitar que isso aconteça, dê incentivo para o seu pessoal com base na quantidade e qualidade da receita.

Além disso, também é importante fazer da área de compras uma função estratégica, em vez de uma função administrativa. Freqüentemente, o que acontece é que você se torna uma empresa guiada pelo volume, e as suas economias de escala movimentam-se de dentro para fora da empresa. O seu valor agregado é normalmente 30% de seu produto ou serviço. Os outros 70% residem em compra externa. O resultado disso é que os seus fornecedores acabam lucrando muito em cima do seu produto! Isso é ainda mais acentuado em produtos de alto volume e baixa margem, como os PCs. De acordo com o Boston Consulting Group, os vendedores (como a Lenovo, a HP e a Compaq) agregam apenas 11% de valor; os restantes 89% vão para os fornecedores (como a Microsoft e a Intel).

Uma empresa com vários produtos deve ter uma campanha agressiva e consistente de adição de novos produtos de alta margem ao portfólio, como forma de prevenção da obsessão por volume. Mas ela não deve ser uma atividade espontânea e acidental; precisa ser cuidadosamente planejada com uma estratégia unificada em mente. Com essa abordagem, você pode evitar a armadilha de ter que confiar no volume para manter-se na superfície quando uma queda de margem ocorrer em seus produtos ou negócios centrais. Essencialmente, você está criando um portfólio com base em margens. A P&G faz isso muito bem. À medida que as margens de seus produtos alimentícios (tais como a Crisco e a Jif) despencaram, a empresa começou a abandonar negócios menos rentáveis. Mas antes disso a empresa começou a investir em linhas de produtos com margens mais altas, tais como produtos de beleza (incluindo a Giorgio, a Oil of Olay, a Clairol e a Wella).

IMPULSO TERRITORIAL

Um método transparente e previsível de planejamento de sucessão pode ser o suficiente na prevenção do impulso territorial. Normalmente, é melhor não associar a sucessão a uma função específica. Você não quer criar uma expectativa de que a alta administração sempre se origina do silo de produção ou da manufatura ou da engenharia. Você deve conceber um sistema individual onde qualquer um que atinja o nível de liderança corporativo precise ter uma experiência multifuncional. Você pode fazer isso revezando os gerentes através dos silos funcionais ou criando uma rota separada que envolva todos os silos.

A indústria de produtos embalados utiliza a gestão de marca com esse propósito. Gerentes em um sistema de gestão de marca não possuem muitos subordinados, diferentemente das funções de liderança típicas, que baseiam seu poder em quantos subordinados possuem e no seu orçamento. Com um sistema de gestão de marca, a sua influência é limitada, em grande parte, ao poder de orçamento. Você utiliza seu poder de compra para conseguir que as pessoas funcionais trabalhem para você, algo como um sistema interno de compras. Assim, o poder é mais distribuído e não está vinculado a um silo específico.

Outra forma de controlar o impulso territorial é criar uma cultura na qual nenhuma função seja tratada como "superior" a outra. A Southwest Airlines é a maior companhia aérea nos Estados Unidos em termos de passageiros domésticos transportados e é uma raridade lucrativa nessa indústria difícil. A Southwest tinha um programa chamado "Walk a Mile", onde qualquer funcionário podia executar o trabalho de outro por um dia. É claro, um carregador de malas não consegue pilotar um avião, mas pilotos conseguem e de fato executam o trabalho dos carregadores de malas. Participaram desse programa de troca de emprego 75% dos 20 mil funcionários da Southwest. "É um pesadelo administrativo, mas uma das melhores ferramentas para criar compreensão e colaboração que conheço", diz o CEO da Southwest Herb Kelleher. [158]

Você também pode diminuir a probabilidade do impulso territorial ao fazer que a empresa foque um impulsionador externo, de modo que os colaboradores operem como uma coalizão com um objetivo comum. Por exemplo, você pode reorganizar a empresa em volta das contas-chave e fazê-la focar os clientes. Se o foco da empresa for o cliente, haverá uma batalha interna menor em relação a quais funções são as prioridades (produção *versus* marketing *versus* engenharia e assim por diante). Em vez disso, a energia de todos é direcionada ao foco externo – o cliente.

A Dell Computer foi a número um no mundo em vendas diretas de computadores ao organizar a sua empresa em volta da satisfação do cliente. Esse interesse no cliente levou à criação do Customer Experience Council, que consiste em um representante de cada área corporativa funcional (finanças, vendas, desenvolvimento de produto, produção, comunicações corporativas e TI). O conselho localiza dados sobre questões relacionadas aos clientes, tais como confiabilidade do produto, tempo de resolução das questões de suporte ao cliente e pesquisas de satisfação ao cliente. Os bônus dos funcionários e a participação nos lucros são determinados de acordo com a conformidade dos resultados com os objetivos anuais. E quando os objetivos não são atingidos – em outras palavras, quando os clientes deveriam ter recebido melhores serviços – todos sofrem as conseqüências.[159]

Se a sua empresa possui uma cultura que é necessariamente dominante, da mesma forma que os cientistas em uma empresa farmacêutica, você pode prevenir o impulso territorial ao revezar a cultura dominante entre os diversos silos funcionais. Os cientistas são elementos necessários para o sucesso de uma empresa farmacêutica, mas eles possuem outros valores além do desenvolvimento de novos medicamentos. Eles também têm o potencial de se mudar para outras posições dentro do desenvolvimento de medicamentos (gerenciamento de laboratórios, pessoas, orçamentos, ativos) ou para outras funções, como vendas ou suporte ao cliente. Ao deslocá-los para outras funções, você aproveita o conhecimento deles em uma nova função. Eles são menos propensos a envolver-se em guerras territoriais com outras áreas, como o desenvolvimento de medicamentos, por exemplo, já que possuem características em comum.

CONCLUSÕES

É interessante observar que, à medida que a expectativa de vida dos homens está aumentando, a expectativa de vida das empresas está decrescendo (conforme mencionado na Introdução). As notícias sobre saúde, do indivíduo ou do consumidor, geralmente são otimistas: o uso de drogas está caindo, a gravidez na adolescência está diminuindo e agora há medicamentos novos e melhores. Quando surge um novo risco de saúde – como a obesidade – os recursos do país são mobilizados, e de repente centenas de livros de dietas lutam por espaço na lista dos mais vendidos.

Mas então vamos para o lado dos negócios, onde encontramos destroços de antigas e icônicas empresas poluindo o ambiente ou antigos gigantes caminhando em direção ao fracasso. Eis algumas megaempresas cuja sorte mudou dramaticamente desde que Peters e Waterman premiaram-nas com seu selo de "excelência" em 1982: a Digital, a Xerox, a Kodak, a Merck, a Kmart e a GM. Devemos concluir que é mais difícil para as corporações largar ou prevenir os hábitos autodestrutivos do que para as pessoas?

Talvez essa seja uma conclusão segura. Afinal de contas, empresas são instituições – com camadas, burocráticas, autoprotetoras e resistentes. Empresas não são receptivas a campanhas de serviço público ou a avisos do Ministério da Saúde. Todos nós conhecemos fumantes de longa data que conseguiram parar de fumar rapidamente. Mas será que as empresas são capazes de mudar a sua identidade, cultura e filosofia da noite para o dia?

Não. Mas elas podem mudar. E quando a situação começa a apertar, elas freqüentemente conseguem. Vimos muitas empresas que conseguiram se livrar dos seus hábitos autodestrutivos e – como a IBM, a GE e a DeBeers – posicionaram-se em direção a um futuro saudável. Vimos outras empresas que reconheceram seus hábitos autodestrutivos (a Motorola e a Kodak) e que estão arduamente procurando encontrar o caminho da recuperação.

O reconhecimento é o segredo. Não apenas o mero reconhecimento de que o que costumávamos fazer não funciona mais. Esta deveria ser a parte fácil. A participação de mercado em declínio, os prejuízos líquidos e a queda no preço das ações deveriam nos indicar isso. A parte mais difícil, e mais importante, é reconhecer que o que funciona hoje pode não funcionar amanhã. É nesse ponto que o reconhecimento deixa de ser um meio de cura para se tornar uma medida de prevenção proativa.

Esse reconhecimento, essa visão, deve vir do topo, de líderes excepcionais como Lou Gerstner e Jack Welch – líderes que se preparam para o futuro praticando a "gestão por antecipação". Os hábitos são sedutores e resistem à mudança. Um hábito, por definição, é executar algo repetidamente. O líder que abraça a mudança, cuja filosofia é baseada na previsão e na preparação para o mundo de amanhã, não apenas arrancará os hábitos autodestrutivos de ontem da sua empresa, mas também escapará dos vícios de amanhã.

Formas de prevenir os hábitos autodestrutivos

Negação

- Tenha os sistemas organizados para que constantemente desafiem as suposições e as ortodoxias da empresa.
- Crie um modelo de liderança de participação ativa que permita que os gerentes foquem o futuro.

Arrogância

- Conte com um *coach* profissional que o recorde constantemente das ciladas da arrogância.
- Limite a publicidade pessoal.
- Garanta que os processos da empresa sejam limitados para que nenhum indivíduo tenha poder absoluto.

Complacência

- Desenvolva métricas fortes – de preferência métricas numéricas – que ofereçam um método quantitativo para julgar constantemente o nível de complacência da empresa.
- Institua uma remuneração baseada em desempenho.
- Reveze líderes de função em função.

Dependência da Competência

- Fique em um estado constante de migração proativa da tecnologia atual à tecnologia da próxima geração.
- Expanda a sua tecnologia principal para outros produtos e mercados.
- Diversifique a sua competência para diferentes mercados ou segmentos de mercados.
- Tenha uma estratégia de crescimento através da aquisição e da integração.

Miopia Competitiva

- Organize uma equipe de inteligência competitiva independente.
- Realize investimentos independentes em tecnologias de competição alternativas.
- Investigue e adquira freqüentemente empresas de nicho ou periféricas que sejam potenciais modificadoras de paradgima.

- Foque em um mercado emergente de onde provavelmente se originará a sua concorrência futura.

Obsessão por Volume

- Crie um sistema de recompensa para a sua força de vendas baseado em rentabilidade de contas.
- Faça da área de compras uma função estratégica, em vez de uma função administrativa.
- Para uma empresa de vários produtos, tenha uma campanha consistente e agressiva de adição de novos produtos de alta margem ao portfólio.

Impulso Territorial

- Use um método transparente e previsível de planejamento de sucessão.
- Crie uma cultura na qual nenhuma função seja tratada como "superior" às outras.
- Foque um impulsionador externo para fazer com que as funções operem como uma coalizão com um objetivo em comum.
- Se a sua empresa possui uma cultura que é necessariamente dominante, reveze pessoas daquela cultura entre os diversos silos funcionais.

NOTAS

CAPÍTULO 1

1. Mark Lewyn e John Hillkirk, "PC Demand Grows; DEC Finally Joins Party, Launches PCs," *USA TODAY*, 10 de Janeiro de 1989, p. 1B.
2. John R. Wilkie, "On the Spot: At Digital Equipment, Ken Olsen Is Under Pressure to Produce," *Wall Street Journal*, 13 de maio de 1992, p. A1.
3. Jonathan Weber, "Big Changes in the Mill," *Los Angeles Times*, 26 de Maio de 1993, p. D1.
4. John Burgess, "Leaving the Past Behind," *Washington Post*, 8 de agosto de 1993, p. H1.
5. Ronald Rosenberg e Aaron Zitner, "The War Long Lost, Digital Surrenders," *Boston Globe*, 27 de Janeiro de 1998, p. C1.
6. James C. Collins e Jerry I. Porras, *Built to Last: Successful Habits of Visionary Companies* (Nova York: HarperBusiness, 1994; edição de bolso. 1997), p. 126.
7. *Built to Last*, p. 102.
8. *Built to Last*, p. 81.
9. *Built to Last*, p. 182.
10. David Einstein, "Bigger and Bluer Than Ever," *San Francisco Chronicle*, 30 de novembro de 1998, p. E1.
11. Greg Farrell, "Building a New Big Blue," *USA TODAY*, 22 de novembro de 1999, p. B1.
12. Hiawatha Bray, "Analog and Intel Tout Microchip," *Boston Globe*, 6 de dezembro de 2000, p. D1.
13. Kirk Ladendorf, "Emerging from Intel's Shadow," *Austin American Statesman*, 22 de março de 2004, p. D1.
14. Jagdish Sheth e Rajendra Sisodia, "Why Do Good Companies Fail?," *European Business Forum*, edição 22, Outono 2005, p. 30.

CAPÍTULO 2

15. D. Tapscott e A. Caston, *Paradigm Shift – The New Promise of Information Technology* (Nova York: McGrawHill, 1993).
16. Clayton M. Christensen, *The Innovator's Dilemma* (Cambridge: Harvard Business School Press, 1997; Nova York: HarperBusiness Essentials edition, 2003)
17. Alexei Barrionuevo, "From MCI, a Lesson in Corporate Complacency," *New York Times*, 15 de fevereiro de 2005, p. C1.
18. David Owen, "An Instrument of Democracy," *Newsday*, 11 de agosto de 2004, p. A39.
19. Michael A. Hiltzik, "Inside Story: Inventor of a New World," *Los Angeles Times*, 14 de março de 1999, p. 18. (O artigo inclui passagens do livro de Hiltzik, *Dealers of Lightning: Xerox and the Dawn of the Computer Age.*)
20. Douglas K. Smith e Robert Alexander, *Fumbling the Future: How Xerox Invented, Then Ignored, the First Personal Computer* (Nova York: Morrow, 1988).
21. Robert C. Alexander e Douglas K. Smith, "Can Xerox Duplicate Its Original Success?," *Wall Street Journal*, 17 de maio de 2000, p. A26.
22. Paul Kedrosky, "Xerox's Long History of Management Ineptitude," *National Post*, 25 de novembro de 2000, p. D11.
23. Robert Tomsho, "Moving the Market: U.S. Wraps Up Its Xerox Inquiry," *Wall Street Journal*, outubro de 2004, p. C3.
24. Hoover's Company Information, 2005.
25. Jim Collins, *Good to Great* (Londres: Random House Business Books, 2001), pp. 65-68.
26. Alex Taylor III, "GM Gets Its Act Together, Finally," *Fortune*, 5 de abril de 2004, pp. 136-143.
27. "Fuel-Hog Heaven" (editorial), *Seattle Times*, 16 de outubro de 1988, p. A22.
28. Donald Woutat, "Can Stempel Get GM Back on Right Road?", *Los Angeles Times*, 15 de dezembro de 1991, p. 1
29. David Kiley, "GM Decided to Shutter Oldsmobile," *USA TODAY*, 13 de dezembro de 2000, p. B3.
30. Danny Hakim, "Detroit's New Crisis Could Be Its Worst," *New York Times*, 27 de março de 2005, p. 4.4.
31. Dan Neil, "An American Idle: The Pontiac G6 Is a Sales Flop," *Los Angeles Times*, 6 de abril de 2005, p. G1.

CAPÍTULO 3

32. Stanley, Holmes, "Labor Agreement Shows Change Is Hard at Boeing," *Seattle Times*, 26 de novembro de 1999, p. E1.
33. Alex Taylor III, "Lord of the Air," *Fortune*, 10 de novembro de 2003, p. 144.

34. Brent Schlender e Henry Goldblatt, "Bill Gates & Paul Allen Talk," *Fortune*, 2 de outubro de 1995, pp. 68-77.
35. Thomas L. Friedman, "Judge's Ruling Indicts Microsoft 'Attitude'" *Seattle Post-Intelligencer*, 11 de junho de 2000, p. G2.
36. Citado em Joe Breen, "Opening Wide the Surly Gates," *Irish Times*, 17 de fevereiro de 2001, p. 73.
37. Larry Williams, "Thrilling Chronicle of Cons, Fools, and a Business World Gone Mad," *The Sun* (Baltimore), 20 de março de 2005, p. 11F.
38. A. O. Scott, "Those You Love to Hate," *New York Times*, 22 de abril de 2005, p. E1.
39. Raymond R. Coffey, "Some Disturbing Concepts Taking Hold in Japan," *Chicago Sun-Times*, 6 de agosto de 1989, p. 46.
40. "More Exhaust: Iacocca Rips Japanese Writer," *Chicago Tribune*, 25 de novembro de 1990, p. 6.
41. Laura Landro, et al., "Last Action: Sony Finally Admits Billion-Dollar Mistake," *Wall Street Journal*, 18 de novembro de 1994, p. A1.
42. Steven V. Brull, et al., "Sony's New World," *Business Week*, 27 de maio de 1996, pp. 100-105.
43. Frank Gibney, Jr., "A New World at Sony," *Time*, 17 de novembro de 1997, pp. 56-60.
44. Dan Gledhill, "Sony Ahead of the Game," *The Independent*, 1º de setembro de 1999, p. 4.
45. James C. Collins e Jerry I. Porras, *Built to Last* (Nova York: HarperBusiness, 1994; edição de bolso, 1997), p. 47.
46. Elise Tanouye, et al., "New Prescription: Stunning Departure of Merck Head Signals Turmoil," *Wall Street Journal*, 16 de julho de 1993, p. A1.
47. Joseph Weber, "Mr. Nice Guy with a Mission," *Business Week*, 25 de novembro de 1996, pp. 132-138.
48. Peter Landers e Joann S. Lublin, "Under a Microscope: Merck's Big Bet on Research," *Wall Street Journal*, 28 de novembro de 2003, p. A1.
49. Christian G. Hill e Ken Yamada, "Taming the Monster," *Wall Street Journal*, 9 de dezembro de 1992, p. A1.
50. Kevin Maney, "Motorola's Bold Changes," *USA TODAY*, 24 de fevereiro de 1998, p. B1.
51. Andrea Petersen, "Softer Sell: Once-Mighty Motorola Stumbled When It Began Acting That Way," *Wall Street Journal*, 18 de maio de 2001, p. A1.
52. Noel M. Tichy e Stratford Sherman, *Control Your Destiny or Someone Else Will: How Jack Welch Is Making General Electric the World's Most Competitive Corporation* (Nova York: Doubleday, 1993).
53. Vince Molinaro e David Weiss, "Closing the Leadership Gap," *Management*, agosto/setembro de 2005.
54. Noel M. Tichy e Nancy Cardwell, *The Cycle of Leadership: How Great Leaders Teach Their Companies to Win* (Nova York: Harper Collins Publishers, 2002).

CAPÍTULO 4

55. Michael L. Tushman e Charles A. O'Reilly III, "Ambidextrous Organizations: Managing Evolutionary and Revolutionary Change," *California Management Review*, verão 1996, vol. 38, No. 4, pp. 8-30.
56. Cynthia Crosse e Deborah Solomon, "Lost Connection," *Wall Street Journal*, 26 de outubro de 2000, p. A1.
57. John Steele Gordon, "The Death of a Monopoly," *American Heritage*, abril de 1997, pp. 16-17
58. Steven Pearlstein, "Great Plan, Poor Execution at AT&T," *Washington Post*, 20 de fevereiro de 2004, p. E1
59. Rebecca Blumenstein e Peter Grant, "On the Hook," *Wall Street Journal*, 26 de maio de 2004, p. A1.
60. Ken Belson, "AT&T Chief Is Trying to Rejuvenate a Giant," *International Herald Trubune*, 2 de junho de 2004, p. 18.
61. Crossen e Solomon, conforme citado acima.
62. Philip J. Weiser, "The Behemoth Is Dead. Long Live the Behemoth," *Washington Post*, 27 de fevereiro de 2005, p. B3.
63. Harry Levins, "Airline Deregulation Hits Hard 25 Years Later," *Knight Ridder Tribune Business News*, 7 de novembro de 2004, p. 1.
64. Robert Sobel, *When Giants Stumble* (Paramus, Nova Jérsei: Prentice Hall, 1999), p. 238.
65. Kelly Yamanouchi, "Father of Airline Deregulation Stands Behind His Effort," *Knight Ridder Tribune Business Week*, 18 de fevereiro de 2005, p. 1.
66. Quanto aos traços gerais da história da De Beers, agradeço a Nicholas Stein por seu excelente panorama: "The De Beers Story: A New Cut on na Old Monopoly," *Fortune*, 19 de fevereiro de 2001, pp. 186-199.
67. Phyllis Berman e Lea Goldman, "Cracked De Beers," *Forbes*, 15 de setembro de 2003, p. 108.
68. Stein, conforme citado acima.
69. Daniel Yergin e Joseph Stanislaw, *The Commanding Heights: The Battle for the World Economy* (Nova York: Touchstone, 1998), pp. 144-148.
70. James Brooke, "Japan Names New Economy Czar to Tackle Banking Crisis," *New York Times*, 1 de outubro de 2002, p. A3.
71. Gail Edmonson, "Running on Empty," *Business Week*, 13 de maio de 2002, p. 58.
72. Gail Edmonson, "Why Berlusconi Should Help Fiat Shrink," *Business Week*, 24 de junho de 2002, p. 28.
73. Wolfgang Achtner, "Obituary: Giovanni Agnelli," *The Independent*, 25 de Janeiro de 2003, p. 20.
74. *The Commanding Heights*, p. 214.

75. Henny Sender, "India's Airline Sale to Test Reform Moves," *Wall Street Journal*, 1 de agosto de 2000, p. A18; ver também Hugo Restall, "Privatizing Air India," *Wall Street Journal*, 11 de julho de 2001, p. 7.
76. Michael Hammer e James Champy, *Reengineering the Corporation* (Londres: Nicolas Brealey Publishing, 1993).

CAPÍTULO 5

77. Clayton M. Christensen, *The Innovator's Dilemma* (Cambridge: Harvard Business School Press, 1997; Nova York: HarperBusiness Essentials edition, 2003), p. 224.
78. Suein, L. Hwang, "Marketscan: Artificial-Sweetener Makers Start Slugging," *Wall Street Journal*, 5 de novembro de 1992, p. B10.
79. Robert Frank, "Lego Will Try Demolition, Reconstruction," *Asian Wall Street Journal*, 22 de Janeiro de 1999, p. 25.
80. Brian Hutchinson, "A Giraffe, a CEO, and a Pile of Plastic Bricks," *National Post*, 23 de fevereiro de 2002, p. 1
81. Irene Zutell, "Avon Calling, Despite Peso," *Crain's New York Business*, 10 de abril de 1995, Sec. 1, p. 15.
82. Katrina Brooker, "It Took a Lady to Save Avon," *Fortune*, 15 de outubro de 2001, pp. 202-205.
83. Shobhana, Chandra, "Moving into China," *Houston Chronicle*, 2 de janeiro de 2005.
84. Barry Estabrook, "Agents' Survival Strategies," *New York Times*, 24 de novembro de 2002, p. 5.6.
85. Davis Bushnell, "Home Economics for Travel Agents," *Boston Globe*, 8 de agosto de 2004, p. G1.
86. David McNaughton, "WestPoint Files for Chapter 11," *Atlanta Journal-Constitution*, 3 de junho de 2003, p. D1.
87. Jagdish N. Sheth, *Winning Back Your Market: The Inside Stories of the Companies That Did It* (Nova York: Wiley, 1985).

CAPÍTULO 6

88. Jagdish Sheth e Rajendra Sisodia, *The Rule of Three: Surviving and Thriving in Competitive Markets* (Nova York: The Free Press, 2002).
89. Jonathan Peterson e James Risen, "Firestone Wasn't Pushed Out of Tires – It Jumped," *Los Angeles Times*, 19 de março de 1988, p. 4.1.
90. Todd Zaun, "Bridgestone Slashes 2000 Profit Forecast," *Wall Street Journal*, 15 de dezembro de 2000, p. A14.
91. Robert Sobel, *When Giants Stumble* (Paramus, NJ: Prentice Hall, 1999), pp. 77-84.

92. James C. Collins e Jerry I. Porras, *Built to Last: Successful Habits of Visionary Companies* (Nova York: HarperBusiness, 1974; edição de bolso, 1997), p. 110
93. Sobel, p. 83.
94. Harry G. Barkema, Joel A. Baum e Elizabeth A. Mannix, "Management Challenges in a New Time," *Academy of Management Journal*, outubro de 2002, Vol. 45, Edição 5, pp. 916-930.
95. Thomas J. Peters e Robert H. Waterman, Jr., *In Search of Excellence: Lessons from America's Best-Run Companies* (Nova York: HarperBusiness, 1982; HarperBusiness Essentials edition, 2004), p. 255.
96. Meera Selvey e James Daley, "Price Competition, Low Demand Hit Burger King, McDonald's," *Knight Ridder Tribune Business News*, 24 de novembro de 2002, p. 1.
97. Robert Salerno, "'We Try Harder': An Ad Creates a Brand," *Brandweek*, 8 de setembro de 2003, p. 32.
98. Brian O'Reilly, "The Rent-a-Car Jocks Who Made Enterprise #1," *Fortune*, 28 de outubro de 1996, pp. 125-127.
99. Lisa Collins, "Limited Charges Chicago," *Crain's Chicago Business*, 27 de agosto de 1990, Sec. 1, p. 1.
100. Michael E. Porter, *Competitive Strategy: Techniques for Analysing Industries and Competitors* (Nova York: The Free Press, 1980; 1988), p. 4.
101. Eben Shapiro, "Grocery Industry Faces Swing to Low Price Strategy," *Journal Record* (Cidade de Oklahoma), 30 de abril de 1992.
102. Steven Greenhouse, "Wal-Mart Driving Workers and Supermarkets Crazy," *New York Times*, 19 de outubro de 2003, p. 4.3.
103. Heidi Brown, "Look Out, Sony," *Forbes*, 11 de junho de 2001, p. 96.
104. Rana Foroohar e B. J. Lee, "Masters of the Digital Age," *Newsweek*, 18 de outubro de 2004, p. E10.
105. Almar Latour, "Internet Phone Service Threatens Industry's Giants," *Wall Street Journal*, 28 de novembro de 2003, p. B1.
106. Michael E. Porter, *Competitive Strategy: Techniques for Analyzing Industries and Competitors* (Nova York: Free Press, 1998).

CAPÍTULO 7

107. Andy Serwer, "The Hole Story," *Fortune*, 7 de julho de 2003, p. 53ff.
108. Brooke A. Masters, "SEC Examining Krispy Kreme," *Washington Post*, 30 de julho de 2004, p. E2.
109. Floyd Norris, "Krispy Kreme Earnings Slide," *New York Times*, 27 de agosto de 2004, p. C3.
110. Allen G. Breed, "Krispy Kreme: Rise, Fall, Rise and Fall of a Southern Icon," *Charleston Gazette* (Associated Press), 22 de Janeiro de 2005, p. 5D.

111. Theresa Howard, "Report: Krispy Kreme Must Restate Earnings," *USA TODAY*, 11 de agosto de 2005, p. B3.

112. Robert Kaplan e William J. Bruns, *Accounting and Management: A Field Study Perspective* (Boston: Harvard Business School Press, 1987).

113. Para um relato interessante sobre o casamento e o divórcio de Ross Perot e a GM, veja David Remnick, "H. Ross Perot to GM: 'I'll Drive,'" *Washington Post*, 19 de abril de 1987, p. W24.

114. Don Peppers e Martha Rogers, *The One to One Future: Building Relationships One Customer at a Time* (Nova York: Currency Doubleday, 1993).

115. Peter Drucker, *The Practice of Management* (Nova York: HarperCollins, 1954; HarperBusiness edition, 1993), p. 117.

116. Michael Hammer, "The Rise of the Virtual Enterprise," *InformationWeek*, 20 de março de 2000, p. 152.

117. Drucker, *The Practice of Management*, p. 204

118. Joseph Pine, *Mass Customization* (Cambridge: Harvard Business School Press, 1993). Para uma útil pré-publicação da análise de Pine, veja "To Each His Own," *The Economist*, 5 de dezembro de 1992, p. 71.

119. Karen M. Kroll, "On Target," *Industry Week*, 9 de junho de 1997, pp. 14-17.

CAPÍTULO 8

120. Graham Brown, Thomas B, Lawrence and Sandra Robinson, "Territoriality in Organizations," *Academy of Management Review*, 2005, Vol. 30, No. 3, p. 587.

121. Joanne Lipman, "Ad Firms Falter on One-Stop Shopping," *Wall Street Journal*, 1 de dezembro de 1988, p. 1.

122. Stuart Elliot. "On Adding Value at a Trailblazing Company," *New York Times*, 18 de dezembro de 2000, p. C25.

123. Nat Ives, "In a Quest to Increase Sales, a Fast-Food Restaurant Does a Very Quick Ad Agency Turnaround," *New York Times*, 23 de Janeiro de 2004, p. C3.

124. Guy Dennis, "WPP Poised to Win," *Sunday Telegraph* (Londres), 12 de setembro de 2004, p. 1.

125. Andrea Petersen, "Softer Sell: Once-Mighty Motorola Stumbled When It Began Acting That Way," *Wall Street Journal*, 18 de maio de 2001, p. A1.

126. Stephen Baker, "Outsourcing Alone Won't Save Nokia's Rivals," *Business Week*, 12 de fevereiro de 2001, p. 38.

127. Barbara Rose, "Change Ladled Out to a Thirsty Motorola," *Chicago Tribune*, 25 de abril de 2004.

128. "Mocha Grande Starbucks Founder," *St. Louis Dispatch*, 19 de outubro de 1997, p. E8.

129. "The Bucks Stop Here," *BC Business* (Vancouver), 1 de outubro de 1996, p. 66ff.

130. David Segal, "A Double-Shot Nonfat Cap and a CD to GO," *Los Angeles Times*, 21 de março de 2000, p. 10.
131. Thomas J. Peters e Rober H. Waterman, Jr., *In Search of Excellence: Lessons from America's Best-Run Companies* (Nova York: HarperCollins, 1982; HarperBusiness Essentials edition, 2004), pp. 213, 311-312.
132. Andrew C. Inkpen, "Learning Through Alliances: General Motors and NUMMI," *California Management Review*, Verão 2005, Vol. 47, Edição 4, pp. 114-136.
133. Gary Convis, "Learning to Think Lean: Role of Management in a Lean Manufacturing Environment," *Automotive Manufacturing & Production*, julho de 2001, pp. 64-65.
134. Alex Taylor III, "Toyota's Boss Stands Out in a Crowd," *Fortune*, 25 de novembro de 1996, pp. 116-119.
135. Simon London, "The Whole Can Be Less Than the Sum of Its Parts," *Financial Times* (Londres), 4 de julho de 2005, p. 10.
136. Peter S. Goodman, "Lucent to Trim 16,000 Jobs," *Washington Post*, 25 de Janeiro de 2001, p. E1.
137. "Lucent Chief Cites Mistakes," *New York Times*, 22 de fevereiro de 2001, p. C4.
138. Sarah Ellison, "Sales Team – P&G's Gillette Edge," *Wall Street Journal*, 31 de Janeiro de 2005, p. A1.
139. Patricia Sellers, "Brands: It's Thrive or Die," *Fortune*, 23 de agosto de 1993, pp. 52-56.
140. Ellison, conforme citado acima.
141. Jonathan Nelson, "Dell Executive Touts Inventory Efficiency," *Columbian* (Vancouver), 25 de março de 2005, p. E1.
142. "Dell Streamlines Internal Software Distribution," *Business Wire*, 18 de março de 2004, p. 1.
143. "Dell, Intuit Combination Simplifies Retail Operations," *Business Wire*, 12 de Janeiro de 2004, p. 1.

CAPÍTULO 9

144. Site da CDC: http://www.cdc.gov/tobacco/factsheets/AdultCigaretteSmoking_Factsheet.htm. Acessado em 20 de maio de 2006.
145. Jagdish N. Sheth e Rajendra S. Sisoda, "Why Good Companies Fail," *European Business Forum*, Outono 2005.
146. Big Cite.com: http://bigcite.com/author/?author=Michael%20J.%20Gelb. Acessado em 24 de maio de 2006.
147. Marci McDonald, "Give me a C-O-A-C-H!," *U.S. News & World Report*, 16 de fevereiro de 2004.
148. Jagdish N. Sheth e Andrew Sobel, *Clients for Life: How Great Professionals Develop Breakthrough Relationships* (Nova York: Simon & Schuster, 2000).

149. McDonald, conforme citado acima.
150. Rajendra S. Sisodia, David B. Wolfe e Jagdish N. Sheth, *Firms of Endearment: The Pursuit of Purpose and Profit* (Filadélfia: Wharton School of Publishing, 2006).
151. Diane Grady, "No More Board Games," *Strategic Management Journal* (1999, No. 3).
152. "The Coca-Cola Company Announces New Compensation Plan for Directors," *PR Newswire*, 5 de abril de 2006.
153. "Transistors and Moore's Law," Encyclopaedia Britannica.com (http://www.britannica.com/eb/article-236474?query=moore%27s%20law%ct=).
154. Site da Arm & Hammer: http://www.armandhammer.com. Acessado em 10 de maio de 2006.
155. Nanette Byrnes, "Avon Calls, China Opens the Door," *BusinessWeek*, 28 de fevereiro de 2006.
156. Marguerite Reardon, "Cisco Goes for Video," ZDNet News.com (http://news/zdnet.com/2100-9584_22-5960479.html), 18 de novembro de 2005. Acessado em 18 de maio de 2006.
157. Michael Porter, *Competitive Strategy* (Nova York: The Free Press, 1980).
158. Herb Kelleher, "Culture of Commitment," *Leader to Leader* 4 (Primavera de 1997), pp. 20-24.
159. Louise Fickel, "Know Your Customer," CIO.com (http://www.cio.com/archive/081599/customer/html), 15 de agosto de 1999.

ÍNDICE

C

G

H

I

J

K

L

Q

R

S

T

U

V

W

X

Y

Z

Gráfica
METRÓPOLE

www.graficametropole.com.br
comercial@graficametropole.com.br
tel./fax + 55 (51) 3318.6355